读客精神成长文库

100个书单丰富你的灵魂

欢迎你从《人间喜剧》进入读客精神成长文库！

浩瀚的经典文学史，
就是全人类共同的精神成长史，
大师们从各个角度探索、解析、塑造并丰富着
人类的精神世界。
读客从个人成长的角度出发，
为你重新梳理浩若烟海的文学经典，
汲取大师与巨匠淬炼的精神力量：

爱
天真、孤独
自由、尊严、恐惧
好奇、欲望、理性、幽默
乐观、勇气、幻想、善恶、信仰
……

追随读客精神成长文库的100个书单，
了解人类精神成长的脉络，
完成你自己的精神成长。

读客精神成长文库
100个书单丰富你的灵魂

经典不厌百回读,读客立足于国人的精神需求,提供有质量、有价值、有体系的精神成长经典文库,希望更多的读者从中获得乐趣,获得进益。

文洁若

二〇一八年二月二十日

文洁若

著名翻译家,是中国翻译日文作品最多的人。很多日本作家如川端康成、三岛由纪夫的作品,都是经由她首次介绍给中国读者。与丈夫萧乾合译《尤利西斯》,造就了一段文坛佳话。

2002年获日本政府颁发的"勋四等瑞宝章",2012年获"翻译文化终身成就奖"。

人之所以为万物的灵长，宇宙的精华，就因为他会读，他爱读，爱读经典，尝读经典，历代不衰。

柳鸣九 2018年2月十日
怕金森手书

柳鸣九

中国社会科学院研究员、教授。
在法国文学史，西方文学思潮，文学理论与美文作评、文学名著翻译以及学者散文写作方面均有丰厚劳绩，有"著作等身""学术胆识卓越"的美誉。
其论著与译作已汇集为《柳鸣九文集》（15卷），共约600万字。
2006年被评选为中国社会科学院最高学术称号"终身荣誉学部委员"。

祝"读客经典"成为用人类创造的全部知识财富来丰富读者头脑的精神宝藏!

郭家申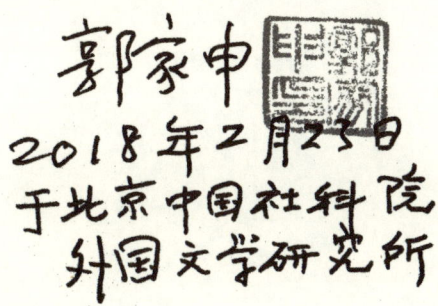
2018年2月23日
于北京中国社科院
外国文学研究所

郭家申

俄语翻译家,毕业于莫斯科大学文学语言系。
历任中国社会科学院外国文学研究所副所长、编审。
长达60年的翻译经验,累计翻译字数约500万字,翻译作品达30部。
译著有:《外国当代戏剧选》《艺术创造的本性》《高尔基自传三部曲》《一个沉思默想的女人》《迷惘的微笑》等。话剧译本《华沙曲》获辽宁省翻译奖。

阅读经典，就是立足于高起点，
含英咀华，淑奋精神，行健致远。

罗新璋

罗新璋

1957年毕业于北大西语系。
1963年转入国家外文局《中国文学》杂志社从事中译法文学翻译工作，1980年调入中国社会科学院外国文学研究所，从事法国文学创作。
曾花四年时间手抄200多万字的傅雷译文，在翻译时更是字斟句酌，力求精益求精，享有"傅译传人"的美誉。
主要译有《红与黑》《特利斯当与伊瑟》《列那狐的故事》《猫球商店》等。

普及世界文学经典
广播人类文明的果实

寄语"读客文库"

巴蜀译翁(杨武能)
二〇一八年春于广西北海

巴蜀译翁（杨武能）

1938年生于重庆，师从叶逢植、张威廉、冯至等先生，国家社科基金重大研究项目"歌德及其汉译研究"首席专家。

先后荣获联邦德国总统颁授的德国"国家功勋奖章"、联邦德国终身成就奖性质的洪堡学术奖金，以及国际歌德研究领域的最高奖歌德金质奖章。

著作译作数量众多，影响较大的包括《浮士德》《少年维特的烦恼》《格林童话全集》《魔山》等。

> 名著是人类的精品食粮，提供给人立足世上的能量。我自称"心口活"，是最大的受益者。读好书和译好书，从1980年至今，每天都收集我的快乐时光，组成不断升值的人生。
>
> 读者自有精神成长路线图，希望更多读者按图索骥，从中受益。
>
> 李玉民

李玉民

从事纯文学翻译近40年，出版作品上百部，总计翻译字数达2500万字。

主要译作有：《巴黎圣母院》《悲惨世界》《缪塞戏剧选》《艾吕雅诗选》等；主编《纪德文集》（5卷）、《加缪文集》（3卷）。

在李玉民的译作中，有半数作品是他首次向中国读者介绍的。

周克希

复旦大学数学系毕业后,在华东师大数学系任教二十八年,又在译文出版社当过十年编辑。译有普鲁斯特、福楼拜、圣埃克絮佩里、大仲马和萨勒纳弗等人的小说。著有随笔集《译边草》《译之痕》《草色遥看集》。

我们说一本书是经典,就意味着我们一生中很可能会不止一次地阅读它。好仍须写出我们带来更多的经典佳作。

周克希

每一部经典文学作品，都是人类的重要精神基因。读客用经典文学给到的精神成长蓝图，希望能够让更多的读者通过文字认识世界，找到自己灵魂的归属。

谭晶华

谭晶华

　　文学博士，教授，博士生导师。原上海外国语大学常务副校长，现任该校学术委员会主任。中国日本文学研究会会长、上海翻译家协会会长。出版众多著作、论文、辞典和教材、文学名著译作120多部（篇），350余万字。

读客经典精神成就库将人类精神文明的精华做了系统的梳理，让经典更直接地与个体成长结合起来，是一种独到的做法。

黄宜思

2018. 2. 23.

黄宜思

　　中国政法大学教授，著名翻译家黄雨石之子。译有《罗马帝国衰亡史》《澡盆故事》《远航》《六便士之家》《罗马史》等。于2008年和2009年两度担任中国翻译协会主办的全国"韩素音青年翻译奖"竞赛评委。

> 与好书为友，拥抱每个能陶冶你心性的机会；
> 携经典作伴，在读客经典中找到你下一本书。
>
> ——曹明伦

曹明伦

四川大学教授、博士生导师，中国作家协会会员，中国翻译协会理事、成都翻译协会会长，国务院政府特殊津贴专家。译有《爱伦·坡集》《弗罗斯特集》《培根随笔集》《莎士比亚十四行诗集》等多种英美文学经典。

> 希望读客经典为读者
> 提供经典的精神享受。
>
> ——姚锦清

姚锦清

上海外国语大学高级翻译学院教授，上海市语委英译专家。参编《20世纪欧美文学史》《外国文学名著赏析辞典》及《外国抒情诗赏析辞典》。主要译作有《布赖顿硬糖》《心灵的激情——弗洛伊德传记小说》等。

愿读客经典使青年朋友们快快成长，成年人永远年轻！

王之光
2018.2.22

王之光

  浙江大学教师，长期从事文学和文化翻译教学与实践，已经出版的有《发条橙》《索多玛的120天》《小妇人》《圣经故事》《法国电影》等，还有汉译英作品如《台湾简史》《中美关系史》等。

阅读经典，充实人生。
愿读客经典走进千万读者中。

陈求实
二〇一八年月

陆求实

  中国翻译协会专家会员、上海翻译家协会理事，致力于日本文学译介多年，译有夏目漱石、谷崎润一郎、吉川英治、渡边淳一、村上春树、岛田雅彦等人作品，曾获"上海翻译新人奖""上海优秀中青年文艺家""上海文艺家荣誉奖"，2011年荣获日本"野间文艺翻译奖"。

妖读写经典

读经典，提升人生境界，
汲取文化精华。

衰刚

吴刚

上海外国语大学高翻学院副院长、教授，英美文学博士，上海市翻译家协会理事。出版有《霍比特人》《美与孽》《莎乐美》等翻译作品30多部。

在这个文库里，总能找到下本要读的书：有你读过但值得重读的书，有你听说过正打算读的书，也有可能发现并有可能影响你一生的书。

姚向辉

姚向辉

青年译者，译作有《教父》《七杀简史》《漫长的告别》《马耳他之鹰》等。

> 愿我的孩子，我孩子的孩子，都能看着读客经典，进入世界文学的瑰奇殿堂。
>
> 汪洋

汪洋

  毕业于北京大学，翻译家，外国文学资深编辑。从事英、日文文学翻译、编辑工作十余年，已出版译著有《D之复合》《人类灭绝》《鹰翼行动》《百年法》《亲爱的提奥——梵高传》《红字》等，涵盖推理、科幻、军事、惊悚、艺术史及经典文学等领域。

> 品经典之作，读经典译文，祝读客经典多出精品，愿更多读者在阅读经典中找到自我，收获未来！
>
> 刘勇军

刘勇军

  知名青年翻译家，译风简练而深邃。译有《月亮与六便士》《刀锋》《不安之书》《生命不息：归来》《日出酒店》《遗失的时光》等经典作品。

人间喜剧
赛查·皮罗多盛衰记

[法]巴尔扎克 著　傅雷 译

文匯出版社

《人间喜剧》（精选集）编校说明

巴尔扎克的《人间喜剧》一共包括91部小说，塑造了2400多个典型人物，描摹了一个时代、一个世界的人间百态。因其数量之庞大，内容之广阔，成为人类文学史上罕见的文学丰碑，被誉为一部"社会百科全书"。

本套《人间喜剧》（精选集）收录巴尔扎克《高老头》《亚尔培·萨伐龙》《欧也妮·葛朗台》《比哀兰德》《贝姨》《邦斯舅舅》《猫球商店》《夏倍上校》《奥诺丽纳》《禁治产》《于絮尔·弥罗埃》《都尔的本堂神甫》《赛查·皮罗多盛衰记》《搅水女人》《幻灭》共计15篇。其中《猫球商店》一篇译者为罗新璋，其余篇目译者为傅雷。

傅雷，中国著名的翻译家、作家、教育家、美术评论家。法语翻译界泰斗，精通文学、音乐、绘画等多门艺术，译文优美精确、特色鲜明。先生的译文被誉为"傅雷体华文语言"，成为我国翻译界推崇备至的范文，至今无人企及。

罗新璋，编校审核初版《傅雷译文集》，曾花四年时间手抄200多万字的傅雷译文，在翻译时更是字斟句酌，力求精益求精，将法文的美妙准确地传达出来，享有"傅译传人"的美誉。他翻译的法语经典名著《红与黑》是公认的最佳译本。

1938年傅雷开始翻译巴尔扎克的作品；1949年之后，傅雷几乎把翻译的所有心力都倾注在了巴尔扎克身上；1954年，傅雷决定每年至少译一部巴尔扎克的作品，以"把顶好的都译过来，大概在十余种"。截至1965年，傅雷一共翻译15篇，其中一篇《猫儿打球号》在文革中遗失。"傅译传人"罗新璋《猫球商店》深得先生译法精髓，本套《人间喜剧》采用罗新璋译本并入其余14篇，以示"适合我国读者阅读的"巴尔扎克作品原貌。

在编校方面，为方便读者阅读，仅对一些旧译人名、地名、异体字、标点符号作了修改，其余为了尊重傅雷译本，均保持原貌。

读客图书

目 录

第一部　赛查登峰造极

01　夫妇之间的一场争论　　　　　　　　003

02　赛查·皮罗多的出身　　　　　　　　022

03　苦难的萌芽　　　　　　　　　　　　051

04　铺张浪费　　　　　　　　　　　　　068

05　一个真正的哲人，一个伟大的化学家　091

06　两个明星　　　　　　　　　　　　　112

07　跳舞会　　　　　　　　　　　　　　142

第二部　赛查与苦难搏斗

08　几道闪电　　　　　　　　　　　　　167

09　一声霹雳　　　　　　　　　　　　　175

10　高级银行界　　　　　　　　　　　　187

11	一个朋友	207
12	破产前夜	231
13	交出清账	245

第三部　赛查的胜利

14	破产概况	273
15	最精彩的表现	292
16	在天上	311

第一部　赛查登峰造极

01

夫妇之间的一场争论

冬天夜里,圣·奥诺雷街上只有一会儿安静;从戏院或跳舞会出来的车马才闹过一阵,便是赶中央市场的菜贩的声音。那一会儿安静,在巴黎市喧嚣的大交响乐中好比一个休止符,出现在清早一点左右。就在这休止期间,在王杜姆广场附近开花粉铺的赛查·皮罗多的女人,做了一个噩梦惊醒过来。她梦里变作两个人,眼看自己穿得破破烂烂的,把干瘪打皱的手抓着铺子的门钮;一个她站在店门口,另外一个她坐在账台后面的椅子上;她向自己要饭,听见自己在账台上和店门口同时讲话。她醒过来想扑到丈夫身上去,不料摸到的地方是冷的,更吓得魂不附体:她脖子发僵,动不来了;喉壁粘在一块,喊不出声音来。安放床位的暖阁,两扇小门敞开着;她坐在床上动弹不得,眼睛直勾勾的睁得很大,头发好像给人揪着,耳朵里乱哄哄的响成一片,心又是抽搐又是乱跳,浑身发冷,同时又在出汗。

本来恐怖差不多是个病态的感觉,对身体的压力之猛,可以使器官的机能不是突然发挥到最高度,就是全部瓦解。生理学家对这个现象向来感到惊奇,他们的理论和推测都被推翻了,打乱了；其实事情很简单，只是一种精神上的触电，不过和电流的变化一样，出现的方式总是古古怪怪的难以捉摸。电流对我们的思想影响极大，将来科学家承认了这一点，我这番解释也就变得平淡无奇了。

当时皮罗多太太的难受等于受到剧烈的光的刺激，因为我们的意志不知被什么机构触动之下，会扩张开去或者集中起来，产生一些可怕的放射作用。所以这个平凡的女人会像鬼使神差一般，能够在实际上只是一刹那，而以她迅速的印象来说是极长的时间之内，比着她身心正常的一天之内生出更多的念头，唤起更多的回忆。只要听她几句荒唐矛盾，莫名其妙的话，就能知道她自言自语的时候心里多么难过。

"皮罗多没有理由不在我床上。他小牛肉吃得太多了，也许不舒服吧？不过他真要闹病，也该叫醒我呀。在这幢屋子里，在这张床上，我们两人睡了十九年，他从来没有不声不响的走开的，可怜的羔羊！只有上民团去值夜班的时候，他才睡在外边。今晚上他是不是和我一起睡的呢？怎么不是！天哪！我真糊涂！"

她向床上瞅了一眼，看见丈夫的睡帽圆滚滚的，明明是戴过的样子。

她往下又想："那么他是死了！会不会自杀的呢？干吗自杀？这两年他做了副区长就六神无主。天地良心，叫他当官儿才可怜呢！他的买卖很不错，还送了我一条披肩。也许买卖不行吧？嘿！那也瞒不了我。不过男人的心事，谁摸得透呢？女人的心还不是一样？那也没有关系。今天咱们不是做了五千法郎生意么？再说，当副区长的总不能寻死，他是精通法律的啊。那么他哪儿去了呢？"

她既不能扭动脖子，也不能伸出手去拉绳子打铃，把一个厨娘，三个伙计和一个送货的叫起来。醒是醒了，噩梦还没有散。她忘了她女儿安安静静的睡在隔壁房里，房门就在自己的床脚边。终于她叫了一声："皮罗多！"没有回音。她自以为叫了，可是没有叫出声来。

"莫非他养着什么女人么？"她马上又想，"不会的，他没有这本领；而且他多么爱我。他不是告诉过罗甘太太，说从来没有对我不忠实，连念头都不曾有过么？这个人是最老实不过的。谁要配进天堂的话，准定是他。不知他在忏悔师面前有什么事好埋怨自己，还不是瞎说一阵！他虽是个保王党，也不知他为什么做保王党的——却从来不把宗教挂在嘴上[1]。可怜的好人儿早上八点偷偷摸摸去望弥撒，好像是去寻欢作乐，见不得人似的。他敬上帝就是为敬上帝。地狱跟他不生关系。怎么会养女人？他还寸步不离的盯着我，叫我腻烦呢。他爱我胜过他的眼睛，他为我连瞎掉眼睛都愿意。十九年工夫，他对我说话，嗓门儿从来不比别人高。他心里第一是我，其次才是女儿。啊，赛查丽纳不是睡在那边么？……赛查丽纳！赛查丽纳！皮罗多有什么念头，一向不瞒我。他到**小水手**[2]来看我的时候，说要日子长了才能认识他；这话一点不错。这一下他不在床上！……那可怪了。"

她好容易转过头去，偷偷瞧了瞧卧房。那些别有风光的夜景只有小品画家画得出，语言是无能为力的。各种东西的影子扭来扭去非常可怕；窗帘给风吹着鼓起来，变得奇形怪状；守夜灯隐

---

1 保王党人热心宗教的居多。（如无特殊说明，本书注释均为译者注）
2 小水手是一家铺子的名字，详见下文。

隐约约的光照着红布幔子的褶裥；挂钩上射出火焰似的反光，钩子的中心又红又亮，好比小偷的眼睛；一件袍子拖在地下，像一个人跪在那里；总之，在脑子只会感受痛苦夸大痛苦的当儿，一切可惊可怖的怪现象，无论什么话都没法描写。皮罗多太太似乎看到卧房的外间有一片强烈的光，便马上想到失火；回头看见一条红围巾，又当作一摊鲜血，念头转到强盗身上，觉得家具摆的样子是有人打过架了。她一想起银箱里的现款就心惊胆战，把她做噩梦的忽冷忽热的感觉赶走了。她光穿着衬衣，慌慌张张扑到房间当中预备去救丈夫，以为他在跟凶手搏斗。

她终于声音很凄惨的叫起来："皮罗多！皮罗多！"

她发觉丈夫就在隔壁屋里，拿着一支尺在空中量来量去。绿地棕色花的睡衣没有穿好，把两条腿冻得通红；赛查却一心想着自己的事，不觉得冷。他转过身来说道："嗯，什么事啊，公斯当斯？"那副心不在焉的傻相叫皮罗多太太看着笑了。

她说："哎，赛查，瞧你这副滑稽样儿！干吗不告诉我一声，把我丢在那里呢？我差点儿吓死了，不知道出了什么事。你冒着寒气在这儿干吗呢？你要重伤风了。听见没有，皮罗多？"

"听见了，我来啦。"花粉商一边回答一边回进卧房。

皮罗多太太拨开炉子里的灰，赶紧把柴火弄旺了，说道："来，来烤火吧。你打的什么鬼主意，告诉我听。我冻死了。怪我自己糊涂，只穿一件衬衫就起来了；可是我当真以为有人谋杀你呢。"

皮罗多把烛台放在壁炉架上，把睡衣裹裹紧，心不在焉的替太太找来一条法兰绒衬裙。

"喂，咪咪，穿上吧。"又自言自语的往下说，"宽二十二,深一十八,正好做一间漂亮的客厅。"

"哎!哎!皮罗多,你是疯了还是做梦?"

"才不呢,太太,我在计算。"

"你要胡闹也该等到天亮啊。"她说着把衬裙曳在衬衫下面,走过去打开女儿的卧房。

"赛查丽纳睡着呢,听不见的。来,皮罗多,告诉我是怎么回事。"

"咱们可以开个跳舞会。"

"开跳舞会!天晓得,你真是做梦了,朋友。"

"不是做梦,我的好宝贝。听我说,一个人有怎样的地位,就该做怎样的事。政府提拔了我,我是官方的人了。咱们应当体会政府的精神,把它的意思发挥出来,帮政府贯彻。要求占领军撤退的交涉[1],黎希留公爵已经办成了。特·拉·皮耶第埃先生认为,代表巴黎市的大小官儿都应当在各人的范围之内庆祝领土解放。这是一种责任。咱们要表示真正的爱国精神,叫那些所谓进步党,该死的阴谋家,看了惭愧。你以为我不爱国么?我要给进步党人,给我的敌人们立个榜样,告诉他们爱王上就是爱国!"

"皮罗多,你说你有敌人吗?"

"当然啰,太太,咱们有敌人。咱们街坊上的朋友,一半就是敌人。他们说:'皮罗多运道好;皮罗多是个光棍出身,居然当了副区长,百事顺利。'好吧,这一回又要叫他们吓一跳了。别人不知道,我先告诉你:我得了荣誉团四等勋章,王上的命令昨

---

[1] 拿破仑战败下野之后,各国根据一八一五年的《巴黎和约》,在法国一部分领土上驻扎军队。路易十八的外交大臣黎希留与各国谈判,于一八一八年十月九日成立协议,各国占领军于当年十一月三十日前全部撤退。

天就下来了。"

皮罗多太太听了大为激动,说道:"噢!朋友,那么跳舞会是应当开的了。可是你得勋章是立了什么功呀?"

皮罗多不大好意思的回答:"昨天特·拉·皮耶第埃先生告诉我这个消息,我跟你一样想了想我有什么资格;回家的路上我可想出来了,觉得政府做事真有道理。首先,我是保王党,共和三年正月的圣·洛克事件[1],我受过伤;在那个年月为了尽忠王室而拿起枪杆子来,也是不容易的吧?其次,据某些生意人的意见,我当商务裁判时期办的事,大家都满意。最后,我是副区长。王上这回派了四个受勋的名额给巴黎的市政官员。州长查了一下有资格受勋的副区长,把我列为第一名。再说,王上也该记得我的名字:因为拉贡老头的关系,王上所喜欢的那种扑粉向来由我们供应。故世的王后[2]——可怜在大革命中牺牲了,她用的香粉配方就是咱们独家有。区长还拼命替我撑腰呢。那有什么办法!反正我没有要求勋章,是王上自动赏的;要不接受,无论从哪方面看都是对他不敬。副区长又何尝是我自己要做的?所以,太太,既然遇着**胜风**(顺风)——像你家比勒罗叔叔高兴的时候说的——我决意把屋子重新安排一下,样样要配得上咱们的门第。倘使我能当个人物,老天爷要我做什么我就做什么,命里要当县长就当县长。你认为做了二十年零卖的花粉生意,就算尽到国民的责任,那你是大错特错了,太太。国家要咱们缴家具税,门窗税,咱们不是一律缴上去吗?如果要咱们贡献出聪明才智,咱们也该

---

[1] 一七九五年十月(即共和三年正月)圣·洛克教堂事件,是保王党人最后一次的反革命暴动。
[2] 这个王后就是指玛丽·安托瓦内特。

贡献出来。难道你愿意坐一辈子账台吗？天哪，你也坐够了。我要开的跳舞会也是庆祝咱们自己的喜事。从今以后，你不用再管零碎生意。我要烧掉**玫瑰女王**的招牌，把**拉贡香粉老店，赛查·皮罗多新记**字样取消，只漆上**香粉铺**几个描金大字。我要把账房间和收银柜搬到中层[1]，再替你布置一个漂亮的办公室。铺面后间，还有现在做餐室和厨房的屋子，将来改做货栈。就要租下隔壁的二层楼，在墙上开一扇门，把楼梯改个方向，使两边的楼面一样高低。这样，咱们就有一套宽大的房间，摆设得漂漂亮亮的。是的，我要把你的房间家具全部换新，替你安排一间小会客室，给赛查丽纳一间精致的卧房。将来你雇一个女店员，她跟领班伙计，还有你的贴身老妈子——是的，太太，你一定要有一个贴身老妈子！——都睡在三楼。四楼做厨房，做打杂的伙计和厨娘的卧室。五层楼作为贮藏室，存放咱们的瓷器，瓶罐和玻璃器具。女工都到阁楼上去做活。过路人再也看不见店堂里粘标签，做纸袋，拣瓶子，盖瓶塞等等了。那是圣·但尼街的派头，放在圣·奥诺雷街可不行，太俗气了！咱们的铺子要摆设得像客厅一样。你说，有头面的花粉商是不是只有咱们一家？做醋生意的，做芥末生意的，不是在民团里当团长，受到宫里的抬举么？咱们应当学他们的样，扩充营业，同时想法进上流社会。"

"皮罗多，你知道我听着你的话有什么感想？你是骑驴找驴，多此一举了。别忘了人家派你当区长的时候我劝过你：人生在世，第一要过太平日子！我说的：'你要出名，好比拿我的胳膊去做风车的翅膀。荣华富贵要断送你的。'那时你不听我，

---

[1] 中层是在底层与二楼之间的一层，比较低矮。

现在可闯祸了。要在官场中做个角儿，先得有钱；咱们有没有呢？怎么！花了六百法郎做来的招牌，你想烧掉？你的名气都是靠**玫瑰女王**挣来的，你倒不要了吗？别人有野心是别人的事。把手伸进火里去总得带些火星出来，是不是？今日之下，政治是烫手的。咱们除了工场，存货和做买卖的资本以外，不是有响当当的十万法郎存起来么？你想多弄些钱，尽可以用一七九三年的老办法：公债市价只有七十二法郎，还是买公债吧，一年有一万法郎利息好收，又不妨碍咱们的买卖。经过这番调度，你可以把女儿出嫁，把铺子出盘，咱们俩回本乡去。十五年工夫，你口口声声只想把希农附近的**德莱索里**买下来；那儿有池塘，有草原，有树林，有葡萄园，有分种田，是个挺好的小庄园，一年有三千法郎进款。咱们俩都喜欢那屋子；现在花六万法郎还能买进，而先生你倒想进官场了。别忘了咱们的身份，咱们是花粉商。十六年前，你还没发明**女苏丹两用雪花膏和润肤水**的时候，倘若有人告诉你，说你就要有本钱买进**德莱索里**了，你还不快活死么？你一心想要那块产业，老是挂在嘴上；如今能买了，你反而想把钱胡乱花掉。钱是咱们俩满头大汗挣来的，我说咱们俩，因为我一年四季坐在账台上，像一条可怜的狗守着它的窝一样。等女儿出嫁了，做了巴黎公证人的太太，我们一年在希农住八个月，把女儿的家作为在巴黎歇脚的地方，那比起把五个铜子变成两个半，把两个半变成一个都没有，不是强得多么？将来公债涨价了，给女儿每年八千法郎利息，咱们自己留着两千；出盘铺子的钱可以买进**德莱索里**。咱们把家具带着走，还值好大一笔钱呢。凭着这种气派住在你家乡，好朋友，咱们就跟王爷差不多；不比在巴黎当个角色起码要一百万家私。"

皮罗多说道："哎，太太，你这些话，我早料想到了。你认为我糊涂透顶，我还不至于糊涂到不考虑周全。你听我说，亚历山大·克劳太将来要盘进罗甘的事务所，招他做女婿对咱们跟手套一样合适；可是十万法郎陪嫁，你想能满足他么？而且咱们要把全部现款都给女儿，才有这笔数目。当然我打算这么办的：我宁可老来吃干面包，一定要女儿像王后娘娘一样享福，就是像你说的，把她嫁给巴黎的公证人。可是要盘进罗甘的事务所，别说十万资金，便是年息八千法郎的本钱也不管用。人家以为我们的家私远不止这些；我们叫他小山德罗的克劳太心里也这样想。他老子是个有钱的庄稼人，就是一毛不拔；他要不卖掉十万法郎田产，山德罗休想当公证人。罗甘的事务所值到四五十万；克劳太不先付一半现款，交易怎么能成功？所以赛查丽纳的陪嫁要有二十万才行；而我告老的时候还得体体面面的保持布尔乔亚身份，需要一万五的进款。哼！事情一明一白全摊出来了，看你还有什么话说？"

"啊！你要有什么金山银山的话……"

"我就是有呀，我的宝贝，"他搂着老婆的腰轻轻拍着，高兴得眉飞色舞，"有笔买卖还没定局，我一向不愿意跟你谈，明儿大概能成交了。事情是这样的：罗甘劝我做一桩投机生意；因为十拿九稳，他跟拉贡，你的叔叔比勒罗，还有两个别的主顾，都加入了。我们想在玛特兰纳附近[1]买进一批地产。罗甘计算过了，拿三年以后上涨的行情来说，眼前的买价只有四分之一。三年以后，现有的租地契约都满了期，我们就能自由经营。一共是

---

[1] 玛特兰纳是巴黎有名的大教堂之一，附近一带现在是最热闹的市中心；十九世纪初期还没完全开发。

六个股东,各人认一个数目。我出三十万,因为我要占总数的八分之三。以后无论哪个股东要调动银钱,只消把自己的股份托罗甘做押款。为了要亲自出马,看看鱼儿是怎么钓的,我跟比勒罗和拉贡老头合认一半股份,这一半统统归我出面;还有一半的买主归罗甘负责,他托一个叫查理·克拉巴龙的出面。罗甘将来和我一样,另外出凭据给他的合伙人。在我们没有能支配全部地产以前,只立一份预约买卖的文契,不经过公证。不过到底立哪一种合同,还得罗甘研究;是不是能暂时不备案,注册费叫将来分块买进的人负担,还没有把握。这些事也跟你解释不完。一朝付清了地价,咱们只要抱着胳膊坐等,三年以后就有一百万家私。那时赛查丽纳二十岁,咱们再盘掉铺子,就能靠天照应,乖乖儿往上爬了。"

皮罗多太太问道:"可是你的三十万法郎哪儿去张罗呢?"

"亲爱的小猫咪,你一点不懂生意经。存在罗甘那儿的十万法郎可以先付出去,再拿寺院区的工场和园子抵押四万,咱们手头还有两万有价证券;总数是一十六万。还缺十四万,我签一张票据给银行家克拉巴龙先生,托他贴现。这样,三十万法郎就凑齐啦。老话说的好:**票据不到期,不欠一个钱**。到期的时候,咱们拿生意上的赚头去付。万一付不出,拿我名下的地产作抵,向罗甘借,只要五厘起息。其实也用不到借:我发明了一种香精——用榛子做的生发油。李文斯东替我装了一座水压机,榛子的油经过高压,全部能挤出来。我算过,不出一年,至少能赚进十万。我正在盘算招贴怎么写,第一句就是**打倒假头发!**必定轰动一时。你啊,你就没发觉我夜里失眠!看到**玛加撒油**走红,我已经三个月睡不着觉了。我要打倒**玛加撒**!"

"原来这就是你瞒着我盘算了两个月的好主意。我刚才做了一个梦,梦见我在自己的店门口要饭。这是什么预兆啊!不久咱们的家产要弄得精光,只剩一双眼睛淌眼泪。只要我活着,绝不让你这样做,听见没有,赛查?那些事情里头必有些鬼把戏,你没看到;你太规矩太正派了,想不到别人会欺骗讹诈。干吗人家要送你一百万?你把现货都脱手了,做的生意超过了你的实力;要是你的油销不出,钱弄不到,地产变不了现款,你拿什么去付你的票据?拿你的榛子壳么?为了向上爬,你不愿意再在生意上出面,要卸下**玫瑰女王**的招牌,同时你倒想印招贴,印仿单,在墙角里,在木板上,在人家盖屋子的地方,让赛查·皮罗多的大名到处出现。"

"噢!你不懂我的意思。我要用安赛末·包比诺的名义设一家分店,在龙巴街一带找所屋子让小安赛末安顿下来。帮拉贡的内侄自立门户,也可以缴销我欠拉贡老夫妻的情分。包比诺将来会发财的。可怜的拉贡夫妇近来寒酸得很。"

"呦!那些人就是想你的钱。"

"那些是什么人呢,请问你?你的叔叔比勒罗把我们当作心肝宝贝一般,每星期天都跟我们一块儿吃饭,难道他想我们的钱么?难道是咱们的老东家,好好先生拉贡么?他清白了四十年,咱们经常跟他玩着波士顿[1],他想骗我们的钱么?再不然是堂堂巴黎公证人,当了十五年公职,上了五十七岁的罗甘么?如果老实人还得分等级,那么巴黎的公证人就是天字第一号的老实人。何况到紧要关头,合伙老板还会帮我忙呢!好宝贝,请问你圈套

---

[1] 波士顿,一种纸牌游戏。

在哪儿？唉，我非点醒你不可。真的，我心里不大舒服——你老是像猫一样多心。店里存了两个钱，就把顾客当作小偷一般的防——要你发财，只要人家跪下来向你苦苦央求！亏你还是巴黎人出身，竟然这样没有野心！你要不老是担惊受怕，我就十全十美，就是天底下最快活的男人了！依了你，什么女苏丹雪花膏，什么润肤水，我都不会制造。不错，咱们的铺子养活了咱们，可是咱们净赚的十六万法郎，是靠那两样发明和咱们的肥皂挣来的呀——没有我的天才（因为我做花粉生意的确有本领），咱们不过是小本经纪的零售商，不把吃奶的力气都使出来，顾了年头就顾不到年尾，更轮不到做什么商界名流，竞选商务裁判了；我既当不了裁判，也当不了副区长。在那个情形之下，你知道我是怎样的人？还不是个开小铺子的，跟当年的拉贡老头一样！我这么说不是刻薄他，我看重铺子，顶呱呱的人物都是开店出身——但是卖了四十年花粉，咱们也不过像老东家一样攒到三千法郎一年进款，照眼前的局势，物价涨起一倍，咱们只能勉强过个苦日子，跟他们没有分别。这对老夫妻叫我心里越来越难受了。我要弄清他们的底细，明儿问包比诺就知道——你看到运气来了就担心，怕今天有的明天保不住。听了你，我不会有声望，我得不到勋章，也没希望踏进政界。真的，你别摇头，咱们的生意成功了，我可以当巴黎的议员！我名叫赛查[1]不是白叫的，我做一样成功一样——外边人人说我能干，想不到在家里，我最要讨她喜欢的人，我做牛做马要她幸福的人，偏偏当我傻瓜！"

有心埋怨人家的人总是说几句，停一下，开起口来像连珠

---

[1] 法文中的赛查就是拉丁文中的恺撒，古罗马有名的独裁者就叫作尤利乌斯·恺撒。

炮，静默的时候又那么含蓄。皮罗多虽然用了这个手法，但口气仍表现出对老婆一片深情，叫皮罗多太太听了心中感动。可是她跟一般的女人一样，还想利用对方的感情来取胜。

她说："皮罗多，你要是爱我，就让我自得其乐的过日子吧。你我都没受过教育；咱们不会说话，不会像上流人物那样请安行礼，进官场怎么会得意呢？我吗，我只要能住在德莱索里就快活了，我向来喜欢牲口，小鸟；我养养鸡啊，管管庄稼啊，日子可以过得挺好。我劝你把铺子出盘，把赛查丽纳嫁掉，别想你那个生发油了。咱们每年到巴黎来过冬，住在女婿家里，多么逍遥自在！政界商界出什么事都跟咱们不相干。为什么要压倒别人呢？咱们眼前的产业还嫌不够么？做了百万富翁能多吃一顿夜饭么？是不是你还想另外弄个女人？看看咱们的叔叔比勒罗吧！他只有一份小小的家私，却是很知足，经常做点儿好事。他几曾想要什么漂亮家具？我料定你已经替我定了家具：我看见勃拉训来过，他绝不是来买花粉的。"

"是啊，我的美人儿，你的家具已经定下了。屋子明天就动工装修，一切归建筑师负责，他是特·拉·皮耶第埃先生介绍来的。"

皮罗多太太嚷道："哎哟，我的上帝！可怜我们吧！"

"你这是不讲理了，我的宝贝。难道你在三十七岁上，一个这样娇嫩，这样漂亮的女人，就躲到希农乡下去不成？我吗，谢谢上帝，还只有三十九岁。运道来了，给了我一个美好的前程，我就闯进去。只要谨慎小心，我在巴黎的布尔乔亚中间可以开创一个光荣的门第；过去的例子多得很，我可以叫皮罗多成为一个世家大族，像格莱，像于勒·台玛雷，像罗甘，像谷香，像琪奥默,像勒巴,像纽沁根,像萨耶,像包比诺,像玛蒂法,他们都在本区出过名,或是正在出名。你放心,这桩买卖要不像金条一般靠得住……"

"靠得住!"

"当然靠得住。我已经盘算了两个月。我装作若无其事的向市政府,建筑师,承包商,把营造的事都打听过了。替我们改装屋子的青年建筑师葛兰杜,因为没有钱加入我们的投机生意,懊恼死了。"

"将来有营造生意好做,他自然撺掇你,好敲你一笔了。"

"像罗甘,比勒罗,克拉巴龙这些人可是哄骗得了的?这桩赚钱的生意和**女苏丹雪花膏**一样稳,告诉你!"

"可是朋友,罗甘盘进事务所的钱早已付清,家业也挣起来了,干吗还要做投机生意?有时我看见他走过,心事比当部长的还要重;他低着眼睛瞧人的样子,我就不喜欢:他怕人看出他心中有事。这五年来,他脸孔变得像个老色鬼。谁告诉你,他不会拿了你们的钱溜之大吉?这是常有的事。咱们知道他的底细么?尽管他和咱们交了十五年朋友,我可不愿意为他把手伸到火里去[1]。啊,我想起了,他害着鼻窦炎,不跟太太同居,一定私下养着女人,被她们蛀空了;要不然他没有理由垂头丧气。我早上梳妆,从百叶窗里望出去,看见他走回家,知道他从哪儿来!我看他是另外有个家,管着两处开销。这种生活可是公证人的生活?要是收进五万,花掉六万,二十年下来,他的家业不就完了?还不是光杆儿一个,像初出世的小约翰么?但是他阔绰惯了,便老

---

[1] 从古代风俗留下的民间传说:凡是好人好事,你可以把手放在火里打赌,绝不受伤。

实不客气抢劫朋友：精明的慈善家总是先照顾自己的。他跟咱们的老伙计，那小流氓杜·蒂埃，很亲热，这就不是好兆。倘若他识不透杜·蒂埃，他是瞎子；倘若识透了，干吗要那样讨好他？你会说他的女人爱着杜·蒂埃吧？哼！一个男人在有关老婆的问题上不要面子，绝不会做出什么好事来。再说，那些地产的业主竟那么傻，肯把值到一百法郎的东西只卖一百铜子么？你碰到一个孩子不知道一个路易值多少，你不是会告诉他么？照我看来，你们那买卖，你听了别生气，竟是一种抢劫。"

"天哪！女人家有时候真古怪，念头会这样七颠八倒的！罗甘不参加吧，你会说：'喂，喂，赛查，罗甘不搭股，那买卖靠不住。'罗甘加入了，应该有保障了，你又说……"

"加入的不是罗甘，是什么克拉巴龙。"

"当公证人的不能出面做投机生意啊。"

"那么他为什么要干一桩法律禁止的事呢？你向来尊重法律，你怎么说？"

"让我说下去好不好？罗甘加入了，你又说买卖靠不住。有这道理么？你又说：'他这么做是违法的。'可是必要的话，他尽可以出头露面。你还说：'他已经有钱了。'人家不是也可以这样说我么？倘若拉贡和比勒罗来问我：'你已经像贩猪的一样赚饱了，干吗还做这笔生意？'咱们听了欢迎么？"

皮罗多太太说："生意人的地位跟公证人不同。"

赛查接口道："反正我良心很太平。卖主有不得不卖的理由；我们并没抢他们，好比你买进七十五法郎的公债，并没有抢劫抛出的人。今天我们照今天的市价买进地产；两年以后，行情不同了,跟公债一样。告诉你,公斯当斯-巴勃-约瑟芬·比勒罗[1],无论什么事,只要有一点儿不清白,我赛查·皮罗多一辈子也不会做,不管是犯法的还是违背良心的,还是犯嫌疑的。真想不到,成家立业十八年了,还被老婆疑心做人不老实!"

"得啦,得啦,赛查!别生气。跟你相处了这么些年,还识不透你的心么?归根结底,你是当家的。这笔产业不是你挣来的么?既然是你的,你尽管花吧。哪怕弄到山穷水尽,我们母女俩绝没有半句怨言。可是你听我说:当初你发明**女苏丹雪花膏和润肤水**的时候,你冒的险不过五六千法郎。现在你把全部家私都押在一副牌上,赌的又不止你一个,你有合伙老板,说不定比你精明。你要开跳舞会就开吧,要装修屋子就装修吧,花上万把法郎虽然冤枉,还不至于伤元气。至于那笔玛特兰纳的生意,我坚决反对。你是花粉商,就做花粉商,别做地皮生意。我们女人天生有股灵性,不会错的!我的话说完了,随你怎么办吧。你当过商务裁判,懂得法律;你当家当得很好,我跟你走就是了。不过咱们的财产还没安排妥当,赛查丽纳还没有称心如意的嫁出去,我总觉得提心吊胆。但愿上帝保佑,我的梦不要是个预兆才好!"

公斯当斯表示就范了,皮罗多倒也不大好受;遇到这类情形,他就喜欢使一些无伤大雅的小手段。

他道:"公斯当斯,我话还没有说出去呢;不过说不说都是一样。"

"噢!赛查,话都说尽了,不用再提。总之,名誉比财产要紧。来,朋友,睡觉吧,咱们柴火也烧完了。你喜欢谈天,床

---

[1] 皮罗多太太娘家姓比勒罗,公斯当斯-巴勃-约瑟芬是她的全名。

上谈舒服得多。噢！那个噩梦！我的天哪，看见自己变成那副形景，多可怕……我要跟赛查丽纳去好好的念一台九日经，保佑你的地产生意成功。"

皮罗多一本正经的说道："有老天爷帮忙自然没有害处；可是太太，榛子油也是一股力量呢！我这个发明，像我从前发明**女苏丹雪花膏**一样是碰巧。上回是随便翻开一本书，这回是看到一幅版画，题目叫作《埃罗与莱安特》，画着一个女人在情人头上洒香油，你想多有趣！最可靠的投机生意是利用人的虚荣心，利用人的自尊心和爱打扮的心理。这些心理是永远不会消灭的。"

"唉！是啊，这一点我看得很清楚。"

"男人到相当年纪，头发没有了，会千方百计的想要。理发师告诉我，近来不但**玛加撒油**畅销，凡是可以染头发的，大家认为可以长头发的药品，销路都好。自从和平以后[1]，男人对女人热心多了，女人可是不喜欢秃顶的，嗨，嗨，咪咪！可见这一类商品的销路跟时局有关。保护头发的药品跟面包一样好卖，尤其我的香精将来可以请科学院批准，好心的伏葛冷先生一定还会帮我一次忙。明天我要把我的主意告诉他，向他请教；他喜欢的版画也要拿去送给他，我托人在德国找了两年才找到。和他合伙做化学药品的希佛勒维说，他正在研究头发。我的发明倘若跟他的发明合得拢，男男女女都要买我的香油。我再说一遍，我这个主意就是一笔财产。天哪，我简直睡不着觉了。总算运气，小包比诺长着一头世界上最好看的头发。咱们再雇一个头发拖到地下的女店员，只要不亵渎上帝不得罪人，就叫她说是多亏了我的生发

---

[1] 这里所说的和平，指一八一五年签订《巴黎和约》之后。

油，因为那东西的确是油，一点不假。这么一来，凡是头发花白的家伙都要盯着我的油了，好比晦气星老盯着穷人一样。除此以外，亲爱的，还有跳舞会哩！我不是要吓唬人，只想见见那个小流氓杜·蒂埃，他有了几个钱耀武扬威，一到交易所可就躲着我啦。他知道有桩不光彩的事落在我手里。也许我当初对他太厚道了。太太，你说奇怪不奇怪，一个人做了好事老吃亏，当然我说的是这一世！我待他像待儿子一样，你才不知道我帮了他多大的忙呢。"

"提起他来，我身上就起鸡皮疙瘩。他要你当什么角色，你要知道了就不会把他偷三千法郎的事瞒起来了；我早猜到那桩事是怎么了结的。你如果送他上法庭，对大家倒是做了件功德。"

"他想叫我当什么角色呢？"

"别提了。今晚上你要肯听我的话，皮罗多，我就劝你不要再理睬杜·蒂埃。"

"他从前是我的伙计，他刚做生意的当口，我还替他作了两万法郎的保；现在不准他进门，人家不要奇怪么？算了吧，咱们总是为好，别的不用管了。再说，杜·蒂埃已经变好了也说不定。"

"那么咱们屋子里要弄得一塌糊涂了！"

"什么一塌糊涂？放心好了，样样会安排得有条有理，像五线谱一样。我才告诉你，楼梯要改向，我跟卖伞的加隆办过交涉，要租隔壁的屋子，难道你都忘了不成？我明儿要和他一同去找他的房东莫利奈，明儿我事情多得跟部长一样……"

公斯当斯道："你那些主意把我搅得头昏脑涨，什么都弄不清了。再说，皮罗多，我快睡着了。"

丈夫答道："啊，你早。因为咪咪，现在已经是早上了。啊！她睡熟了，亲爱的孩子！嘿，你要不发一笔大财，我才不叫赛查呢。"

一会儿，公斯当斯和赛查都安安静静的打起鼾来。

我们只要把这出戏里两个主角的身世大致看一看，就知道这场不伤和气的争论给人的印象，和他们过去的历史完全一致。我们这幅速写除了描写一般零售商的生活，也要交代清楚做花粉生意的赛查·皮罗多，怎么会碰巧当上副区长，从前怎么会在民团中当队长，现在又怎么会得荣誉团勋章。摸透了他的性格，弄清了他发迹的原因，我们就懂得为什么生意上的风浪，精明强干的人能够战胜，临到无能的人头上就会变作不可挽回的灾难。世界上的事情永远不是绝对的，结果完全因人而异：苦难对于天才是一块垫脚石，对基督徒是一口受洗礼的池子，对能干的人是一笔财富，对弱者是一个万丈深渊。

02

赛查·皮罗多的出身

希农附近有个穷苦的农民叫作约各·皮罗多,在一位有钱的太太家里种葡萄,和她的丫头结了婚,生了三个儿子。老婆生下小儿子就死了,可怜的男人也没有再活多久。女主人对丫头感情不错,让约各的大儿子法朗梭阿和她自己的孩子一同上学,又送他进神学院。法朗梭阿·皮罗多做了神甫,在大革命中躲来躲去,和一般拒绝向政府宣誓的教士[1]一样到处流浪,被人当作野兽一般追捕,抓住的话至少是上断头台。我们这故事开场的时节,法朗梭阿是都尔大教堂的副司祭。他只离开过一次都尔,去看他的弟弟赛查。巴黎的喧闹拥挤把老实的教士吓昏了,躲在房里不敢出去。他把双轮马车叫作小街车,看到每样东西都大惊小怪。住了一星期,他回到都尔,打定主意从此不进京城。

种葡萄的第二个儿子约翰·皮罗多当了民兵,在大革命初期打了几仗,很快就升到上尉。德莱皮阿一役[2],麦唐那招募敢死队攻打一座炮台,上尉带着部队冲上去,打死了。皮罗多一家的命

---

[1] 法国大革命后,政府曾于一七九〇年下令,教士必须宣誓服从政府。
[2] 一七九九年六月,法国麦唐那将军与俄、意联军战于德莱皮阿河畔。

运就是这样到处受人压制,或者受时势播弄。

最小的孩子便是这出戏[1]的主角。赛查在十四岁上识得字,能写能算,带着一个金路易离开本乡,步行到巴黎去找出路。都尔的一家药店老板介绍他进拉贡的花粉铺,做个打杂的小厮。那时他的全部家当不过是一双底上有铁钉的皮鞋,一条扎脚裤,几双蓝袜子,一件花背心,一件乡下人穿的上衣,三件厚厚实实的粗布衬衫和他上路用的棍子。头发虽则剪得像唱诗班里的孩子,可是身体结实,到底是都兰地区的人。他有时像他同乡人一样懒散,但成家立业的愿望把这一点给补救了。他既不聪明,也没受过什么教育,却是天性正直,一丝不苟,像他的母亲。照都兰的俗语说,他母亲是个**有钱难买好心肠**的女人。赛查吃了东家的,每月拿六法郎工钱,睡在阁楼上,靠近厨娘的卧室搭一张破床。伙计们指点他打包,送货,扫街,扫栈房,一边教他干活,一边拿他打哈哈。按照小商店的习惯,师兄传授本领,说笑打趣也是一个重要项目。拉贡先生和拉贡太太跟他说起话来好像他是条狗。他在街上跑了一天,夜晚两只脚痛得要命,肩膀像断下来似的;可是没有一个人理会学徒的苦处。在所有的京城里,只顾自己不顾别人是天经地义;赛查尝到这种冷酷的滋味,觉得巴黎的生活苦极了。他晚上一边哭一边想着都兰。那边的乡下人做起活来才悠闲呢:泥水匠慢吞吞的砌着墙,很聪明的把劳动和懒散联在一起。但他还来不及想到逃跑就睡着了,因为第二天早上还得出差,他又生来像看家的狗一样尽职。他偶尔嘀咕几句,领班伙计就嘻嘻哈哈的笑道:

---

[1] 巴尔扎克的全部小说总称为《人间喜剧》,他常常把每部小说看作《人间喜剧》中的一幕或一场一景。

"啊！小伙子，**玫瑰女王**店里不是样样都玫瑰色的，云雀不是现成炸好了从天上掉下来的；先得去追，去捉，末了还得有烹调的作料。"

胖子厨娘是比加地人；她把好菜都自己吃了，从来不和赛查说话，除非是向他抱怨拉贡夫妻管得紧，什么都不让走漏。第一个月月终，星期天轮着这姑娘看家，不免跟赛查谈起话来。于絮尔身上一经收拾干净，在打杂的小厮眼里就很动人了。这是他一生第一个暗礁，要不是后来事情起了变化，他说不定就会这样断送了的。跟所有无依无靠的人一样，他碰到第一个对他和颜悦色的女人就爱上了。厨娘做了赛查的保护人，和他有了私情，给伙计们毫不留情的作为嘲笑资料。过了两年，厨娘高高兴兴的丢开了赛查，另外挑上一个二十岁的同乡。他为了逃避兵役，躲在巴黎，家乡有几亩田，听凭于絮尔做主和她结了婚。

那两年，厨娘尽拣好东西给她的小赛查吃；教他从下面去看巴黎的生活，把一些秘密替他拆穿了；为了抓住赛查，她告诉他下流场所的可怕，使他听了毛骨悚然；那些地方的危险，她自己好像并不陌生。一七九二年赛查失恋的时候，两只脚已经在巴黎街上锻炼出来了，肩膀上箱子也扛惯了，他所谓巴黎人的噱头也听惯了。因此于絮尔把他扔下，他也不怎么伤心，觉得自己在感情方面的许多理想，于絮尔一桩都配不上。她又淫荡又暴躁，会撒娇会揩油，又自私又纵酒。她既伤害了皮罗多那颗纯洁的心，又没有什么美丽的远景好让他指望。天真的人总以为爱情的关系是最牢固的；可怜的孩子和一个并不投机的姑娘有了这种关系，有时感到很痛苦。等到他在感情方面恢复自由的当儿，他成熟了，年纪也到了十六岁。头脑经过于絮尔的栽培，经过伙计们说笑打诨的启发，他开始研究生意经了；别看他眼睛的神气老实，骨子里还是聪明的呢。他留心主顾，有空就打听关于商品的知识，把品种和来路记在心里。终于有一天，他对货色，价钱，暗码，比新来的同事熟悉得多；拉贡先生和拉贡太太也把他使唤惯了。

共和二年[1]全国征发壮丁，拉贡公民手下的人抽调一空，赛查·皮罗多升了二伙计，趁此机会拿到五十法郎一月的薪水，能够和拉贡夫妻同桌吃饭更是说不出的得意。**玫瑰女王**的二伙计本来积着六百法郎，如今又有了一间正式的卧房，把他添置的一些蹩脚衣服放进眼红了多年的柜子里。当时的风气，年轻人都喜欢做出粗野的举动，算作时髦；这个温和朴实的乡下佬，逢着十天一次的例假[2]，也照他们的款式打扮起来，模样儿也不输他们了。他和布尔乔亚的雇佣关系，在别的时代原是一道高墙，这一下可被他轻轻跳了过去。那年年底，因为他诚实可靠，当了出纳。威严的拉贡女公民[3]管着伙计的内衣被褥；老板和老板娘都当他自己人看待了。

一七九四年九月，赛查拿一百金路易的积蓄换了革命政府的六千法郎钞票，买进行市三十法郎的公债。交易所市面大跌的前一天，他付清了款子，欢天喜地的把债券收起来。从此他就关心行市，关心大局，暗地里牵肠挂肚；那个时期正是我们历史上的多事之秋，好消息坏消息都会使他心跳。玛丽·安多纳德王后用的香粉一向是拉贡供应的；两位暴君倒台了，拉贡对他们还是忠心耿耿，在大局紧张的日子把这份心意告诉了赛查。赛查一辈

---

1 共和二年，即一七九三年。
2 大革命时期，政府把星期的例假改为十天一次。
3 大革命时期，男人统称为公民，女人统称为女公民，以代替先生，太太的称呼。

子就受着这些心腹话的影响。夜晚铺子关了门,盘好账,街上静悄悄的时候谈的话,把都兰人听得如醉若狂;再加上天生的倾向,他竟做了保王党。拉贡夫妇讲了许多故事,形容路易十六的德行,赞美王后的贤惠,越发挑起赛查的热情。国王和王后就在离铺子不远的地方砍头的,这个悲惨的下场叫软心的赛查大抱不平,恨死了那个残杀无辜的政权。从做生意的角度看,他觉得限制物价的法令[1]和不利于买卖的政潮把商业的生路断绝了。何况革命以后,大家把头发剪短,不再用扑粉;赛查是个地道的花粉商,也就对革命大起反感。既然只有专制政体能使国家太平,只有太平能使百姓活命和赚钱,他便死心塌地拥护王室。等到拉贡先生认为他思想成熟了,就升他做领班伙计,参与**玫瑰女王**的秘密。原来有些主顾是波旁王室最忠心最活跃的党羽,暗中把花粉铺作为巴黎与西方的通讯机关。赛查血气方刚,和乔治,拉·皮耶第埃,蒙朵朗,蒲璜,龙琪,芒达,裴尼埃,杜·甘尼克,冯丹纳[2]等等接触之下,受着他们的煽动,竟参加了共和三年正月十三的事变。那是保王党联合了恐怖党,想推翻那个快要结束的国民会议的阴谋。

赛查很荣幸,居然在圣·洛克教堂的石级上和拿破仑交锋,但一开场就受了伤。事变的结果,大家都知道。巴拉斯手下的副官从默默无闻中冒了出来[3],皮罗多亏得默默无闻而逃了性命。几个朋友把作过战的领班伙计送到**玫瑰女王**店里,拉贡太太替他包扎了,把他藏在阁楼上,幸而没有人追究。皮罗多打仗的勇气不

---

[1] 一七九三年五月国民会议颁布法令,限制一部分主要粮食的最高价格。
[2] 以上都是巴尔扎克笔下的保王党人物,散见于其他小说。
[3] 圣·洛克事变时,拿破仑在巴拉斯部下率领军队保卫国民议会,镇压保王党的叛乱。

过是一时冲动。他一面养伤，一面把政治与花粉生意这种荒唐的结合，认真思索了一番。虽然他仍是保王党，但打定主意只做一个吃花粉饭的保王党，全心全意管他的本行，再也不去冒险。

共和七年二月十八的政变¹，使拉贡夫妻对波旁王室的命运绝望了，决意脱离花粉业，去过安分守己的布尔乔亚生活，从此不问政治。他们要想收回资本，必须物色一个野心不大而诚实有余，才具不足而明理懂事的人来接手。拉贡便劝领班伙计把他的店盘下来。皮罗多却是踌躇不决。他那时二十岁，每年有一千法郎的公债利息；他的志愿是但等拿破仑在蒂勒黎宫中的地位巩固，公债也跟着稳定，他每年能有一千五利息的时候，住到希农乡下去。他私下想："老老实实过着自给自足的日子不好么？干吗去担生意上的风险？"他从来没想到能攒起那么大一笔财产，那种发财的机会也只有一个人年轻的时代才敢尝试。当时他只想在都兰娶一个家业和他差不多的老婆，**把德莱索里**买下来自己经营。他从懂事的时候起就看中那块小小的产业，打算扩充到一年有三千法郎进款，在那儿快快活活，无声无臭的过日子。他正要回绝东家，不料爱情使他忽然改变主意，野心也大了十倍。

赛查被于絮尔丢开以后很本分，不敢在巴黎接近女色，一则怕危险，二则工作也忙。情欲没有养料，会变作饥渴一般的需要；所以中等阶级的人脑子里只想着结婚，除此之外，他们没有办法弄到一个女人。赛查·皮罗多便是到了这一步。**玫瑰女王**店里的大小事务都集中在领班伙计身上，他没有时间去寻欢作乐。在这样的生活中间，情欲的需要就变得愈加迫切。荒唐惯的伙计

---

[1] 共和七年二月十八，即一七九九年十一月九日，拿破仑推翻旧执政，自任首席执政，开始独裁。

看了不会动心的那种漂亮姑娘，给安分的赛查遇到了，印象就深刻了。六月里有一天，他从玛丽桥走往圣·路易岛，在安育河滨道上靠近桥堍的一家铺子门口，看见站着一个姑娘。她叫作公斯当斯·比勒罗，在**小水手**铺子里当领班小姐。**小水手**是巴黎最早的一家时装商店。这类铺子以后开了不少，多半挂着油漆招牌和飘飘荡荡的市招；橱窗里的围巾挂成秋千架一般，领带叠得像纸扎的宫堡；还有许多招徕顾客的花样，售价划一的商品[1]，又是布幡，又是招贴，花花绿绿，光彩夺目的玩意儿做得着实巧妙，把橱窗装饰得挺有诗意。**小水手**卖的所谓时新货，价钱非常便宜，所以虽则开在巴黎最冷落最不时髦的地段，倒也生意兴隆，红极一时。领班小姐长得漂亮的名声也传出去了，正如后来**千柱咖啡馆**的老板娘和别的一些女孩子一样，引得老头儿和小伙子们在帽子店，咖啡馆，小商店窗外伸头探脑，数目比巴黎街上的石板还要多。**玫瑰女王**的领班伙计住在圣·洛克教堂和苏第埃街之间，平日只关心花粉，不知道有这家叫作**小水手**的铺子。巴黎的零售商素来不通声气。赛查一见公斯当斯的姿色，兴奋得不得了，一鼓劲儿冲进店里买了六件衬衫，讨价还价磨了半天，把整匹的布抖开来看过，活脱是英国女人买东西的派头。赛查承蒙领班小姐赏脸，亲自出来招呼。她一看某些形景就知道（那是每个女人都看得出的），这位顾客上门主要不是为买东西，而是为了售货员。赛查把姓名住址告诉领班小姐，领班小姐只等他买好东西，并不在乎他的钦慕。可怜的伙计当初讨于絮尔喜欢，并没有费什么力，只是傻支支的像绵羊一般听人摆布；这番动了真情，他变

---

[1] 售价划一的推销方法，就是现代一元商店或一角商店的起源。

得更傻了，一句话都说不上来。迷人的女店员笑了笑，马上对他很冷淡；可是他神魂颠倒，根本没发觉。

一连八天，赛查每天晚上去守在**小水手**门外，但求人家瞧他一眼，好比一条狗在厨房门口讨骨头吃。男女店员们的嘲笑，他满不在乎；遇到顾客和行人，他就恭恭敬敬闪在一边；那些人都很注意店里的动静。过了几天，他又走进他天使住的乐园，推说买手帕，其实是要告诉她一个简单明了的念头。

他一边付账一边说："小姐，你要用花粉，我可以供应。"

公斯当斯·比勒罗经常听见人家对她许愿，话说得天花乱坠，可是从来不提婚姻；因此她虽然心地的单纯跟脸蛋儿的白净不相上下，也只要赛查回来回去，奔走了六个月，证明他的爱情确是百折不回以后，才肯赏脸接受他的殷勤，但还不愿意表示态度。她这样谨慎是因为追求她的人太多了，做批发生意的酒商，有钱的咖啡馆老板，还有一些别的人，都对她很有意思。赛查发现公斯当斯有个监护人叫格劳特－约瑟·比勒罗，在弗拉伊河滨道上开着五金店，便走了他的门路。这种暗地刺探的勾当，说明他的确动了真情。

在巴黎，纯洁的爱情自有许多乐趣，一般做伙计的也另有一套花钱的方式，或者请吃时鲜的甜瓜，或者上佛奴阿饭店吃一顿讲究的饭，接着再上戏院，再不然星期天坐着马车到乡下去玩儿。这些情节在我们这个简短的叙述里只好略而不谈了。

赛查虽不是美男子，也没有什么叫人不喜欢的地方。在巴黎住了相当时候，老待在黑洞洞的铺子里，乡下人的通红的皮色已经褪下去了，头发又黑又浓，胸脯结实像诺曼底的马，四肢粗大，神气忠厚老实，都给人一个好印象。比勒罗管着侄女的终身大事，经过访查，同意了赛查的亲事。一八〇〇年五月，正当风光明媚的季节，公斯当斯-巴勃-约瑟芬·比勒罗小姐，在梭城[1]的一株菩提树下答应嫁给赛查，赛查快活得晕过去了。

比勒罗对侄女说："孩子，你这个丈夫着实不错。他心肠好，爱面子；脾气爽直，而且像小耶稣一样安分，的确是个天字第一号的好人。"

公斯当斯和所有的女店员一样，有时对自己的前途也做过想入非非的好梦，这一下干脆把这些念头丢开了，自愿安分守己，做个贤妻良母，按照中等阶级的一套原则做人。并且她的思想也最配当这个角色，许多巴黎姑娘所向往的那种虚荣危险的生活，对她并不合适。公斯当斯头脑狭窄，是个标准小布尔乔亚，喜欢一边做活一边闹些小脾气；心里要的，嘴里偏说不要，把她当真了又要生气。从厨房什物到银钱出入，从要紧事儿到内衣上小得看不见的破洞，她都放心不下，忙着照管。便是喜爱一个人的时候，嘴上也老在埋怨。她只能想些最简单的主意，挺无聊的念头；她什么都要争辩，什么都要害怕，什么都要计算，时时刻刻想着将来。她的呆板而天真的美，动人的表情，娇嫩的气息，使皮罗多把她的缺点都忘了。何况她也有许多好处，先是那种诚实不欺的本性，做事极有条理，既有拼命干活的劲儿，也有推销商品的天赋。那时公斯当斯十八岁，积着一万一千法郎。

赛查受着爱情鼓动，顿时雄心勃勃，盘进了**玫瑰女王**；在王杜姆广场附近租下一所漂亮屋子，把铺子搬过去。年纪不过二十一岁，娶了一个心爱的美人儿，做了老板，本钱已经付了四

---

[1] 巴黎近郊的风景胜地。

分之三，再想到从开场到现在所走过的路，他当然觉得前程远大。罗甘是拉贡家的公证人，也是皮罗多婚书的起草人，给新接手的花粉商出了个好主意，劝他不要因为有了老婆的陪嫁，就把盘进铺子的钱付清。

他说："老弟，留些本钱好好做几笔生意吧。"

皮罗多佩服这位公证人，经常向他请教，和他做了朋友。像拉贡和比勒罗一样，他最相信公证人这一行，也就对罗甘推心置腹，不容许自己有半点儿怀疑。赛查听了他的话，拿公斯当斯的一万一千法郎做起买卖来。那个时候，即使有人拿首席执政的家业来和他调换，不管拿破仑的家业如何煊赫，他也不会接受。皮罗多开场只雇一个厨娘，自己住在店面高头的中层楼上。家具商把简陋的房间装修得还算整齐，新婚夫妇就在那儿度他们永远没有完的蜜月。

赛查太太坐在账台上简直是个活宝。靠了美人儿的名气，铺子的营业蒸蒸日上；帝政时代的公子哥儿，谈话之间没有不提到漂亮的皮罗多太太的。舆论虽然责备赛查是保王党，却也承认他规矩老实；街坊上有些商人妒忌他福气好，却也认为他有资格消受。因为在圣·洛克的石级上中过一颗子弹，他得了勇敢的名气，人家还说他参加过秘密的政治活动。其实他血里既没有什么军人的胆气，脑子里也没有一星半点的政治观念。但就凭着这几点，本区的一般老实人推他当了民团队长；后来这个职位被拿破仑撤销了，据皮罗多说是拿破仑为了共和三年的事，怀恨在心。于是皮罗多又轻易得了一个被迫害的荣誉，引起在野党的注意，使他显得相当重要。

赛查夫妻俩的感情始终很融洽，只有一些生意上的烦恼使生活有些波动。现在我们来说一说他们婚后的遭遇。

第一年，赛查·皮罗多把花粉生意的门道关节告诉他女人听，他女人领会得特别快，一来就精通了，好像她生到世界上来是专为招揽顾客的。赛查预定要攒到十万法郎，作为一生幸福的保障；不料年终结账下来，除掉开支，要二十年工夫才能勉强攒到这个数目，把野心勃勃的花粉商吓了一跳。他决意快一点发财，第一个念头是除了零卖之外，自己也动手制造。他不管老婆反对，在寺院区租了一块空地，一间木屋，漆上"赛查·皮罗多作坊"几个大字；从葛拉斯地方挖来一个工人，专做肥皂，香精和科隆水，条件是赚的钱各半均分。这桩合伙买卖做了半年就结束了，亏空全落在赛查一个人头上。他可并不灰心，因为怕老婆埋怨，无论如何要得出一个结果来。事后他告诉老婆，那个时期他毫无希望，脑子里翻上翻下像油锅一般，要没有宗教观念，早已跳塞纳河了。

他做了几次试验都失败，非常苦闷。有一天回家吃饭，一路沿着环城大道闲逛。在巴黎逛马路的，除了闲汉，往往也有灰心绝望的人。地摊的箱子里摆着几本六个铜子一册的旧书；赛查忽然注意到一个满布尘土，颜色发黄的题目，叫作《阿台格，一名驻颜术》。这部冒充的阿拉伯著作其实是一部小说，作者是十八世纪的一个医生。赛查随手翻到的一页恰好提到香粉。他靠在路旁的树上翻下去，发现一条注解，说真皮和表皮性质不同，有些雪花膏和肥皂，效果往往跟目的相反。需要放松的皮肤用了有刺激性的雪花膏和肥皂，或者需要刺激的皮肤用了有放松作用的化妆品，效果都不会好。皮罗多觉得这些话给了他一个生财之道，就把书买下了。

可是他不敢相信自己的聪明,又去见有名的化学家伏葛冷,很天真的问他,对于性质不同的表皮,有什么方法配制一种两用的化妆品。真正的学者真正了不起的地方,是暗暗做了许多伟大的工作而生前并不因此出名;但他们对头脑简单的人差不多都和颜悦色,乐于相助。所以伏葛冷帮了花粉商的忙,给他一张方子去配一种能够使手皮白净的雪花膏,作为皮罗多自己的发明。皮罗多给这个化妆品起的名字叫作**女苏丹两用雪花膏**。为了生意经,他又用同一张方子做了一种药水,叫作**润肤水**。他仿效**小水手**的一套招徕顾客的办法;大批的招贴,传单,广告,被社会上不大公平的称为江湖派的那些手段,在花粉业中是他第一个采用。

花花绿绿的招贴把**女苏丹雪花膏**和**润肤水**送进市场,送进上流社会。广告一开头就标着**学士院认可**几个字。

这个口号第一次应用的结果,灵验无比。不仅在法国,连全欧洲的街头巷尾都被**玫瑰女王**的老板贴满了黄的、红的、蓝的招贴,写着:本号专制化妆用品发售,品种齐备,售价克己。东方这个名词在那个时代最流行,男的只想做苏丹,女的只想做女苏丹;苏丹两字的魔力不一定要聪明人才体会得到,用作化妆品的名字,便是普通人也想得出来。但群众只看成绩,认为皮罗多确是做生意的能手,尤其因为那份仿单是他自己起的稿子,字句的可笑也是走红的原因之一。在法国不管是人还是东西,有人挖苦就有人注意;失败的事根本没人理会。皮罗多的可笑不是有意做出来的,别人却以为他很聪明,懂得在恰当的时候装傻。

这仿单,我们好容易在龙巴街包比诺制药公司里找到一份,内容很有意思,用学术的眼光看,也是一种带有证明性质的文件。我们把仿单抄在下面。

女苏丹两用雪花膏与润肤水

赛查·皮罗多监制

最新发明 奇妙无比

法兰西学士院认可

欧洲各界仕女久已认为科隆水功效平常,必须另有高等香膏与高等香水,作为搽手搽脸之用。皮罗多先生向为花粉业之翘楚,驰誉京城,名闻国外,深知男女两性对皮肤之和顺柔软,光泽娇嫩,均极重视;因特日以继夜,研究真皮与表皮的性质,发明雪花膏与润肤水各一种。一经问世,即蒙巴黎高雅人士交口称誉,赞为妙品。良以此项发明对皮肤功效卓著,不若市上一般药品纯以谋利为目的,用后反使皮肤起皱,未老先衰。皮罗多先生之出品,按照不同体质分为两类:粉红色的宜于淋巴质人士的表皮;白色的宜于多血质人士的表皮。

此项雪花膏原系阿拉伯名医专为苏丹后宫配制,故今命名为女苏丹雪花膏。雪花膏及根据同一配方制成之香水,均经我国化学大家伏葛冷先生化验合格,呈请学士院认可。

雪花膏气味芬芳,功能消除最顽强之雀斑,遏止人人厌恶之手汗,即最难调养之皮肤亦能一变而为洁白纯净。

润肤水功能消除面刺,仕女用之,参加舞会即无临时受阻之虞;并能适应各人体质,使毛孔或开或闭,增加皮色之娇嫩。本品能长保青春,妙用无穷,已为世人公认,故各界妇女感激之余,称之为美人良友。

科隆水纯为普通香水，毫无特殊作用。女苏丹两用雪花膏与润肤水则以验方配制，不特功效显著，且对皮肤机能有益无损。香味幽雅宜人，大有怡情养性，提神醒脑之功。配制简单，尤为特色。妇女用之，愈增妩媚；男性用之，尤觉风流潇洒。

日常使用润肤水可免除修面剃胡之刺痛，口唇不致龟裂而能常保红润；雀斑自然灭迹，皮色自然鲜艳。凡此种种，均表示人身液体[1]平衡，绝无偏头痛之患。妇女若以润肤水为经常化妆用品，可预防一切皮肤病，既不妨碍汗水蒸发，兼能养护皮肤，娇艳逾恒。

外埠顾客请函巴黎圣·奥诺雷街，王杜姆广场附近，赛查·皮罗多先生接洽，邮资免付。本号原为拉贡老店，故玛丽·安多纳德王后所用花粉皆由本号供应。

雪花膏每匣三法郎，润肤水每瓶六法郎。

包装雪花膏之纸上印有赛查·皮罗多先生亲笔签名，润肤水瓶上亦有暗印为记，敬请各界注意，以防假冒。

赛查不曾发觉，出品的畅销还是得力于公斯当斯。她劝丈夫把**雪花膏**和**润肤水**整箱运出，答应国内外的花粉商，凡是论箩[2]批发的都给三成回扣。这两样货色的确比同类的化妆品高明，一般外行又被他按照体质分类的说法迷惑了。法国的五百家花粉店贪图厚利，每家每年向皮罗多批进三百箩以上。按件计算固然利子很薄，销数一大，赚头就惊人了。赛查把寺院区的木屋和空地买

---

1 欧洲旧派医学对人身之血、胆汁及各种分泌物，统称为液体。
2 一箩是十二打。

了下来，盖了几间宽大的厂房；**玫瑰女王**的店面也装修得十分华丽。两夫妻过着小康的生活，太太也不像以前那么提心吊胆了。

一八一〇年，赛查太太料到房租快要涨价，撺掇丈夫在原来的店面和中层之外，把屋子的大部分房间都租下来，自己的卧室也搬上二楼。皮罗多装修房间为太太花了一大笔钱；公斯当斯因为家里有桩喜事，也就闭着眼睛，由他去了。原来花粉商当选了商务法庭的裁判。由于他规矩老实，一丝不苟，又靠着外边的人缘好，他得了这份荣誉，从此成为巴黎有身份的商人。为了充实知识，他清早五点起身，研究判例汇编和有关商业诉讼的书。他做人方正，热心，讲公道：这些都是处理商务纠纷最要紧的条件，所以他成了最受推重的裁判之一。不但优点，便是他的缺点也抬高了他的声望。赛查知道自己才力不够，很愿意接受同事的意见；同事看他聚精会神的听着，心里很受用。有的人因为他专门听人说话，认为他思想深刻，看他不声不响的表示同意，觉得特别高兴；有的喜欢他谦虚随和，尽量夸奖他。诉讼的当事人又赞他心地宽厚，处处息事宁人。交给他的案子，他往往凭着天生的理性，处理得像回教祭司一样公正。他当裁判的时期又学会了一套滥调，无非是老生常谈，计算筹划之类，用四平八稳的句子不慌不忙的说出来，浅薄的人只道他能言善辩。社会上总是俗人居多，老是忙忙碌碌，没有什么远大的眼光，因此大多数人很喜欢赛查。但他大半时间都花在商务法庭上，老婆认为代价太高，硬要他把这个荣誉放弃了。

一家子庸庸碌碌在人生中走了一程之后，靠着两夫妻感情融洽，到一八一三年上进入一个兴旺的时期，好像是不怕挫折，可以永远维持下去的了。来往的朋友包括老东家拉贡夫妇，叔叔比勒罗，公证人罗甘，拉贡太太的兄弟包比诺法官；普罗丹-希佛勒维公司的希佛勒维；龙巴街上的药材商，供应**玫瑰女王**货源的玛蒂法一家；他们的合伙老板，国库职员谷香和他的太太；**琪奥默**的后手，盘进**猫咪拍球**[1]的布商约翰·勒巴，圣·但尼街上的一位能人；这个虔诚的小集团的忏悔师兼灵修指导陆罗神甫；还有几个别的人。

虽然皮罗多拥护王室，舆论还是对他很好。大家当他非常有钱，其实除了做生意的资本，他只存起十万法郎。他买卖做得规矩，说一不二，从来不欠账，不拿票据出去贴现，但是肯帮人家忙，只要票据可靠，他无不通融。所以他在外面名气很大。他的确赚了很多钱，但在建筑和制造上头花掉不少。家里开销每年要近二万法郎。夫妻俩都宠爱他们的独养女儿赛查丽纳，她的教育费就需要很大一笔款子。他们只想把女儿留在身边；只要能讨女儿喜欢，从来不考虑到钱。可爱的赛查丽纳不是在琴上练一支斯丹贝德的朔拿大，就是唱一支罗曼斯；她文字写得很通顺，常常朗诵拉辛父子的作品，解释其中的妙处；也画些风景画和墨笔画。你想，这些情形叫一个可怜的乡下人出身的暴发户看着听着，该有多么得意！她是一朵还没离开枝条的花，那么美丽，纯洁；她是一个天使，父母抱着满腔热情看着她一天比一天长得妩媚；她是一个独养女儿，天真未凿，还不会轻视父亲，嘲笑他缺少教育；赛查能够把生命寄托在这样一个女儿身上，当然是乐不可支了。

赛查来到巴黎的时候识得字，能写能算，但他的教育至此为

---

[1] 这是一家布号的名称，招牌上画着一只猫拿了拍子打球。巴尔扎克有一部小说即以此店号为题目。

止；平时辛苦忙碌，除了花粉生意，不可能学到别的知识，得到什么别的思想。经常接触的一些人都只懂本行，完全不关心科学文学；他自己也没有时间研究高深的东西，只能做一个办实际事务的人。他自然而然接受了巴黎布尔乔亚的一套语言，见解和错误。这般人凭着一些听来的话，佩服莫里哀，伏尔泰，卢梭，买着他们的著作从来没看过；一口咬定**衣柜**应当说作**金柜**，因为女人在柜子里藏着黄金，她们的衣衫从前也差不多全是闪光的，现在人说衣柜是念别了音。他们说，卜蒂埃，塔玛，玛斯小姐[1]的家私都上千万，饮食与众不同：塔玛吃生肉，玛斯小姐学一个埃及有名的女演员的样，把炸珍珠当饭菜。又说拿破仑的背心上有许多皮口袋，因为他要一大把一大把的抓烟草；凡尔赛的橘宫的大楼梯，拿破仑是骑着马奔上去的。作家和艺术家生活怪僻，结果都死在救济院里；而且他们不信上帝，万万招待不得。约瑟·勒巴还不胜惊骇的提到他的小姨子嫁给画家索默维欧的故事。他们也相信天文学家把蜘蛛当粮食。他们在语言，戏剧，政治，文学，科学方面的这些突出的见解，说明布尔乔亚的脑子是怎么一个天地。要是一个诗人走过龙巴街，香料的味道会使他想到亚洲；闻到香草，印度客店里的舞女好像就在眼前供他欣赏；看见金壳虫的光彩，他体会到婆罗门的诗歌，宗教和阶级制度；遇到生坯的象牙，他仿佛自己就骑着象，坐在纱笼里像拉荷尔王一样跟后妃谈情说爱。但零售商对自己经营的货物，根本不知道来路和产地。皮罗多做着香粉生意，对化学生物学却一窍不通。他把伏葛冷看作大人物，认为他是个例外。有一个退休的杂货商跟人

---

[1] 卜蒂埃（1775—1837），塔玛（1763—1826），玛斯小姐（1779—1847），都是法国的名演员。

家谈论茶叶怎么运来的，装着很精明的神气说道："茶叶的来路只有两条，不是由骆驼大队装来，便是由勒·哈佛的海道运来。"皮罗多的知识就跟这个杂货商差不多。

据皮罗多说，沉香和鸦片只有龙巴街上买得到；所谓君士坦丁堡的玫瑰香水，其实和科隆水一样是巴黎做的。那些地名全是胡扯，为讨好法国人而编出来的，因为他们讨厌本国货。法国商人必须把出品说作英国货才有销路，正如英国的药行老板必须把东西说成法国出品。可是赛查究竟不完全是傻子或脓包：诚实和好心使他的一生行事都照着一道光彩，叫人敬重。一个人只要行为高尚，不管怎样无知也会得到原谅的。赛查因为百事顺利，面上表现得信心十足。信心是权势的标记，所以巴黎人认为信心就是权势。结婚的头三年里，赛查太太认清了赛查的性格，经常为之担心。夫妻两人，女的代表怀疑，恐惧，机警，深谋远虑，老站在批评反对的方面；男的代表大胆，行动，野心和意想不到的好运道。但这不过是表面，花粉商骨子里胆小得很，他老婆倒有耐性，有勇气。一个庸俗猥琐，没有教育，没有思想，没有知识，没有个性的人，照理绝不能在世界上最不容易站稳脚跟的地方成功；可是由于他品行端方，是非分明，像真正的基督徒一样的慈悲，始终爱着他唯一占有的女人，居然被认为很有本领，又是勇敢，又有决断。群众是只看见效果的。除掉比勒罗和法官包比诺以外，同赛查来往的都只看他的表面，没有能力加以判断——并且，彼此经常见面的二三十个朋友，都说着同样的废话，搬弄一套同样的滥调，个个自命为在本行中高人一等。太太们比打扮，比请客的饭菜，各人有一句瞧不起丈夫的话，此外就谈不到什么思想——只有皮罗多太太一个人识得大体，在众人面前敬重自己的丈夫。她认为赛查虽则骨子里无用，毕竟挣了一份家私，让她也沾着光，有了身份。但她有时暗中思忖，社会究竟是怎么回事，假定所谓高明的人都跟她丈夫差不多的话。在我们国内，做老婆的多半喜欢抱怨丈夫，灭丈夫威风；所以花粉商能始终受人尊敬，一部分还得归功于他的太太。

一八一四年，正是法兰西帝国受到致命伤的那一年年初，皮罗多家里出了两件事，在别的人家根本不足为奇，但对于像赛查夫妻那样心地单纯，感情上从来没受过大波动的人，却是印象很深。他们雇了一个二十二岁的青年做领班伙计，名叫斐迪南·杜·蒂埃。据说是个天才，因为人家不答应他分红，刚从一家花粉铺出来，千方百计想进**玫瑰女王**。**玫瑰女王**两个东家的性格，能力和家庭生活，他都知道。皮罗多雇了他，给他一千法郎一年薪水，存心将来把铺子盘给他。斐迪南对这个家庭的前途大有影响，必须把他介绍一下。

最初他有名无姓，只叫作斐迪南。在拿破仑要家家户户出壮丁的时代，没有姓倒是个很大的便宜。但他虽是一个薄情郎逢场作戏的产物，到底也有个出生之处。以下便是有关他身世的些少材料。安特里附近有个小地方叫作杜·蒂埃，一七九三年的一天夜里，一个可怜的姑娘在本堂神甫的园子里生下一个孩子，敲了敲护窗板，投河自尽了。好心的教士收下婴儿，当作亲生的一样抚养，给他取的名字就是当天日历上圣者的名字[1]。一八〇四年，神甫死了，留下的遗产不够让孩子继续受他已经开始的教育。斐迪南便到巴黎来过着流浪生活，尽有机会不是上断头台，就是飞

---

[1] 基督教国家的日历，每天都轮着纪念一个圣者。这里就是指圣·斐迪南的节日（五月三十日）。

黄腾达；当律师，进军队，做生意，当用人，都有可能。他不得不像费加罗[1]那样鬼混，先是做跑码头的捐客，最后在巴黎当了花粉店的伙计。那时他已经在全国各地走过一遭，把社会研究过了，打定主意非出头不可。一八一三年，他认为自己的年龄和身份需要由公家证明一下，便申请安特里法院把他在教堂受洗的记录转到区政府，让他用杜·蒂埃做姓氏。法院按照处理孤儿的条例，在他出生的地方办过招认手续，批准了他的要求。

他无父无母，除了检察官没有别的监护人[2]，独自在世界上，对谁都不用负责。他把社会当作后娘看待，像土耳其人跟摩尔人一样势不两立；做事只管自己的利益，只要能发财，什么手段都行。这个诺曼地人有着可怕的才干，除了向上爬的欲望，还有大家责备（不管责备得对不对）他同乡人的那种狠毒。他当面奉承，暗里寻衅，是个最刁顽的讼棍。他大胆否认别人的权利，自己的权利可一丝一毫都不放弃。他用时间来磨敌人，顽强到底，死缠不休，叫敌人疲劳。他的主要本领就是老戏里的史嘉本[3]的那一套：花样百出，做了坏事，照样能逍遥法外，见了好东西就心痒难熬的想抢过来。总之，丹拉伊神甫替政府说的那句话[4]，杜·蒂埃拿来应用在自己身上，预备将来有了钱再规规矩矩做人。他干起事来精神百倍，凭着打仗一般的蛮劲，不管好事坏

---

[1] 费加罗是法国喜剧家博马舍（十八世纪）创造的人物，后来成为聪明狡猾，机智风趣的仆役的通称。
[2] 法律规定检察官是孤儿的监护人。
[3] 史嘉本是从早期意大利喜剧传到法国喜剧里来的人物，莫里哀有一出喜剧专写史嘉本，是一个狡猾透顶的仆人。
[4] 路易十五的财政总监丹拉伊神甫（1715—1778），以横征暴敛被拿鲍纳大主教批评，说他等于在人家口袋里拿钱。丹拉伊回答："要不然叫我哪儿去拿呢？"

事，都要人家帮忙，他的理论无非是个人的利益高于一切。他瞧不起人，认为谁都可以用钱收买。既然所有的手段都使得，他自然毫无顾虑。他相信有了金钱和地位，一切罪恶就能一笔勾销。这样一个人当然迟早会成功的。要他在苦役监和百万家财之间选择的话，他会存着仇恨与顽强的心情，很快的决定下来；但是像克伦威尔一样不动声色，认定诚实是他的死冤家，非打倒不可。他城府很深，面上却装作玩世不恭的轻佻样儿。地位不过是一个花粉店的伙计，野心却大得没有边际。他用仇恨的目光瞪着社会，心里想："我一定要征服你！"他发誓要四十岁才结婚，后来果然说到做到。

　　至于外表，斐迪南是个身腰俊美，个子瘦长的青年，没有一定的态度举动，能随机应变，适应各个阶层的社会。瘦小狡猾的脸，初看还讨人喜欢，接触多了，就会发觉他有些古怪的表情，说明他是个精神上有矛盾，良心不太平的人。诺曼地人那种软绵绵的皮肤，颜色赭红，非常刺目。眼珠上蒙着一层银色的翳，平时目光躲躲闪闪，欺侮人的时候却死盯着人，十分可怕。声音有气无力，好似话讲得太多了。薄薄的嘴唇还算细气，但尖鼻子和微微鼓起的脑门，明明显出他的血统不纯。头发的颜色像染黑的，证明他是各个不同社会的混血儿：聪明得之于一个生活放荡的贵族，卑鄙得之于一个被诱失身的乡下姑娘，知识是受了一半的教育给他的，品行不端是流浪生活养成的。

　　杜·蒂埃穿得挺漂亮的出去，回店很晚，常常到银行家和公证人府上参加跳舞会；皮罗多知道了非常诧异。他不喜欢这种行径；依他的思想，做伙计的应当研究店里的账册，只关心本行的事。花粉商看不惯那些胡闹的举动，用婉转的口气数说杜·蒂埃不该穿那么讲究的内衣，不该在名片上印着F·杜·蒂埃[1]，那种款式，按照赛查的生意人观点，只有上流人物才配用。但斐迪南投身到这个奥贡家里来，是存心要做太丢狒的[2]。他追求赛查太太，想勾引她；他和东家娘一样把东家的为人看得很清楚，可是比她看的快得多。杜·蒂埃尽管十分谨慎，说话很留意，但他流露出来的人生观把小心翼翼的公斯当斯吓坏了；她的做人之道完全跟丈夫一样，认为损害人家一分一毫就是天大的罪过。虽则她应付得很巧妙，杜·蒂埃仍旧感觉到皮罗多太太瞧他不起。公斯当斯收到过杜·蒂埃几封情书，不久又发觉这伙计对她换了一副态度，装出俨然的样子，仿佛他们之间已经有了默契。于是公斯当斯没说明什么理由，只劝赛查把斐迪南歇掉。赛查也表示同意，辞退伙计的事算是定局了。在打发他的三天之前，一个星期六晚上，皮罗多清点月底的现金，发觉少了三千法郎。他大吃一惊，还不是为了损失，而是因为铺子里的三个伙计，一个厨娘，一个杂差和几个长工都犯了嫌疑。叫他疑心哪一个好呢？皮罗多太太从来不离开账台。管出纳的包比诺是拉贡先生的内侄，只有十八岁，宿在店里，是最老实不过的青年。他账上的数目跟柜子里存的现金不符，可见是结过账以后出的事。皮罗多夫妻俩决定暂不声张，在店里私下留神。

第二天星期日，他们在家招待客人。这小圈子里的几份人家一向是轮流做东的。玩蒲育脱[3]的时候，公证人罗甘在桌面上丢出

---

[1] 法国人姓氏前冠有"特"或"杜"，多半是贵族的标记，杜·蒂埃利用这一点来蒙混人家。
[2] 莫里哀在喜剧《伪君子》中描写一卑鄙小人叫作太丢狒，赚得富翁奥贡的信任，想骗取他的女儿，又想勾引他的妻子。现在奥贡的名字已成为冤大头的别称。
[3] 一种纸牌戏。

几块古老的金路易,正是赛查太太几天以前从一个新婚的妇女,特·埃斯巴太太手里收进的。

花粉商笑着说:"哎哟,你这是偷了教堂里的募捐箱啦。"

罗甘说这几块钱是在一位银行家府上从杜·蒂埃那儿赢来的。杜·蒂埃若无其事的当场承认了。花粉商可是面孔涨得通红。客人散了,斐迪南正想去睡觉,皮罗多推说要谈生意,把他邀到店堂去,说道:

"杜·蒂埃,我柜子里少了三千法郎,又没有一个人可疑心。刚才那几块老洋钱对你太不利了,我不能不跟你说明。今晚咱们要找出了账上的错误才睡觉。因为一定是账目弄错了。说不定你在你薪水项下拿了钱。"

杜·蒂埃承认那些路易是他拿的。东家翻开账簿,杜·蒂埃名下并没记上借支的数目。

斐迪南道:"我当时匆忙,忘了叫包比诺上账。"

"对。"皮罗多说着,看见杜·蒂埃冷冷的满不在乎,倒反怔住了。可是这诺曼底人存心到这铺子里来找生路,早已摸熟这些老实人的脾气。

两人花了大半夜工夫对账,忠厚的赛查明知这查对是多余的。趁查来查去的当口,他在抽斗侧面的板上暗中粘了三张一千法郎的钞票;然后装作疲倦之极,瞌睡了,打起鼾来。杜·蒂埃得意扬扬的把他叫醒,因为找出了错误,高兴得不得了。下一天,皮罗多当众把太太和小包比诺埋怨了一顿,对他们的粗心大意很生气。半个月以后,斐迪南·杜·蒂埃进了一家证券号子,说花粉生意对他不合适,他要研究金融了。从皮罗多店里出来,杜·蒂埃提到赛查太太的口气,仿佛东家是为了吃醋而歇掉他的。

过了几个月,杜·蒂埃来看他的老东家,说有笔生意可以让他发迹,还缺两万保证金,要求老东家作保。皮罗多看他这样无耻,大出意外;杜·蒂埃眉头一皱,问皮罗多是不是不相信他。玛蒂法和其他两个正在跟皮罗多谈生意的商人,都看出花粉商心里很气,但当着他们没有发作。他想也许杜·蒂埃已经变老实了,从前犯的事或者是被一个发急的情妇逼出来的,或者是赌输了钱想翻本;一个年纪轻轻而说不定正在忏悔的人,当众受到一个正派人责备,很可能走上犯罪和悲惨的路。皮罗多这好人儿便拿起笔来在杜·蒂埃的票据背后签了字,作了保,嘴里还说,对一个过去在店里出过力的青年,他很乐意帮这点儿小忙。皮罗多说着这些遮面子的假话,脸都红了。杜·蒂埃受不住皮罗多的目光,当下就怀恨在心,而且永远记着,像魔鬼对天使一样。在金融界做投机好比走绳索,杜·蒂埃可是把平衡棒拿得很稳,内里还空虚的时候,外表已经衣冠楚楚,俨然是个富家儿了。他一朝买进了自备小马车,就永远坐下去。上流社会的人都是一边作乐一边做买卖,把歌剧院当作交易所的分店,全是现代的杜·卡莱[1]派头。杜·蒂埃在这个社会里居然站住了脚。他在皮罗多家认识了罗甘太太,靠她帮忙,很快就钻进金融界大头的圈子。到那个时候,杜·蒂埃的富裕就不是徒有虚名的了。由于罗甘的介绍,他和纽沁根银号关系很好,又跟格莱弟兄和上层银行界搭上了。谁也不知道这年轻人手里调度的大量资金从哪儿来的,大家认为他的成功是靠他的聪明和诚实。

王政复辟使赛查变成一个人物。政局动荡,他当然把那两件

---

[1] 十八世纪勒·萨日所作的喜剧。主角杜·卡莱是一个被情妇敲诈,拿钱倒贴别人的傻瓜。

生活中的小事给忘了。自从他受了伤，他对保王党的政治主张早就十分冷淡，只是为了面子关系还站在保王党一边，好像始终不曾动摇过；人家也还记得他共和三年效忠王室的事。正因为他自己一无所求，以上的两点使当局特别想抬举他。他连一个操练的口号都喊不上来，却被任为民团的大队长。一八一五年，始终跟皮罗多作对的拿破仑把他撤职了。"百日"[1]期间，皮罗多是本区进步党人的眼中钉。商人们在政治上分派别就是从一八一五年开始的，以前他们只一致要求时世太平，好做生意。第二次复辟，政府改组市级机构，州长有心叫皮罗多做区长。花粉商听着老婆劝告，只接受了副区长的职位，免得太显露。人家看他谦虚，对他愈加重视；区长法拉梅·特·拉·皮耶第埃也和他交了朋友。远在**玫瑰女王**给保王党人做通讯机关的时代，皮罗多就常常看见拉·皮耶第埃到店里来；所以塞纳州州长向皮罗多征询区长人选，皮罗多便把他推荐了。从此以后，区长请客就没有忘记过皮罗多夫妇。赛查太太还时常陪着上流社会的漂亮太太在圣·洛克教堂替穷人募捐。轮到市政官员受勋的时节，拉·皮耶第埃热烈支持皮罗多，说他在圣·洛克受过伤，对波旁家忠心耿耿，在群众之间又有相当名气。政府原想大发勋章，摧毁拿破仑的事业，借此也可收买人心，为波旁家拉拢一批艺术家，科学家和各行各业的商人。于是皮罗多就被列入受勋的名单。这个荣誉和皮罗多在区里的声望正好相配；他本来百事顺利，这一下更长了他的志气。区长一告诉他受勋的消息，花粉商更觉得刚才说给太太听的那桩买卖非做不可，以便尽早脱离花粉业，踏进巴黎高等布尔乔

---

[1] 一八一五年三月二十日拿破仑从厄尔巴岛逃回巴黎，到同年六月二十二日滑铁卢战败后第二次下野为止，在法国史上称为"百日"时期。

亚的圈子。

那时赛查四十岁。因为在工场里干活，脸上早有了皱纹，稠密的长头发略微带着银色，被帽子压成亮晶晶的一圈。前面的头发把脑门画出五个尖角。额角开朗，足见他生活朴素。浓厚的眉毛并不可怕，因为他的蓝眼睛一清如水，目光跟他老实人的额角完全一致。塌鼻梁，大蒜鼻，神气好像巴黎那种大惊小怪的傻瓜。嘴唇很厚，肥大的下巴长得笔直。紫堂堂的四方脸，在整个相貌和皱纹的分布上，显出乡下人那种毫无掩饰的狡猾。四肢肥大，阔背，大脚，浑身都是力气，样样都说明他是个移植到巴黎来的乡下人。出身的标记即使不是全身都有，单看他毛茸茸的大手，皮肤打皱的手指，粗大的骨节，四方的阔指甲，也就够了。他嘴角上挂着一团和气的笑容，像招待顾客一样；但他的笑容也是志得意满，心情和顺的表现。他的猜疑从来不超出做生意的范围，一离开交易所，一合上账簿，他就把机诈的心思丢开了。他认为做买卖不能不提防，正像不能不开发票一样。他那张信心十足的滑稽面孔，又得意又和气，倒也颇有特色，不完全像巴黎布尔乔亚那么平凡。要没有这种天真的，自命不凡的表情，他会显得太威严的；正因为有了可笑的地方，他才能跟众人接近。平时说话总反剪着手，自以为说了句风流的或是精彩的话，会不知不觉的踮着脚尖，把身子往上挺两下，再重重的放下脚跟，仿佛专为加强语气。争论热烈的时候，他有时突然打个转身，往后走几步，好似要找些理由，再回过头来应付人家。他从来不打断别人的话；这个讲礼貌的作风常常使他吃亏；人家把话说完了，走了，他竟来不及开口。他做买卖是老经验，由此养成的某些习惯，有人认为是怪脾气。有什么不能兑现的票据，他都交给书办，从此不问，除非是去收回本利和赔偿的手续费；他让书办代他追讨，直到债务人破产为止。破产以后的程序，赛查从不参加，他不出席债权人会议，只保存着票据。这套办法和绝对瞧不起破产人的心理，都是向拉贡学来的。拉贡凭着做生意的经验，觉得打官司旷时废日，协议书上规定的清偿成数不但微乎其微，而且靠不住，犯不着浪费时间去来回奔走，听不老实的破产人花言巧语的搪塞。

拉贡说过："破产的倘是个规矩人，将来能够爬起来的话，一定会还你钱。倘若他一无办法，真正倒霉，难为他有什么用？倘是个坏蛋，那就永远不会有希望。你严厉出了名，大家知道你绝不通融，没法叫你让步，那么只要人家还得出，一定会还你的。"

赛查逢到约会必定准时，对方迟到十分钟，他就走，怎么也挽留不住；这个脾气逼得跟他打交道的人也不得不准时。

他的装束跟他的相貌和生活习惯很调和。他固执得很，非戴白领带不可。挂在脖子底下的四只角上有他妻子或女儿做的挑绣。斜纹布的方襟背心一直盖到他的大肚子上，因为他已经有些发胖了。蓝裤子，黑丝袜，鞋子上打的结常常松开。老是嫌太大的橄榄青常礼服，加上一顶阔边的帽子，使他模样很像一个朋友会[1]会员。为了星期日晚上的应酬，他换一条绸的扎脚裤，一双银搭扣的鞋子，还穿上那件永不离身的方襟背心，领口略微敞开，露出胸前的百裥颈围。栗色大氅的衣襟很大，下摆很长。到一八一九年为止，他都挂着两条平行的金表链，但第二条只有正式穿扮才挂出来。

---

[1] 朋友会是基督新教中的一派，教士都戴阔边帽子。

这便是赛查·皮罗多。他是个好人,可是掌管命运的主宰不曾给他足够的聪明,他既不能从全局来看政治看人生,也不能超出中等阶级的水平,样样事情只会照老规矩办理;所有的见解都是听来的,不加思考的随便应用。他没有眼光,但是天性厚道;相当俗气,但是奉教虔诚;他的心是纯洁的。这颗心中只有一股专一的爱,成为他生命的光与力;他向上爬的欲望,学到的些少知识,都是为了他对妻子和女儿的感情。

至于三十七岁的赛查太太,跟弥罗岛上的维纳斯女神[1]太相像了,认识她的人,在特·李维埃侯爵把那座美丽的雕像运到巴黎的时候,都看作是赛查太太的肖像。可是不出几个月,她就饱经忧患,白得耀眼的皮色很快染上了一层黄黄的色调,美丽的绿眼睛四周,那蓝圈很凄惨的变成了黑的,肉也陷下去了,神气像个老年的圣母。因为她虽然潦倒憔悴,还保存着温柔和天真;眼神虽然凄凉,仍旧那么清朗,叫你不能不承认她始终是个端庄稳重的美人儿。在赛查不久要开的跳舞会里,美丽的赛查太太还得放出最后一道光芒,引人注意。

每个人一生都有一个顶点,在那个顶点上,所有的原因都起了作用,产生效果。这是生命的中午,活跃的精力达到了平衡的境界,发出灿烂的光芒。不仅有生命的东西如此,便是城市,民族,思想,制度,商业,事业,也无一不如此;像王朝和高贵的种族一样,都经过诞生,成长,衰亡的阶段。这个盛衰的规律怎么能施诸万物,不爽毫厘的呢?在疫疠盛行的时期,连死亡也有

---

[1] 古希腊时代留下的维纳斯女神雕像,一共有许多座;后人都用发现的地名或贮藏的博物馆命名。一八二○年,法国驻君士坦丁堡大使特·李维埃侯爵,向弥罗岛上的乡下人购得维纳斯雕像一座,运回法国赠于国家。此雕像即名为"弥罗岛上的维纳斯"。

猖獗，缓和，复发和酣睡的阶段。我们的地球本身也许只是一支历时较久的火箭。历史把世界上万物盛衰的原因揭露之下，可能告诉人们什么时候应当急流勇退，停止活动；但是雄图大略的霸主也罢，演员也罢，女人也罢，作家也罢，都不听这个忠告。

　　赛查不知道他已经登峰造极，反而把终点看作一个新的起点。史不绝书的灭亡倾覆的事迹，多少帝王与财阀的家世提供了那么显著的例子，赛查可不知道原因所在；而那些帝王与民族也不曾想到把原因大书特书，昭示后世。**结果与原因不能保持直接关系或者比例不完全相称的时候，就要开始崩溃：这个原则支配着民族，也支配着个人。**我们为什么不立一些新的金字塔，随时把这个原则提醒大家呢？其实这一类的纪念碑触目皆是：例如种种的传说和建筑物告诉我们许多过去的事，证明顽强的命运变化莫测，一举手之间就能把我们的幻想抹得干干净净，也证明历史上最重大的事件归纳起来不过是一个观念罢了。特洛伊战争和拿破仑的事迹仅仅是几首诗。但愿我这个故事能够成为歌咏布尔乔亚兴亡递嬗的诗篇。虽然这些变化太猥琐了，没有一个诗人注意过；但变化的意义是伟大的，因为这里所牵涉的不止是一个单独的人，而是整个受苦的人群。

03

苦难的萌芽

赛查睡下去的时候,唯恐他女人第二天再来坚决反对,打算清早起床,把所有的事都解决掉。天才透亮,老婆还睡着,他就悄悄的起来,急忙穿好衣服下楼。打杂的正在卸下编着号码的护窗板。伙计们还没起床,皮罗多只得等着,站在店门口看打杂的拉盖做活,皮罗多对这些事也是内行呢。虽然冷一些,天气却好得很。

他看见安赛末·包比诺下楼,就说:"包比诺,去戴上帽子,换了鞋;叫赛莱斯丁下来;我跟你上蒂勒黎公园去谈谈。"

包比诺正是跟杜·蒂埃完全相反的角色,赛查身边有这么一个人也算运气,仿佛冥冥之中真有天意似的。他对这个故事关系重大,应当在这儿把他描写一番。

拉贡太太是包比诺家的小姐。她有两个兄弟。小兄弟在塞纳州初审法院当候补推事。大的一个做羊毛生意,亏了本死了,留下一个独养儿子由拉贡夫妻和没有儿女的法官负责;孩子的母亲得了产后症早已不在。拉贡太太要给内侄安排职业,便送他进花粉店,希望将来能接替皮罗多。安赛末·包比诺身材矮小,又是拐脚。拜伦，沃尔特·司各特，泰勒朗，都有这残疾，所以同病的人不必因此丧气。红头发的人多半皮色鲜明，长满雀斑；包比诺就有这些特点。但是他清秀的额角，夹着灰色纹缕的玛瑙眼睛，好看的嘴巴，白皙的皮肤，童贞的青年人的妩媚，因为体格有缺陷而表示的畏缩羞怯，都惹人怜爱。人总是喜欢弱者的。所以大家关心他，叫他小包比诺。出身是个奉教虔诚的家庭，虽然重道德，并不冬烘；生活俭朴，做过不少好事。孩子经过那个当法官的叔叔教养，结合着许多优点，越发显出青年人的可爱：他又本分又亲切，又羞怯又热情，对人忠心，生性朴实，脾气像绵羊一般和顺，干起活来却劲头十足；总之，凡是早期基督徒的品德，他都具备。

　　威风凛凛的东家大清早约伙计上蒂勒黎散步，事情太奇怪了；包比诺以为皮罗多要跟他谈成家立业的事，便忽然想起赛查丽纳来。赛查丽纳是真正的玫瑰女王，店里的活招牌；包比诺比杜·蒂埃早两个月进店的那天，心里就爱上了她。他上楼的当儿胸口发胀，心跳得厉害，不得不在楼梯上歇了一下。一会儿，他下来了，后面跟着领班伙计赛莱斯丁。包比诺和东家两人一声不响的往蒂勒黎走去。当时他二十一岁，皮罗多就是在这个年纪上娶亲的。包比诺觉得他跟赛查丽纳的亲事也不应该有什么阻力，虽说花粉商的财产和他女儿的美貌，对于这个野心勃勃的愿望是极大的障碍。爱情的发展完全是靠希望推动的：一个人抱的希望越狂妄，越相信会成功，自己和情人距离越远，欲望越强烈。在一切平等，衣着不讲身份的时代，包比诺还会把花粉商的女儿看作高高在上，忘了自己是巴黎老布尔乔亚出身，可见他幸福得很，的确动了真情。事实上他尽管疑疑惑惑，暗地着急，心里毕竟很快活：他不是天天和赛查丽纳一桌吃饭么？照管铺子的那股热诚和劲头，使他忘了工作的艰苦；一切都是为了赛查丽纳，他自然不觉得疲倦了。在一个二十岁的青年身上，忠诚便是培养爱情的养料。

"他将来能够做大生意，会发迹的。"赛查对拉贡太太这么说着，称赞安赛末在作场里打包卖力，对本行的窍门领会得很快，在批发生意最赚钱的时节不怕辛苦，卷着袖子，露着胳膊，拐着腿，他一个人装的箱，敲的钉，就比别的伙计加起来还多。

公证人罗甘的首席帮办，亚历山大·克劳太想要娶赛查丽纳的意思，他自己承认，别人也知道；他父亲又是勃里地方有钱的庄稼人：这对孤儿包比诺的心愿都是很大的阻碍，但还不是最难克服的。包比诺暗中另外有些苦闷，使他和赛查丽纳距离更远。拉贡家的财产原是他的名分，此刻不但成了问题，还得他按月把微薄的薪水送去帮助他们。可是他仍旧相信自己能成功！他好几次发觉赛查丽纳望着他的眼神好像很高傲，但那双蓝眼睛明明含着期待的意味在鼓励他。所以那天走在路上，他受着希望鼓动，战战兢兢，一声不出，心里非常紧张。生命才抽芽的时候，青年人遇到类似的情形大概都这样。

好心的东家问他："包比诺，你姑妈好吗？"

"好，先生。"

"我觉得她近来愁眉不展，可是有什么不如意的事么？告诉你，孩子，你用不着对我躲躲闪闪，我差不多是一家人，跟你姑丈认识二十五年了。当初我是穿着大钉鞋从村里出来进他铺子的。虽然我家乡的地名叫作**宝库**，我的全部家私只有特·于克赛侯爵夫人给的一块金路易。她是我的干妈[1],现在过世了,跟咱们的老主顾特·勒农古公爵夫妇是亲戚。我每个星期天都为侯爵夫人和她的家属祈祷。她的侄女特·莫苏夫太太住在都兰,她的化妆品也是我供应的。她们常常介绍主顾来,比如特·王特奈斯先生一年就照顾我们一千二百法郎。我们感激人家不单是为了良心,同时也为了实际利益,不过我指望你好,完全是为了你,没有别的意思。"

"啊!先生,允许我大胆说一句,你的脑子真灵!"

"不,不,孩子,光是这一点还不够。我不说我的脑子不如别人,但是我还做人老实呢,作风正派呢!还有,除了太太之外从来没爱过别人。特·维兰尔先生昨天在议会里说的好:有了爱情就有前程。"

包比诺接口道:"爱情!噢!先生,难道……"

"咦,咦!在路易十五广场那一头走过来的不是罗甘老头吗?此刻才不过八点,好家伙在那儿干什么呀?"赛查自言自语的说着,把包比诺和榛子油都给忘了。

皮罗多想起了老婆的猜疑,便不进蒂勒黎公园,一径朝着公证人走过去。安赛末远远跟着东家,不懂他为什么忽然注意起一件无关重要的事情来;但东家说到钉鞋,说到金路易和爱情等等,大有鼓励的意思,安赛末觉得很高兴。

罗甘又高又胖,脸上长着肉刺,前面的黑头发秃得很厉害,当年也还算得上有风度的人。他有过魄力,有过朝气,从小职员一直爬到公证人。但到了这个时候,眼光尖利的人一看就知道他

---

[1] 这里所谓的"干妈"是指幼年受洗时的教母。

色欲过度，面上的肌肉扭来扭去，疲倦不堪。一个人陷入了纵欲的泥坑，脸上不管这儿那儿要没有一点污迹是办不到的：罗甘的满面皱裥和火气就谈不上什么庄严。清心寡欲的人，肌肤之间自有一种明净的光彩，表现身心康健；罗甘却相反，他的身体和肉欲苦苦挣扎之下，只叫人看到一片浑浊的血色。他的鼻子往上翘得很难看，正如湿热专从鼻孔排泄，因而成了暗疾的人一样。从前法国有位贤德的王后，很天真的以为这是男性共同的不幸，因为她除了王上，从来没从近处看过别的男人。罗甘一生的苦恼主要是这个暗疾引起的，他想用大量的西班牙鼻烟来遮盖，结果反而更坏。

大家为了顾全面子，老是用不真实的色彩描写人物，不揭露盛衰荣辱的真正的原因，其实疾病往往就是原因之一。至此为止，写小说的人恐怕太不重视生理的缺陷，没有考察它对精神的损害和对生命机能的影响。罗甘夫妇之间的秘密，倒是被赛查太太猜着了。

罗甘太太是银行家希佛兰的可爱的独养女儿，新婚第一夜就对可怜的公证人起了难以克服的反感，马上想提出离婚。她有五十万陪嫁，将来还有遗产可得；罗甘好运气娶到这样一个有钱的太太，只求她不要离婚，情愿让她自由，一切后果他都忍受。于是罗甘太太在家里唯我独尊，对丈夫好比交际花对待一个痴情的老头儿。罗甘不久就觉得吃不消，跟多数的巴黎人一样在外边另外有了一个家。这笔额外的费用开头还有节制，数目不大。

先是罗甘没有花多少钱，找了一般容易满足的女工。但近三年来，他的情欲不但像五六十岁的男人那样到了没法控制的地步，而且那女的还是当时一个了不起的尤物。她在脂粉队里绰号叫荷兰美人，后来重堕风尘，因为被人谋杀而出了名。她原是罗甘的一个主顾从勃鲁日带到巴黎来的，那人为了政局关系要回国，在一八一五年上把她送给了罗甘。公证人为他的美人儿在天野大道买进一所小房子，布置得十分华丽；对她百依百顺，尽量满足她奢豪的欲望。她挥霍成性，把他的产业吃光了。

罗甘见了皮罗多马上遮盖掉的满面愁容，跟一些偷偷摸摸的事情有关，其中就有杜·蒂埃很快会挣起一份家私来的秘密。在皮罗多家星期日的集会上，杜·蒂埃一看出罗甘夫妇之间的关系，立刻把他进花粉店的计划改变了。他原来的目的还不在于勾引赛查太太，而尤其希望在勾引不到的时候，人家会向他提赛查丽纳的亲事作为补偿。杜·蒂埃只道赛查有钱，后来发觉他并不，所以放弃娶赛查丽纳的念头并不困难。他对公证人作了一番刺探工作，把他拍上了，见到了荷兰美人，研究她和罗甘的交情究竟如何。结果他知道只要罗甘克扣她奢侈的享受，她就恐吓罗甘要跟他脱离。荷兰美人本是那种荒唐透顶的女子，从来不问钱从哪儿来和怎么来的；哪怕是逆子杀了父亲弄来的钱，她也会拿去寻欢作乐。她今天不想到明天。她的所谓将来不过是下午之于上午；至于月底，虽有许多账要付，也觉得遥遥无期，仿佛永远不会来的。杜·蒂埃在社会上遇到这第一块跳板，高兴极了，先劝荷兰美人把爱罗甘的代价从每年五万减到三万。这种帮忙，痴情的老年人都不大会忘记的。

有一天，两人醉醺醺的吃过宵夜，罗甘把自己的经济危机告诉了杜·蒂埃。他的不动产给太太做了法定抵押品[1]，为着情妇，

---

[1] 夫妇结婚时在婚书上订明以丈夫的不动产若干作为经管妻子财产的担保，称为"法定抵押品"。

只得挪用主顾的存款，数目已经超过事务所价值的一半。等到余下的本钱也吃完了，不幸的罗甘预备用手枪自杀，利用大家的哀怜减轻一些倒账引起的公愤。杜·蒂埃听着，看到有笔又快又稳的横财在他沉醉的脑子里闪出光来，便安慰了罗甘，并且为报答他的信任起见，劝罗甘把手枪朝天放。

他说："既然是冒险，你这等角色做事就不该像傻瓜一样，闭着眼睛瞎撞，应当大着胆子干。"

他劝罗甘马上拿出一大笔现款，交给他狠狠的去搏一下，或者做交易所，或者在当时许许多多的投机事业中挑一样。赚钱的话，两人合办一家银行，拿客户的存款去做生意，得了好处给罗甘拿去寻欢作乐。万一运道不好，罗甘也不必自寻短见，尽可躲到外国去，因为他的好朋友杜·蒂埃哪怕只剩一个铜子，还是对他忠心的。对一个淹在水里的人，这计划好比一根现成的救命索；罗甘可没看出花粉店伙计正在把救命索套他的脖子。

杜·蒂埃利用罗甘的秘密，把妻子，情妇，丈夫三个人一齐抓在手里。罗甘太太听到有想不到的危险，马上接受了杜·蒂埃的殷勤。杜·蒂埃觉得自己的前途有了把握，也就离开皮罗多的花粉铺。他又毫不费事的说服荷兰美人拿出一笔钱来碰碰运气，免得将来遭到不幸，再去当妓女。

罗甘太太把事情料理一下，赶紧凑起一笔小资本交给一个受她丈夫信托的男人；因为公证人已经先拿出十万法郎交给他的同党。杜·蒂埃在罗甘太太身边的地位，正好使美人儿对他的关心转变为感情，而杜·蒂埃也自有本领挑起她狂热的爱情。三位不出面的股东当然送他一份干股，但他还不满足，胆敢在交易所里假作亏本，串通了一个对手，事后把亏蚀的钱还给他；因为他替三个老板做投机，同时自己也做。等他挣到五万法郎，他就知道稳发大财了。他凭他特别锐利的眼光，把当时国内各个阶段的局势看得很准：对外作战期间，他看跌；波旁王室回来了，他看涨。路易十八复辟以后两个月，罗甘太太有了二十万法郎，杜·蒂埃有了三十万。公证人的收支也平衡了，觉得这青年简直是个天使。荷兰美人却是有多少花多少，原来她身上长着一个毒癌，名叫玛克辛·特·脱拉伊，当过拿破仑的侍从。杜·蒂埃和那婆娘订合同的时候，发现她真姓名叫作萨拉·高勃萨克，和他常常听到的一个放高利贷的，公子哥儿们的救命恩人同姓，觉得很奇怪。他就去找那个放债的老头儿，看看萨拉·高勃萨克对这个高勃萨克有多少影响。放高利贷的巨头对侄孙女毫无情分；但杜·蒂埃自称为萨拉的银钱经理，手头有资金要存放，居然使高勃萨克对他另眼相看。诺曼底人的性格和放印子钱的性格十分相投。高勃萨克当时正在物色一个能干的年轻人，代他到国外去监督一笔小生意。

有一位平政院[1]的评事，先没料到波旁王室复辟，临时想出一个讨好宫廷的主意，打算上德国去收买王室在流亡期间签的借票。他的目的完全在政治方面，愿意把盈利[2]让给替他垫款的人。高勃萨克只愿意在借据陆续收回的时候陆续放款；另外还得派一个精明的代表去审查债权。放高利贷的是对谁都不相信的，非要有担保不可。跟这种人打交道完全要看当时的形势：用不着你的时候，他们冷若冰霜；用得着的时候倒也眉开眼笑，阔气得很。

---

1 平政院是专门受理各方对政府机关的诉讼的。
2 第三者用低价收买别人的借票，再向原债务人追偿；虽追偿所得不可能与票面金额相等，但与收进价已有差额，故收买的人仍有盈利。

在圣·但尼和圣·马丁两条街上放债的韦勃勒斯脱和羊腿子,在卜阿索尼埃区放债的巴尔玛,差不多经常跟高勃萨克有来往;杜·蒂埃知道这些人在巴黎市场上潜势力很大。他为了想做高勃萨克的代表,愿意提供一笔保证金,但是要有利息,还得让他在那桩银钱生意上投资:这样一来,他以后就有靠山了。"百日"时期,他陪着格莱芒－夏邓·台·吕博克司上德国旅行了一趟,到二次复辟才回来;结果是为将来播的发财种子比他眼前发的财更多。巴黎最精明的投机家的秘诀,都被他摸熟了。他的使命原是去监督台·吕博克司,临了却和吕博克司交了朋友。这个高明的骗子把政治上的一些关节和实例赤裸裸的向杜·蒂埃揭穿了。杜·蒂埃生来聪明,听了一言半语就懂,旅行完毕,他的教育也受完全了。

回到巴黎,他发觉罗甘太太对他没有变心。可怜的公证人等着杜·蒂埃的心情和他太太同样急切。荷兰美人又把他蛀空了。杜·蒂埃盘问荷兰美人,没有一笔开支合得上她花费的数目,这才发觉萨拉·高勃萨克对玛克辛·特·脱拉伊的痴情,那是她一向紧瞒着的秘密。特·脱拉伊荒唐下流的生活一开场,就说明他是无论哪个政府都少不了的政治流氓。他嗜赌若命,永远需要钱。杜·蒂埃发觉了这一点,方始明白为什么高勃萨克对他的侄孙女这么冷淡。事情到了这一步,银行家杜·蒂埃,因为他已经成为银行家了,便极力劝罗甘预备后路,招揽一般有钱的主顾做一桩买卖,让他能大大的捞一笔,假使投机再失败而非破产不可的话。交易所行市的涨落当然只会对杜·蒂埃和罗甘太太有利;公证人经过这些交易所的风波,终于到了山穷水尽的田地。于是他的临终苦难被他的好朋友利用上了。玛特兰纳教堂近边的地产生意就是杜·蒂埃想出来的。不用说，皮罗多暂时存在罗甘那儿的十万法郎，早已到了杜·蒂埃手里；而杜·蒂埃为了断送花粉商，还指点罗甘说，欺骗亲近的朋友，可以少冒一些危险。

他道："朋友即使恼火，总还留个余地。"

今日之下，很少人知道玛特兰纳四周的地当初多么便宜；但买进的时候也要高于市价，才有业主肯脱手。杜·蒂埃只打算坐收渔利，不愿担远期投机的风险。换句话说，他的计划是先毁掉这笔生意，当作死尸一般接收过来，再把它弄活。高勃萨克，巴尔玛，韦勃勒斯脱和羊腿子那帮人，遇到这一类的事都会互相支援；但杜·蒂埃跟他们不够亲密，不便去央求他们；并且他也不愿意出面，只想在暗里指挥，免得吞进赃物的时候觉得难为情。因此他需要有个傀儡，生意场中所谓的稻草人。据他看，最好是叫那个在交易所里替他冒充对手的家伙做替死鬼；他便代行上帝的职权，凭空造出一个人来——那是一个掮客出身的穷光蛋，一无所有的汉子，唯一的本领是对什么问题都能空空洞洞地说一套废话；但是他懂得角色的性质，上台表演绝不会出乱子；他也极讲义气，就是说能够保守秘密，为了后台老板的利益，便是弄到身败名裂也愿意。杜·蒂埃把他装扮成一个创办和经营大企业的银行家，克拉巴龙银号的老板。倘若杜·蒂埃办的事业宣告破产，查理·克拉巴龙就得给犹太人和法利赛人摆布，克拉巴龙自己也知道。但他当初遇到老伙计杜·蒂埃的时候，身边只有四十个铜子，愁眉苦脸的在大街上闲荡；这样一个穷光蛋在每桩生意中到手一点小小的好处，就像得了金山银山一般。他对杜·蒂埃的友谊和忠心，加上盲目的感激，自己又生活腐化，需要用钱，使他唯命是听，什么事都愿意干。克拉巴龙出卖了自己的名誉，看到人家倒也郑重其事，不随便拿他的名誉去冒险，也就死心塌地的跟着老伙计，像狗对它的主人一样。的确，克拉巴龙是条奇丑无比的哈巴狗，但随时肯赴汤蹈火，替人拼命。在眼前这桩地产买卖里，他代表一半的买主，赛查·皮罗多代表另外一半。克拉巴龙收下皮罗多的票据，由杜·蒂埃托一个放高利贷的出面做贴现；唯有这样，等罗甘卷走皮罗多的资金以后，才能把皮罗多逼上破产的路。将来的破产管理人会按照杜·蒂埃的意思行事。杜·蒂埃既拿了花粉商的钱，又是花粉商的不出面的债主，可以叫人把皮罗多方面的共有地产拍卖，他只要出一半价钱就能买进，买价就用罗甘的资金和皮罗多偿还债权人的成数抵充。罗甘在这件事情中通同作弊，只道在花粉商和他合伙老板的贵重的遗物里头可以分到一大笔，没想到支配他的人会把肥肉一口独吞。罗甘既没法向任何法院告杜·蒂埃的状，只能躲在瑞士乡下，心满意足地啃着杜·蒂埃按月扔给他的骨头，搅一些廉价的女人。

　　这个恶毒的计划是客观形势促成的，不是什么虚构情节的悲剧作家编出来的。单是恨而没有报复的心，等于一颗谷子落在花岗石上。但杜·蒂埃要拿赛查出气是极自然的心理，否则代表黑暗的魔鬼也不会跟代表光明的天使斗争了。巴黎只有一个人知道杜·蒂埃偷过钱，杜·蒂埃要谋杀这个人固然有许多不便，却尽可把他推入泥坑，把他毁掉，使他不可能再出来作证。报复的种子在杜·蒂埃心中长着芽，长时期不得开花；因为在巴黎，便是心里有深仇宿恨的人也不能预订计划；日子过得太快，太忙，出乎意料的事也太多。但这些动荡不已的人事虽不允许你预谋，却很可以给潜伏在你心中的思想利用，只要你相当精明，能够抓住变化多端的机会。罗甘向杜·蒂埃吐露心腹的时候，杜·蒂埃还在当伙计,已经隐隐约约看到毁灭赛查的机会,而他果然看得不错。公证人因为快要跟他的心肝宝贝分手了,便捧着破杯子里剩下的迷魂汤,拼命想多喝几口,每天都上天野大道过夜,到第二天清早才回家。可见赛查太太不是瞎疑心。等到一个人像罗甘那样决心接受杜·蒂埃派给他的角色,他自然会有名角儿做戏的本领,眼睛像野猫一般的尖,像巫术师一般深沉,能催眠那个受他愚弄的人。皮罗多没看见公证人之前,公证人早看到了皮罗多,皮罗多朝他一望,他就远远的伸出手来。

他神态自若的说道:"我才替一个大人物立了遗嘱,他活不了几天了。人家当我乡下医生看待,派车子把我接了去,却让我走回家。"

这几句话把花粉商脸上一层淡淡的疑云抹掉了。罗甘早就看出他的面色,所以绝不先开口谈地产生意;他要把皮罗多一举成擒的攻下来。

皮罗多道:"立了遗嘱,又立婚书:这就叫作人生。说起婚书,咱们什么时候把玛特兰纳娶过来呢,嗯,嗯,罗甘老头?"他拍拍公证人的肚子补上这两句。

男人见了面,最规矩的布尔乔亚最喜欢说些风流话儿取乐。

公证人声色不动的回答:"要不是今天,事情就吹啦。我们怕消息张扬出去;我两个最有钱的主顾紧盯着我,要求加入。所以事情马上要定局了。一过中午,我就立文书;你想加入的话,要赶在下午一点以前。再见了,昨天晚上山德罗替我拟了合同,我正要去过过目。"

"好吧,一言为定,我决定加入了,"皮罗多追上去抓着公证人的手拍了几下,"我给女儿作陪嫁的十万法郎,你先收下罢。"

"行。"罗甘一边走开一边回答。

皮罗多回头向小包比诺走去,只觉得肚子里一阵奇热,横膈膜乱抽,耳朵乱响。

伙计看见东家脸色发白,问道:"先生,你怎么啦?"

"啊!孩子,我刚才一句话做了一笔大生意。遇到这种情形,谁也免不了心中激动。再说,那跟你也有关系。所以我带你到这儿来痛快谈一谈,不让别人听见。你姑母手头很紧,她的钱是怎么亏掉的?你讲给我听。"

"先生,我姑丈和姑母的资金存在纽沁根那儿,硬被他结成了伏钦煤矿的股票,还没派过利息。在他们这个年纪,单靠希望过活是不容易的。"

"那么他们日子怎么过的?"

"承他们瞧得起,收了我的薪水。"

"好,好,安赛末,"花粉商说着,冒出一颗眼泪在眼眶里打滚,"你真不枉我一片诚心的关切。你在店里尽心出力,我就要重重的酬劳你了。"

花粉商说着这几句,不但包比诺觉得他伟大,他自己也觉得伟大;那种庸俗,天真,浮夸的口吻正是他自命为了不得的表现。

"怎么!难道你猜到我爱……"

"爱谁?"花粉商问。

"赛查丽纳小姐。"

皮罗多嚷道:"啊!小家伙,你好大胆子!这话千万别说出去。我不跟你计较,好在你从明儿起就不住在店里了。我不怪你。嘿,嘿!换了我,也会爱她的。她长得多漂亮啊!"

"啊，先生！"伙计出了一身大汗，连衬衫都湿了。

"孩子，这不是一天两天的事。我让赛查丽纳自己做主；她妈妈还有她妈妈的打算。你该仔细想想，擦擦眼睛，收起心来，从此别提。你是初审法院推事包比诺先生的侄儿，拉贡家的内侄，有你这样的女婿，我不会觉得丢脸的。你爱怎么打天下都可以，谁也管不了；不过因为呀，然而呀，如果呀，条件多得很。咱们要谈生意，你怎么七颠八倒说这种鬼话呢？喂，在这张椅子上坐下来，丢开爱情，管你的本行。"他把眼睛瞪着伙计，问，"包比诺，你有种没有？可有胆子跟一个比你高强的对手较量，敢跟他拼一拼么？"

"我敢，先生。"

"敢打个长期的危险的仗么？"

"为了什么事呢？"

"为了要打倒玛加撒油！"皮罗多说着，站起身来，俨然是个普鲁塔克[1]笔下的英雄，"咱们不能糊里糊涂的骗自己，敌人好厉害呢，他站得很稳，声势浩大。玛加撒这块牌子做得劲头十足。他们心思也巧，小方瓶儿的式样别致得很。咱们的瓶子，我原先计划用三角形的；细细想来，还是用细长的小玻璃瓶，外面裹一层芦草，叫人看了莫名其妙。凡是古怪的东西，用户都喜欢。"

包比诺道："这样做很花钱。咱们每一项成本都要精打细算，才能提高零售商的回佣。"

"对，孩子，这是真正的生意眼。你多费点儿心吧，玛加撒

---

[1] 公元前一至二世纪时的希腊作家，所著《名人传记》为古代经典著作之一。

油会抵抗的！它外表很漂亮，名字又好听，自称为进口货。咱们的货色吃亏的是出在本国。你说，包比诺，你问问自己可有力量打倒玛加撒？第一，外洋的销路一定要胜过它。听说玛加撒的确是个印度地方；咱们把法国货卖给印度人，不是比把印度货销回到印度去更合理么？你非打倒这些蹩脚货不可！可是咱们要在国外竞争，也要在国内竞争！玛加撒油的广告做得挺好，不能小看它的势力，它已经时行了，大家都知道它了。"

包比诺眼睛火辣辣的说道："我一定把它打倒！"

皮罗多道："拿什么去打呢？年轻人就是这股热情。你先听完我的话啊。"

安赛末的姿势活像一个小兵向法兰西元帅行敬礼。

"包比诺，我发明了一种油，能够长头发，刺激头皮；用了它，男男女女的头发都能不褪颜色。这油跟我的雪花膏和润肤水一样能畅销。可是我想脱离商界，不愿意自己经营。我预备把**高玛日纳油**交给你去做。**高玛日纳**这个词儿是从拉丁文的**高玛**来的，太医阿里培先生告诉我，**高玛**的意思就是头发。拉辛有一出悲剧叫作《裴雷尼斯》，说一个国王爱上了别国的一个王后，她的头发出名的好看；那痴情的国王为了讨好王后，竟把自己的国度叫作**高玛日纳国**。你看，那些伟大的作家心思多巧，连最细微的地方都想到了。"

小包比诺一本正经的听着，这段古里古怪的插话明明是说给受过教育的人听的。

皮罗多又道："安赛末，我看中了你，要你到龙巴街上去开一家卖高等药材的号子。我做你不出面的合伙人，第一批资金归我来。做好了**高玛日纳油**，再来试验香草精，薄荷精。咱们做药材生意要在药材业里来一次革命：不卖原料，只卖浓缩的香精。孩子，你既然有雄心，你听了高兴不高兴？"

安赛末紧张得答不上话来，但是湿漉漉的眼睛代他回答了。他觉得东家这个提议像父亲对儿子一样体贴，仿佛是告诉他："你想法先挣了钱，有了地位，再来打赛查丽纳的主意。"

他把皮罗多的激动当作惊奇，便回答说："先生，我一定成功！"

花粉商叫道："啊！我当年就是这样，就是说的这句话。你虽然得不到我女儿，家业是稳的了。嗯，孩子，你又想什么啦？"

"我希望得到了这个，也能得到那个。"

皮罗多被安赛末的语气感动了，说道："你要希望，我当然阻止不了。"

"先生，我能不能今天就去想法找一个铺面，趁早开张呢？"

"好啊，孩子。明儿咱们俩要在工场里待上一天。上龙巴街之前，你先到李文斯东那儿，瞧瞧我的水压机明天能不能派用场。今天吃晚饭的时候，咱们去拜访那位好心的，有名的伏葛冷先生，向他讨教一下。这位学者最近在研究头发的组织，研究它的色素是什么东西，从哪儿来的，头发是什么东西构成的。关键就在这里，包比诺。我会把秘密告诉你，以后就得好好的利用了。你找李文斯东之前，先去看比埃里·裴那。伏葛冷先生那种清高脾气，使我一辈子心里苦闷：没有办法送他一点东西。幸亏我向希弗勒维打听出来，他在觅一幅特莱斯登的圣母像，是一个叫作缪勒的刻的版子。裴那写信到德国去托人找了两年，才找到一份印在中国纸上的初印本，值到一千五百法郎呢，孩子。你看看裴那有没有配好框子。等会我们的恩人送我们出来，可以在穿堂里看见这幅版画了。这样，伏葛冷先生就会永远记得我跟我的女人。我们为了感激他，十六年工夫天天在为他祈祷。我永远不会忘记他的。可是，包比诺，那些学者只知道做学问，把妻子，朋友，受过他们恩惠的人都忘了。我们不够聪明，但至少有一颗热乎乎的心。这也算我们做不了大人物的安慰。学士院里那般先生只有头脑，没有别的，等会你瞧吧。教堂里从来看不见他们。伏葛冷先生老是待在书房里或是实验室里；但愿他在化验的时候也想到上帝才好。行，就这样吧：我给你资本，给你秘方，股份咱们各人一半，用不着立合同。等事业成功了，咱们好好庆祝一番。孩子，你快去吧，我也要去干我的事。告诉你，包比诺，过二十天我要开个盛大的跳舞会，你去做一套新衣服，打扮得像个已经发迹的生意人一样来参加……"

最后这番好意使包比诺感动得不得了，捧着皮罗多的手亲了一下。老头儿的体己话叫动了爱情的人听着很得意；而动了爱情的人干起事来就会拼命。

皮罗多看着他从蒂勒黎花园中奔出去，说道："可怜的孩子！要是赛查丽纳爱他的话！不过他是个瘌子，头发又黄得莫名其妙；女孩子们的脾气多古怪！我不相信赛查丽纳会……并且她妈要她嫁给公证人。亚历山大·克劳太会替她挣钱：有了钱，样样都受得了；要不然，无论怎样的快乐都经不起贫穷的磨折。还是让女儿自己做主的好，即使她胡闹，我也由她。"

04

铺张浪费

皮罗多的邻居是个南方人,叫作加隆,做着雨伞,阳伞和手杖的小买卖,生意很坏,皮罗多帮过他好几次忙。加隆巴不得减轻房租,只借店面,把二层楼的两间屋让给有钱的花粉商。

皮罗多走进卖伞的铺子,挺随便地说道:"喂,邻居,我女人同意扩充住房了!要是你愿意,咱们十一点钟去看莫利奈。"

卖伞的接口道:"亲爱的皮罗多先生,为了转让房子,我从来没向你开过口;可是你知道,生意人在每样东西上都得想法挣几个钱。"

花粉商答道:"噢!噢!我没有成千上万的家私啊。我正等着建筑师,还不知道他认为这工程能做不能做呢。他告诉我:'没决定以前,先得弄清楚两边的楼面是不是一般高低。打通墙壁要莫利奈先生答应,这堵墙是不是两家合的也是问题。'我家里的楼梯要改换方向,楼梯台也得重新做过,两边的屋子才能一样平。开支多得很,我不愿意弄得倾家荡产啊。"

"噢!先生,"那南方人说,"等到你倾家荡产,太阳要从西边出了。"

皮罗多摸着下巴颏儿,踮着脚尖,把身子往上挺了两下。

加隆又道:"而且我只求你收下这些票据,给我贴现……"

他递给皮罗多一叠票子,共计十六张,总数是五千法郎。

花粉商一边翻一边说:"全是零碎票子,两个月的,三个月的……"

卖伞的赔着小心,说道:"只算我六厘利吧。"

花粉商带着埋怨的口气回答:"难道我放过高利贷不成?"

"唉,先生,我找过你的老伙计杜·蒂埃,他无论怎样不肯收;大概他是故意的,要看看我肯损失多少。"

花粉商道:"这些出票人,我都不认识。"

"卖伞卖手杖的,姓名怪得很,都是跑乡村的小贩。"

"好吧,我不说照单全收,拣期头近一些的替你想办法吧。"

"你别叫我为了四个月期的一千法郎票子,再去找那般蚂蟥了[1];一经他们的手,我的赚头都给拿走了。先生,你一齐收下吧。我没有地方好贴现,也没有地方透支;我们做零卖生意的苦就苦在这里。"

"行,我收下了,等会让赛莱斯丁和你办手续。十一点整,你等着我。——啊,这不是我的建筑师葛兰杜先生么?"花粉商看见头天晚上在特·拉·皮耶第埃先生家约好的青年来了,便拿出生意人的头等应酬工夫,招呼道,"先生,你不像一般有本领的人,倒是准时的。咱们的王上是个大政治家兼大才子,他说准时是帝王的礼貌,我说也是商人的财富。光阴,光阴就是黄金,

---

[1] 一般人把放高利贷的叫作蚂蟥,也就是吸血鬼的意思。

尤其为你们艺术家。建筑是一切艺术的总汇，我相信这句话。"他指着自己家里的小门，补上一句："咱们不用打店里走。"

四年以前，葛兰杜得了美术学校的建筑奖，靠官费在罗马留学了三年。青年艺术家在意大利想的是艺术，在巴黎想的是家业。一个建筑师要成名只有靠政府，只有政府拿得出几百万来盖大房子。从罗马回来的人不是自命为风丹纳就是自命为贝尔西埃[1]，所以有点儿野心的都要捧政府：留学时代的进步党一回国就变作保王党，一心想找有势力的人撑腰。得过奖的艺术家有了这种作风，就被老同学们说是投机分子。年青的葛兰杜当时有两种办法：或者替花粉商尽心出力，或者敲他一笔。但对皮罗多还是要敷衍才对，他是副区长，不久又要买进玛特兰纳近边的一半地产。那儿早晚要大兴土木，变成一个热闹的市区。葛兰杜为着将来的利益，只得牺牲眼前的好处。虽然艺术家都瞧不起布尔乔亚，老是拿他们作为说笑挖苦的资料，但皮罗多颠来倒去说出他的计划和主意的当口，葛兰杜却也耐性听着，点头耸脑的表示赞成。花粉商样样说清楚了，年轻的建筑师便替他把计划归纳起来。

他说："你楼上有三扇窗临街，另外一扇是靠里边，从楼梯台取光的。如今要在这四个窗洞之外，加上隔壁屋子的两个窗洞；楼梯要改换方向，使靠街的楼面两边一样高低。"

"我的意思，你全明白了。"花粉商说着，想不到建筑师领会得这样快。

"根据你的计划，将来楼梯要从顶上取光，把看门的住的小间安排在座子底下。"

---

[1] 两人都是法国十八至十九世纪有名的建筑师。

"座子？……"

"是啊，安放楼梯的座子……"

"我懂了，先生。"

"至于你们的住房怎样分配，怎样装修，最好让我全权处理。我要使你们的屋子配得上……"

"配得上！先生，你这话说得对极了。"

"你要我多少天完工呢？"

"二十天。"

"你打算在人工方面花多少钱？"

"先要知道这样的改装要多少钱？"

葛兰杜回答说："盖一所新房子，建筑师的预算顶多只有一个生丁出入；可是我不知道哄骗一个布尔乔亚……（噢，对不起！先生，我说溜了嘴）我得声明改装和修理是没法估价的。八天以后，我才能开出一个大概的账目。希望你信任我：我替你设计一座漂亮的楼梯，从顶上取光，临街布置一间雅致的穿堂，座子底下……"

"又是座子！"

"你别担心，我会腾出地位来做个小小的房间。至于你们的上房，我要花足心思来设计。先生，我是只看艺术不看钱。要出头，不是先要大家替我宣传么？我认为最好不跟那些包工的做手脚，工程要做到价廉物美。"

皮罗多带着老长辈的口气说道："存着这样的心，小朋友，你一定成功。"

葛兰杜接着道："因此，泥水匠，漆匠，铜匠，木工，木器工，都由你直接交涉。我只管核对账单。我只要两千法郎酬劳，你花这笔钱包你不吃亏。明儿中午,场子就得归我支配,还要请你告诉我工匠的名字。"

皮罗多说:"约估一下,总数要多少钱呢?"

葛兰杜说:"一万到一万二,家具不算;我想你也要全部换过吧。请你把家具商的地址给我,我好去跟他商量颜色,把整个屋子都配得高雅大方。"

"替我管家具的是圣·安东纳街上的勃拉训。"花粉商的口气像贵人一般。

建筑师掏出一本多半是漂亮妇女送的小册子,把地名记下了。

"好吧,我完全相信你,先生。可是我先要把隔壁两间屋子的租约过到我自己名下,打通墙壁也要人家答应。"

建筑师道:"晚上你叫人送个字条来。我夜里就要动手打图样。我们宁可替布尔乔亚当差,不喜欢白忙一阵,替自己工作。现在让我先量量屋子的高低,墙壁的厚薄,门窗的大小……"

皮罗多道:"咱们到期一定要完工,要不然就不做。"

建筑师道:"当然。工人可以开夜工,我们有办法叫油漆快干。可是你别上包工的当,价钱要事先问清楚,讲好的条件要写下来。"

"世界上只有在巴黎才能变出这样的戏法来,"皮罗多做了一个手势,气派活像《天方夜谭》中的人物,"先生,请你赏光来参加我的跳舞会。有才干的人不一定都瞧不起做买卖的,在我的跳舞会上你会碰到第一流的学者伏葛冷先生,他是学士院的会员!还有特·拉·皮耶第埃先生,特·冯丹纳伯爵,商务法庭庭长,商务裁判勒巴先生;还有一些司法界的人,比如高等法院的特·葛朗维伯爵,初审法院的包比诺先生,商务裁判加缪索先生,他的岳父加陶先生……说不定御前侍从长勒农古公爵也会来。我约了些朋友……为了庆祝领土解放……也为了庆祝我……得到荣誉团勋章……"

葛兰杜做了个古怪的手势。

"大概……我得到这个勋章和王上的……恩典,是因为我当过商务裁判;共和三年正月十三的事变,我曾经为波旁家在圣·洛克的石阶上打过仗,被拿破仑打伤。这些资历……"

公斯当斯在赛查丽纳房里换衣服,穿着晨装走出来。她才望了一眼,就把丈夫的谈锋打断了。赛查原来在找一句得体的话,想用谦虚的口吻把他的荣誉告诉人家。

"喂,咪咪,这一位是特·葛兰杜先生[1],年纪轻轻,极有才干。他是特·拉·皮耶第埃先生介绍的建筑师,来主持咱们这儿的一点小工程的。"

花粉商说到小字,躲着太太把手指往嘴上一放,向建筑师递了个暗号,建筑师马上懂了。

"公斯当斯,这位先生要量量屋子的高低大小——你让他量吧。"皮罗多说完,往街上溜了。

公斯当斯问建筑师:"这工程是不是要花很多钱?"

"不,太太。约估一下,六千法郎……"

"约估一下!"皮罗多太太嚷道,"先生,没有讲妥条件,说好价钱,千万不要动工。我知道包工的花样,说六千就是两万,我们可没有力量浪费钱。我恳求你,先生,虽说我丈夫是一家之主,也得让他有时间多想想。"

---

[1] 皮罗多故意在葛兰杜的姓氏前面加一个"特"字,一方面向妻子卖弄建筑师出身高贵,一方面奉承建筑师,一方面也表示自己来往的都是有身份的上流人物。

"太太，副区长先生限我二十天完工，误了日子，钱就白花了。"

花粉美人说道："唉！这里那里，都是花钱！"

"太太，一心想造大建筑的人来替人装修住家，你想他脸上光彩么？我承担这件小小的工程，无非看着拉·皮耶第埃先生的情分，要是太太怕我……"

他退了一步，好像预备走了。

"好吧，好吧，先生。"公斯当斯说着，回进自己卧房，把头倒在赛查丽纳肩上，"啊！孩子，你父亲要把家产败光了。他找来一个建筑师，上嘴唇留着一撇胡子，下巴上留着一撮须，说要造高楼大厦呢！他要把好好的屋子拆掉，替我们盖一所罗浮宫了。赛查胡闹起来，手脚真快。昨天夜里才告诉我计划，今天早上就动手了。"

"没关系，妈妈，让爸爸去吧，老天爷一向照应他的。"赛查丽纳把母亲拥抱了一下，弹起琴来，有心教建筑师看看花粉商的女儿对艺术也并不外行。

建筑师走进卧房，看到赛查丽纳的美貌大吃一惊，几乎愣住了。赛查丽纳穿着早晨的便服从小房间走出来，正像一个十八岁的女孩那样娇嫩，那样红润。她淡黄头发，蓝眼睛，细挑身材，有股巴黎难得看到的弹性，使她细腻的皮肉格外饱满；透明的肌肤底下，布满着蓝颜色的血管在那里微微颤动，深浅不一的色调正是画家最喜欢的层次。尽管巴黎的商店生活老是阴沉沉的，屋子里空气阻塞，很少阳光；赛查丽纳的起居习惯却使她康健活泼，倒像住在脱朗斯丹凡里区过露天生活的罗马人。浓厚的头发长得跟父亲一样，往上梳的款式把好看的脖子露在外面，闪闪发光的头发卷儿收拾得跟商店的女职员一样细致——她们为了要人注目，在装扮方面的认真完全是英国派。赛查丽纳的那种美不是英国贵妇人的美，也不是法国公爵夫人的美，而是像卢本斯[1]笔下的头发赭红，身体滚圆的法兰特斯美女。往上翘的鼻子像父亲，但长相更细巧，所以更秀气，近乎拉奚里埃[2]最拿手的标准法国鼻子。她的皮肤赛过细洁紧密的布，充满着处女的生命力。美丽的前额像母亲，但因为无忧无虑而更加开朗。水汪汪的蓝眼睛，活活表现出头发淡黄的快乐姑娘的温柔妩媚。一般画家为了追求诗意，往往把人物画得过于沉思默想；赛查丽纳因为心情快活，缺少这种诗意；但是从未离开母亲怀抱的女孩子，生理上也有些说不出的惆怅，使她显得超然脱俗。她外表很细气，身体却非常结实：一双脚证明她的父亲是乡下人出身，这是她血统方面的缺陷，手上的红斑也是纯粹布尔乔亚的标记。她这种人是早晚要发胖的。铺子里常有漂亮的青年妇女上门，赛查丽纳见得多了，也就懂得怎么穿扮，怎么说话，怎么动作，学会了一些左顾右盼的姿态，摆出一副良家妇女的功架，叫所有的年轻人和店里的伙计都为她着迷，觉得她人才出众。包比诺发誓非赛查丽纳不娶。她像一泓水似的可以让你一眼看到底，受一句埋怨就会变做泪人儿；包比诺只有在她面前才觉自己是个刚强的男性。这可爱的姑娘叫人一见生情，来不及考虑她是否相当聪明，能够使爱情持久。而且巴黎人的所谓聪明对布尔乔亚根本没用，他们只要女人贤惠，懂道理，就幸福了。赛查丽纳的品性和母亲一样，不

---

[1] 鲁本斯（1577—1640），有名的佛兰德斯画家，画的女人都是体格丰满，特别健康的一型。
[2] 拉奚里埃（1656—1746），有名的法国肖像画家。

过经过教育点缀，知识略微完备了一些。她喜欢音乐，能够用铅笔临摹拉斐尔的圣母坐像，看些高打太太，李高包尼太太，裴那登·圣－比哀，费纳龙，拉辛等等的作品。她只有在饭前几分钟方和母亲一同坐在柜台后面，或者很难得的替代她一下。暴发户都急于把儿女捧得高高在上，促成他们的忘恩负义；赛查丽纳的父母也把她当作神道一般，幸亏她天性笃厚，不曾滥用父母的宠爱。

葛兰杜拿着建筑师和包工用的界尺棍棒量屋子，皮罗多太太带着不安和恳求的神气盯着他，觉得那些棍棒界尺的古怪动作像巫术一般可怕，预兆很不好。她指给女儿看，心里恨不得叫墙壁低一些，房间小一些，可又不敢问建筑师做这些法术有什么用。

建筑师微笑着说："放心，太太，我不会拿走你东西的。"

赛查丽纳听着笑了。

公斯当斯没注意到建筑师的误会，只用着央求的口气说："先生，请你算省一些，我们一定重重酬谢……"

赛查去找隔壁屋子的业主莫利奈之前，先上罗甘那儿，把克劳太替他立的租屋文书拿来。走出事务所，皮罗多看见杜·蒂埃靠在罗甘办公室的窗口。以杜·蒂埃和公证人太太的关系来说，订地产合同的时候有他在场原来很平常，皮罗多对公证人也向来深信不疑，但这一回也不放心了。杜·蒂埃神气很兴奋，好像在讨论什么。

皮罗多由于生意上的谨慎，暗暗想道："这笔交易，他是不是也有份呢？"

猜疑的念头在他脑子里像电光似的一闪。他马上回进屋子，看见了罗甘太太，便觉得杜·蒂埃在场并不怎么可疑了。

他又想："说不定公斯当斯看得不错呢！——嘿！听信女人，

岂不糊涂！等会跟叔叔去谈谈吧。从莫利奈住的巴太佛大院到蒲陶南街，只有几步路。"

换了一个多疑的观察家或是生平遇到过坏蛋的商人，就会逃过这一关。但皮罗多过去事情太顺利，脑子又不管用，不能像高明的人那样把事情推本穷源，追出原因来，所以他活该倒霉。

他回去看见卖伞的穿的整整齐齐，就预备一同去见他的业主；不料厨娘维奥尼跑来拉着皮罗多的手臂，说道：

"先生，太太不让你再出去……"

皮罗多嚷道："嘿！女人家又来出主意了！"

"……她要你先回家喝咖啡。"

皮罗多道："啊！不错。"便回头招呼加隆，"我脑子里事情太多了，竟忘了肚子。你先走一步吧，咱们在莫利奈家门口相会；或者你先上去跟他说明，节省一点儿时间也好。"

莫利奈先生是个靠少数利息过日子的怪物；这种人只有巴黎看得见，正如某种藓苔只长在冰岛上。我这比喻非常恰当，因为他是混合品种，属于半动物半植物一类；倘若再出一个迈尔西埃[1]，很可能当他隐花植物看。他们生长在一些古怪而不卫生的屋子里，从开花到枯萎都在墙头墙脚，或是墙里。头上戴着瓜棱式的便帽，那株人形植物颇像一朵伞形花；下身套一条似绿非绿的裤子，脚上穿着翻鞋，好比长着球状的根须。一眼望去，你只觉得他相貌平凡，皮肤苍白，看不出有什么毒性。这古怪东西最喜欢买股票，什么事都相信报纸，他的意见只有一句话："你去看报吧！"他拥护秩序，精神上老是反抗政府，事实上永远服

---

[1] 迈尔西埃（1740—1814），法国作家，所著《巴黎景象》多系讽刺当时社会的小品文。

从。这等人聚在一起全是脓包,单独碰到却也十分凶横。一牵涉到利益,他就像书办一样冷酷;平时在家可是会用新鲜的野菜喂鸟,拿鱼骨喂猫,写写房票也会停下来对金丝雀吹口哨。他一方面和牢头禁卒一样多心,一方面乖乖的把钱捧出去做一桩蚀本生意,事后再用精打细算的啬刻办法来弥补损失。这个混合品种的害处,只有接触多了才显出来;一定要等他跟人打交道,有了利害关系,你才会发觉他满嘴牢骚,讨厌透顶。我们每个人,哪怕是做门房的,总有或多或少的威力加在或多或少的人身上,例如自己的老婆,孩子,房客,伙计,狗,马,猴子等等;一朝受了暗中羡慕的上层阶级的气,就不免回过来向另外一些人发泄。莫利奈和所有的巴黎人一样,觉得也需要有这么一份威力。无奈这讨厌的小老头儿既没有女人孩子,也没有侄儿侄女;对待打杂的老妈子也太凶了,没法把她当作出气筒;她除了认真干活之外,处处躲着他。他统治别人的欲望既不得满足,为了过瘾,只得把有关租赁契约和共有墙壁的法律拿来耐心研究。凡是涉及巴黎房地产的项目,例如接界的土地房屋,地役权,正税,附加税,清洁捐,圣体节的结彩,污水管,街灯,挑出在公共走道上空的建筑物,附近有什么妨碍卫生的工厂,等等,每一项判例的细枝小节,他都下过很深的工夫。他的体力,精力,聪明,都用来保卫他做业主的地位。开头这些事情不过作为消遣,后来竟成了怪僻。他喜欢保护同胞不受非法行为的侵害;可惜出头申诉的机会很少,一肚子偏激的情绪只能发泄在房客身上。房客是他的敌人,他的下属,他的子民,他的奴仆,必须对他恭而敬之,在楼梯上见了他不招呼就是下流坯。房票都由他亲手写好,在到期的那天中午送出。过期不付,限期付清的催告就来了。随后是封门啊，要求赔偿损失啊，一连串的法律手续都跟着来，正是"说时迟，那时快"，像刽子手形容他手里的家伙一样。莫利奈不答应分期付款，也不答应展期。一提到房租，他的心就是铁打的。

他对那些付得出房租的人说："你缺少钱，我可以借给你；但是房租非付不可。迟付一天，我就吃亏利息，法律又不给我补偿的。"

房客都有些意想不到的怪脾气，新来的总要推翻老规矩，好比国家改朝换代一样。莫利奈把他们的怪脾气细细研究过了，定出一个宪章来。他不像国王，对这个宪章倒是严格遵守的。所以他从来不管修理。照他说来，没有一个烟囱漏烟，楼梯干净，天花板雪白，檐板没有毛病，地板很坚固，粉刷油漆都过得去，锁钥的年龄永远不超过三年，窗上玻璃一块不缺，毫无裂痕。只要到房客搬走的时候，他才会发现破碎的玻璃，带着铜匠或玻璃匠去，叫房客当场配好，他说："这些工人都很好说话，为什么不叫他们配呢？"当然，房客有权利装修屋子；不过要是有个冒失鬼这么做了，小老头儿莫利奈就会日夜想办法把他撵走，把新装修的屋子收回去；他暗中看着，等着，使出一连串的坏主意。有关租约的法规一切奥妙他都知道。他又健讼又健笔，专门写些温和有礼的信给房客；他的文体跟他面上那副猥琐而殷勤的表情一样，骨子里却藏着一颗夏洛克[1]的心。他要房客预付六个月押租，将来在最后一期房租内扣除；另外还想出许多麻烦的条件。他要查看房客有没有数量足够的家具能保证房租。招新房客必先经过详细调查，因为他不接受某些行业，不管怎么小的锤子，他

---

[1] 夏洛克是莎士比亚的《威尼斯商人》里的主角，是个贪得无厌，重利盘剥的犹太人。

都害怕。合同的稿子，他要拿去推敲一个星期，最怕公证人笔下的那"等等"二字。丢开了业主的观念，约翰-巴蒂斯德·莫利奈倒也殷勤和气。打波士顿，同伴出错牌，他并不嗔怪；一般布尔乔亚听了好笑的事，他也笑；一般布尔乔亚说的话，他也说，也跟着大家谈论警察的舞弊，十七位左翼议员的英勇事迹，面包店加重秤码，胡作非为，等等。他一边读梅里埃神甫反宗教的著作《明辨》[1]，一边照旧望弥撒，因为在自然神教与基督教之间没法选择；可是他不缴领圣体的费用，理由是不愿意受势力越来越大的教会的影响。不怕麻烦的请愿专家为这个题目写过许多信给报馆，报馆既不登出，也不答复。总而言之，他是一个值得敬重的布尔乔亚，逢着圣诞节必定郑重其事的把木柴点起来；国王节玩面包的游戏和四月一日编谎话的玩意儿，他都参加；天晴一定出去散步，把条条大街都走遍；溜冰也要看；放烟火的日子，下午两点就到了路易十五广场的走道上，袋里带着面包去抢头排。

小老头儿住的巴太佛大院原是投机商人盖的，一朝完工了，谁也说不出为什么要造成那个怪样子。修道院款式的建筑用的是软砂石，四周是连拱式的走廊，院子底上有一个早已干了的喷水池，上面的狮子张着大嘴，不是喷出水来，倒像是向过路人讨水喝。当初修建这屋子，大概是要让圣·但尼区也有一所王宫[2]式的建筑。不卫生的院子四周都是高房子，只有白天才有人活动，有点生气。坐落的地位正是几条小巷子的交叉点，出去走到有名的

---

[1] 梅里埃神甫（1677—1733），生前默默无闻，但在遗嘱内说他久已丧失信仰，故死后声名大噪。
[2] "王宫"是指圣·奥诺雷街上面对罗浮宫的大建筑，原名主教官邸，因黎希留大主教献给国王，改称王宫，楼下设有市场，称为王宫市场，在巴尔扎克小说内时常提到。

耿刚波街[1]，一头就通菜市区，一头通圣·马丁区。小巷子都很潮湿，会叫匆忙的行人害关节炎；一到夜晚更是全巴黎最冷落的所在，好像是商业区的地下坟场。这儿有好几个作坊的垃圾堆，很多的什货商，可没有几个巴太佛人[2]。这座商业宫内部的住屋，窗子都不开在街上，除了公用的院子，望不到别的风景，所以房租非常便宜。莫利奈为了健康关系，住在七层楼的转角上。这里的空气要离开地面七十尺才新鲜。我们这位和善的业主在屋顶的水管旁边散步的时候，可以望见蒙玛脱区的大风车，欣赏一下那个奇妙的景致。虽则警察局禁止居民在现代的巴比伦[3]城里布置屋顶花园，他还是在屋顶上种了花。他一共有四间屋，上面一层还有他独用的一间卫生厕所，那是由他装置，钥匙归他的：这方面的手续他都齐备。走进他家，一副寒酸相立刻显出主人的啬刻：穿堂里摆着六张草垫椅子，一只珐琅质的火炉，壁上是深绿色的花纸，挂着四幅从拍卖行买来的版画。餐室有两口食器柜，两个笼子装满了鸟儿，一张铺着漆布的桌子，一只晴雨表，一扇通往屋顶花园的落地长窗，几张马鬃垫子的胡桃木椅。客厅挂着旧绿绸小窗帘，放一套丝绒面子的白漆家具。老鳏夫的卧房，摆的是路易十五时代的家具，已经破旧不堪，穿白衣衫的妇女不敢坐上去，怕弄脏衣服。壁炉架上放着一只钟，钟面夹在两根柱子中间，顶上站着一个神话里的巴拉斯，手里拿着长枪。砖地上摆满碟子，都是给猫儿吃的剩菜，叫人生怕一脚踩在里头。红木五斗

---

[1] 耿刚波街在十七、十八世纪时是巴黎的商业中心，洛氏（1671—1729）首创的第一家公司就设在这条街上。故作者说是"有名的耿刚波街"。
[2] 巴太佛是古代日耳曼族的一支。建筑物的名称叫作巴太佛大院，但并没有什么巴太佛人。
[3] 巴比伦是古代世界上最繁华的都城；现代的巴比伦是指巴黎。

柜高头的壁上挂着一幅水粉画：莫利奈年轻时代的肖像。还有一些书，几张桌子，堆着难看的绿色文件夹；钉在壁上的古董架供着几只金丝雀的标本，是他以前养过的；最后还有一张床，那种冰冷的感觉，相形之下仿佛嘉曼丽德派女修士的苦行还不够苦。

赛查·皮罗多进门的时候，莫利奈穿着灰呢晨衣，正在壁炉架上用一只白铁小炉子煮牛奶，一面拿着在瓦罐里翻腾的开水一点一滴的倒进咖啡壶。卖伞的免得惊动房东，代他去开了门，让皮罗多进来。皮罗多看见莫利奈对他礼数周到，心里挺高兴。莫利奈素来敬重巴黎的区长和副区长，说是他的**地方官**。他见了皮罗多马上站起来，脱下帽子拿在手里，只要皮罗多大人站着，他绝不敢坐。

"不，先生……是，先生……啊！先生，倘若我早知道敝业要有一位巴黎的市政长官来借住，我一定亲自到府上来接洽，这是我应尽的义务，虽然我忝为阁下的房东，或者说将要成为……你先生的房东。"

皮罗多抬了抬手，要他戴上帽子。

"不，不，请您先坐下，把帽子戴上，免得伤风。我这屋子不大暖和，我收入有限，不能……"皮罗多掏摸租约的当儿打了一个嚏，莫利奈忙说："啊，副区长，希望您万事如意[1]。"

皮罗多把文书递过去，说为了节省时间，他已经出钱托罗甘公证人把文件起草了。

莫利奈答道："在巴黎的公证人里头，罗甘先生是出名的老前辈了，对他的学识我绝不怀疑；可是我有我的习惯，每件事都亲

---

[1] 法国人习惯，遇到有人打嚏，往往对他说一句吉利的话。

自动手,这点儿脾气也还可以原谅吧?我的公证人是……"

生意人办事都是爽爽快快,当场决定的,花粉商习惯了这一套,便说:"咱们的事简单得很哪。"

莫利奈道:"简单得很!租赁房屋的事从来不简单。啊!先生,您没有房产真是运气。您才不知道房客无情无义到什么田地,要多么小心提防才好呢!告诉您,先生,我有个房客……"

莫利奈讲了一刻钟,说有个画素描的姚特冷先生,在圣·奥诺雷街的屋子里逃过门房的监督,做出像玛拉那样的下流事儿,画些猥亵的画,警察竟不去干涉,原来他们是通气的。那个伤风败俗的艺术家把不三不四的妇女带进屋子,叫人楼梯都没法走!世界上也只有画漫画攻击政府的人才会这样捣乱。为什么他要捣乱呢?……因为要他每月十五付房租!他非但不付,还赖在空房子里不走。这样,莫利奈就和姚特冷上了法院。莫利奈还收到一些匿名信,准是姚特冷写的,恐吓说夜里要在巴太佛大院四周的小巷子里暗杀他。

他接着说:"我逼得没法,只能把我的苦处告诉警察局长,顺便对他说起这一部分的法律需要修正。局长准许我带自卫手枪。"

小老头儿站起来,找出他的手枪,叫道:"您瞧,先生!"

"可是,先生,你用不着怕我有这样的事啊。"皮罗多微微笑着,对加隆瞟了一眼,表示很瞧不起这样的人。

莫利奈注意到这个眼风,气得不得了。副区长应当保护居民才对,怎么可以这样讪笑人呢?别人有这个态度倒还罢了,出之于皮罗多可就不能原谅。

他沉着脸说道:"先生,您是大家敬重的商务裁判,又是副区长,又是体面的商人,当然不会失了身份去干这些卑鄙的事,因为那的确卑鄙!不过在咱们这个交涉里头,打通公共墙壁要您的房东葛朗维伯爵同意;合同上要注明满期的时候恢复原状。再说,现在的租金便宜得不像话,将来市面要涨的,王杜姆广场一带的房租都要抬高,此刻已经在抬高了!加斯蒂里翁街快要开辟,我……我订了合同要受束缚……"

皮罗多听着呆住了,说道:"闲话少说,你究竟要什么?我懂得生意经,知道你的许多理由只要一个理由就能压倒,就是钱!说吧,你要什么条件?"

"只要公平就行,副区长先生。租期打算订几年呢?"

"七年。"

莫利奈叫道:"七年里头,我的二层楼可以租到什么价钱啊!在那个区域,两间有家具的屋子,租金再高也有人要。说不定能租到两百法郎一月!现在订了合同,我就受了束缚!所以咱们的租金要一千五百法郎一年。您出了这个价钱,我同意在加隆先生的租金项下除去两间屋子,"他说到这里斜着眼瞧了瞧卖伞的,"我跟您订七年合同。打通墙壁的费用归您,条件是要葛朗维伯爵表示同意,放弃他的一切权利,他的书面声明得交给我。打通墙壁的全部后果由您承担。我这方面将来用不着您恢复原状,只要现在先付我五百法郎赔偿损失。谁死谁活,没人知道,我不愿意有朝一日为了重砌墙壁再去找这个那个。"

皮罗多道:"这些条件大致还公平。"

"还有,"莫利奈道,"现在就得付我七百五十法郎,将来在最后一期的租金内扣除;这笔钱只消在合同上注一笔,不另立收据。您可以付我小额的期票,期头长短随你的便;但票子上要批明是付房租的,那我才有保障。我办事干脆得很。合同上还得规定,由您出钱把通到我楼梯的大门用砖头堵死。放心,租约满期的时候,我不会为了恢复门洞再要求补偿损失,这笔费用已经算在五百法郎之内。先生,您瞧,我样样都公平交易。"

花粉商道:"我们做买卖的才不这样认真呢;要办这么些手续,生意就做不成了。"

"噢!做买卖当然不同,尤其是花粉生意,样样都像手套一样合适,"小老头儿尖刻的笑了笑,"但是先生,在巴黎租赁房屋,一点都马虎不得。我有个房客,在蒙多葛伊街……"

皮罗多道:"先生,耽误你的中饭,我心里要不安的。合同留在这里,你修改就是了。你的要求,我都同意。咱们明儿签字,有话今天讲明,建筑师明天就要支配场子。"

莫利奈把眼睛望着卖伞的,对皮罗多说:"先生,还有已经到期的租金,加隆先生不愿意付,咱们把它跟小额票据加在一起吧;租约从正月算起也正规一些。"

"行!"皮罗多说。

"看门的小费……"

皮罗多说:"哎哟!他不准我从大门出入,也不准用楼梯,怎么要我……"

小老头儿斩钉截铁的答道:"噢!您是房客啊,是房客就得付门窗税,房子上的各项开支都有你一份,一切讲明了就没事啦。先生,您越来越高发了,生意很好吧?"

皮罗多道:"很好。不过我扩充住房另外有原因。我打算请些朋友庆祝我们的领土解放,同时庆祝我获得荣誉团勋章……"

莫利奈道:"啊!啊!那是您应得的酬报!"

皮罗多道:"是啊。王上给我恩典,赏我勋章,也许是因为我当过商务裁判,共和三年正月十三还替波旁家打过仗,在圣·洛克的石级上被拿破仑打伤过。这些资历……"

莫利奈接口道:"这些资历跟咱们王军里的英雄好汉没有分别。打仗的人流过血,怪不得勋章的绶带是红的。"

听到这几句从《立宪报》上搬来的话,皮罗多不由得邀请莫利奈参加跳舞会。莫利奈一再道谢;刚才受的皮罗多的轻蔑,这一下也觉得可以原谅了。

老人把新房客直送到楼梯头,客气非凡。皮罗多和加隆走到院子中间,望着邻居含讥带讽的说道:"想不到天底下有这样没出息的人!"他本想骂一句脓包的,临时改了口。

加隆道:"啊!先生,不是每个人都有你这样的才干啊。"

在莫利奈面前,皮罗多觉得自己真是个了不起的人物。听着卖伞商人的回答,他很得意的笑了笑,然后大模大样的和加隆告别。

皮罗多心上想:"已经来到中央市场,顺手把榛子的事也办了吧。"

中央市场上的女摊贩叫皮罗多到龙巴街去,做糖果用的榛子那边销得最多。他找了一小时,才从朋友玛蒂法嘴里打听出,批发干果的只有一家铺子,是安日丽葛·玛杜开的,在贝冷-迦斯兰街。她卖的是真正普罗望斯大榛子和阿尔卑斯的白榛子。

在河滨道,圣·但尼街,铁器街,钱局街之间,有个四方形的区域,里头纵横交错,全是些小巷子,可以说是巴黎的脏腑。贝冷-迦斯兰街便是许多小巷中的一条,无数杂七杂八的商品都聚集在那儿,有腥臭难闻的,也有讨人喜欢的,有青鱼,有镂空纱,有丝织品,有蜂蜜,有牛油,有纱罗;还有很多连巴黎人都想象不到的小商业，好比大多数人不知道自己的脏腑里消化些什么。这些小本经纪的买卖都受一个葛勒南太街上的吸血鬼盘剥，他姓皮杜，外号叫作放款的羊腿子。在贝冷－迦斯兰街上，这儿是从前的马房改成的货栈，堆着一桶桶的油，停马车的屋子里放着成千上万双的纱袜；那儿又是什么批发粮食的字号，给人拿到中央市场去零卖的。玛杜太太原先是卖海鲜的小贩，十年以前和现在这铺子的老板有了关系，才改行做干果。那段姻缘曾经在菜市上成为多年说笑的资料。她当年是个雄赳赳的富有刺激性的美人儿，如今胖得不可收拾，谈不上什么姿色了。她住的那幢黄颜色的破屋子，每层都靠一些交叉的铁条支撑，她住在底下一层。故世的老板早就打倒了同业，把干果买卖变作独行生意；所以他的承继人虽然教育有些缺点，也能按着老规矩接办下去，在货栈里奔进奔出，忙个不停。货栈原是马房，车房和工场改的，里头的虫子都被她肃清了。

她店里没有柜台，没有账房，没有账簿，因为她不识字；她收到信就拍桌子，认为是欺侮她。总的说来，她心肠不坏；皮色紫堂堂的，头上戴一顶小帽，再裹一块包头布；大喇叭似的嗓子把送货的手车夫收拾得服服帖帖，跟他们吵起架来总是一瓶白葡萄酒收场。她和供应果子的庄稼人从来不发生麻烦，样样凭现钱说话，他们之间的交道也只能用这个方式；不冷不热的季节，玛杜妈妈还下乡去拜访他们呢。皮罗多在成袋的榛子，栗子，核桃中间把这个粗野的老板娘找到了。

皮罗多带着点轻浮的神气说道："你好，亲爱的太太。"

她道："你亲爱的！嘿！我的儿，你算是记得我啦，你跟我打过交道，觉得不错是不是？咱们一块儿服侍过王上没有？"

"我是做花粉生意的,又是巴黎第二区的副区长,凭我这个官员兼顾客的身份,你对我讲话应该换一种口气才对。"

那个雄赳赳的女人回答:"我一不结婚,二不上区政府买东西,反正不打搅区长。要说我的主顾,他们才喜欢我呢。我对他们爱说什么就说什么。他们要不乐意,尽管请便,上别处去交易好了。"

皮罗多轻轻说了句:"这就是**独行生意**弄出来的!"

"你说**杜安孙**吗?他是我的干儿子,说不定闯了祸;区长先生,你可是为他来的?"她说话的声音缓和了。

"不是的。早告诉你了,我是办货来的。"

"你叫什么名字,好小子?从来没看见你来过。"

"照你这种口气,你的榛子大概卖得很便宜了?"皮罗多说着,把姓名职业告诉了她。

"啊!原来你就是皮罗多,你的老婆好漂亮呢!榛子榛子,你要多少呢,我的心肝宝贝?"

"六千斤。"

"我统共只有六千斤,"老板娘的声音好似一支嘶嘎的笛子,"好先生,你又要替姑娘们证婚,又要替她们扑粉[1],倒不是贪吃懒做的家伙。上帝保佑你,你真忙啊。了不起!了不起!你要做我的大主顾了,你的名字要刻在我最喜欢的女人心上了……"

"谁?"

"亲爱的玛杜太太呀。"

---

[1] 区政府的任务之一是替人民证婚;皮罗多是副区长,又是花粉商,所以玛杜太太跟他这样说笑话。

"榛子怎么卖？"

"你要全部买，老板，我特别优待，二十五法郎一百斤。"

皮罗多道："二十五法郎一百斤，六千斤就是一千五！我每年说不定要十万斤呢。"

她把鲜红的胳膊伸进一只袋里，掏出一把大榛子来，说道："你瞧，货色多好！都是赤了脚采的，只只实心，我的好先生！什货店里的什锦干果要卖二十四铜子一斤，每四斤羼一斤多榛子。难道你要我亏本么？你人倒不错，但是要我为你赔本，我还没喜欢你到这一步呢。你大批买，就算二十法郎一担吧。反正我不能让一个副区长空手回去，对新娘子们不吉利。你动手摸摸看，货色多好，多重！一斤还称不到五十个！只只饱满，没有蛀的！"

"好吧，二千法郎六千斤[1]，三个月期票，送到我寺院区工场里，明儿清早就要。"

"怎么，急得像新娘子一样么？行，区长先生，再见了，别生我的气。"她跟着皮罗多到院子里，又道，"你要是方便的话，最好给我四十天的票子；我价钱卖得太便宜了，不能再在贴现上头吃亏。羊腿子的心肠才狠呢，他像蜘蛛吃苍蝇一般咬着我们的心。"

"那么给你五十天的票子吧。可是货色要一担一担的过秤，免得弄进许多空心的。要不然，我不买。"

玛杜太太道："啊！老狐狸，倒是个内行，骗他不过的。准是龙巴街上的那些混蛋教给他的！那些老虎都串通了来吃我们这般

---

[1] 巴尔扎克小说中的数字常有矛盾，二千法郎六千斤，比玛杜太太开的价反而高出许多，显然是错了。

可怜的绵羊。"

她这绵羊可是身高五尺,腰围三尺,好像一块界石披了一件条纹的布袍,没有束上腰带。

花粉商沿着圣·奥诺雷街走去,一路想着跟玛加撒油火并的事,出神了。他心里盘算用什么标签,什么样的瓶子,还计划瓶塞子上的零件,招贴的颜色。谁说生意经中没有诗意呢?便是牛顿为他著名的二项式定理所花的心思,也不见得比皮罗多为他的**高玛日纳**香精花得多。在他脑子里,头油忽然变作香精了;他不知道两个名词的区别,只是颠来倒去的乱用。各式各样的计划往他脑子里挤:他把这种忙忙碌碌的空想当作是才能出众的实际表现。聚精会神的转着念头,他直走过了蒲陶南街才想起他的叔岳,回过头来。

05

一个真正的哲人，一个伟大的化学家

格劳特-约瑟·比勒罗从前是做五金生意的，开的铺子叫作**金铃**。他的相貌天然有种风度；衣着和生活，头脑和心地，言语和思想，在他身上都很调和。比勒罗是皮罗多太太独一无二的亲属，他所有的感情都放在公斯当斯和赛查丽纳身上。在他经商的时期，他的老婆，儿子，还有过继厨娘的一个孩子，全死了。这些悲痛的丧事养成了他坚韧刻苦的基督徒精神。这个高尚的人生观使他日子过得很有生气，他的风烛残年也有一道又冷又暖的光彩，像冬天的太阳。瘦削干瘪的脸，土黄和暗棕色混合起来的皮肤，色调沉着，跟画家用来象征**时间**的人物非常相像，只是更亲切一些。做买卖的习惯把他那种庄严古板的气息减轻了些，不至于像画家，雕塑家，造钟的艺术家所表现的那么过分。他中等身材，不是胖而是有些臃肿，天生是个能劳动而长寿的人；肩膀的宽度说明他骨骼结实。人很镇静，没有表面上的激动，可也并非冷酷无情。从安详的态度和神气坚决的面相上看，比勒罗很少表情，他的感情是内在的，既不放在嘴上，也不加以夸张。带着一星星黑点子的绿眼珠特别清朗。脑门很低很窄，因为年纪大了，皮肤已经发黄，刻着一道道笔直的皱纹；银灰色的短头发像毡一样。细气的嘴巴不是吝啬而是谨慎的标识。炯炯有神的目光说明他生活很有节制。诚实，负责，谦虚这些美德，像光轮一般罩着他，使他的脸更显得精神饱满。

六十年工夫，他都过着艰难俭省，刻苦耐劳的生活。他的经历和赛查相仿，只是没有赛查那样的运气。他做伙计一直做到三十岁：赛查把积蓄买进公债的时代，比勒罗的资金还冻结在生意上。他吃过限价政策的苦，锄头和铁器都被征用。他谨慎，保守，有预见，转起念头来像做算术一样精细，这些特点影响到他的经营方式。他的买卖多半是口头成交的，倒也不大发生纠葛。他和深思默想的人一样会冷眼旁观，尽量听人家说话，暗暗打量人家。因此邻居们贪便宜做的好买卖，他往往不愿意做；事后他们上了当，才佩服比勒罗有眼光，识得人的好坏。他宁可做些利子薄而稳当的买卖，不肯拿大本钱去冒险。他经营壁炉前面的铁板，烤肉用的夹子，粗糙的壁炉架，翻砂的和生铁的锅子，铁耙和乡下人的动用器具：全是没有出息的货色，要花很多力气整理，赚头还抵不上人工。东西笨重，搬动存放都不容易，好处却有限得很。他一生不知钉了多少箱子，打了多少包，卸了多少车货。这样挣来的一份家私可以说是最光明，最正当，最体面的了。他从来不勒索高价，也从来不钻谋生意。最后一个时期，他常常站在店门口，抽着烟斗，一面瞧着过路人，一面看伙计们做活。一八一四他退休的那一年，他手头有七万法郎公债，一年收五千几百法郎利息。他把铺子盘给一个伙计，但是那四万法郎要五年收清，而且是没有利钱的。三十年工夫，他每年做十万法郎交易，赚一个七厘钱，日常吃用去了一半。这就是他的总账。邻居们对这份薄产并不眼红,只称赞他做人通达,可并不懂得其中的道理。钱局街和圣·奥诺雷街的转角上,有一家大卫咖啡馆,几个老年的商人都像比勒罗一样晚上在那儿喝咖啡。过继厨娘儿子那件事,有时在咖啡馆里成为取笑的资料,但是取笑并不过火,因为大家敬重这个五金商,虽则他只求问心无愧,并不要人尊敬。那可怜的过继儿子死后,有两百多人送丧,一直送到公墓。比勒罗却表现得非常勇敢;他凭着刚强朴实的性格忍着痛苦,使邻里街坊更加同情这个好人。提到比勒罗的时候,大家嘴里的好人两字意思特别广泛,也特别高贵。

巴黎的布尔乔亚一朝闲下来就会闷得发慌,比勒罗清苦惯了,告老之后更不愿意懒洋洋的坐享清福。他依旧过着从前那样的生活,还用政治信仰来鼓起他晚年的兴致。他的政见,也不必替他隐瞒,是极端的左派。大革命曾经把一部分工人阶级和布尔乔亚结合在一起,比勒罗就属于这一部分的工人。他唯一的缺点是把布尔乔亚在政治上的收获看得过于认真:他坚持布尔乔亚的权利,坚持自由,坚持大革命的果实。进步党人说耶稣会教士潜势力很大,《立宪报》说王上的兄弟有某些思想;比勒罗也的确相信那些教士和那些思想威胁布尔乔亚的安乐生活和政治地位。但他和自己的生活与思想完全一致;他的政见没有胸襟狭窄的意味,他绝不辱骂敌人。他一方面怕出入宫廷的马屁鬼,一方面相信共和党人的品德,以为玛奴埃真是生活朴素,福阿将军真是大人物,拉斐德是政治上的先知,加西米·贝里埃没有野心,古里埃是个好好先生[1]。总而言之,他脑子里装满了高尚的幻想。

---

[1] 玛奴埃、福阿将军等等都是王政复辟时代的左派政治家。

这个极有风度的老人喜欢和亲友们相处，跟拉贡家，侄女家，法官包比诺家，勒巴家，玛蒂法家来往。个人的开销一年只花到一千五。他把余下的收入做好事，送侄孙女礼物，每年四次在阿查街的洛朗饭店请朋友们吃饭，接下来还请他们看戏。像他这样的老鳏夫，太太们兴之所至，尽可敲他竹杠，叫他开一张现期支票，要他做东到郊外去玩儿，或是上歌剧院，上蒲雄游乐场。比勒罗能够请人玩儿觉得非常得意，看见人家快乐，他就快乐。铺子出盘了，他可不愿意离开住惯的区域，在蒲陶南街一所老屋子的五层楼上租了三间屋。

正如莫利奈的不三不四的家具反映出他的生活习惯，比勒罗家里的陈设也表现了他的简单朴素的生活。三间屋分作穿堂，客室和卧房，除了大小不同以外，都像修道士的寝室。穿堂铺着红的上蜡地砖，只有一扇窗，挂着红边的布窗帘，红羊皮面子的胡桃木椅钉着铜钉；壁上糊着橄榄青的花纸，挂着几幅版画，有**美国人的宣誓，首席执政时代的波那帕脱和奥斯丹列兹战役**。客厅大概是家具商设计的，铺着地毯，摆着玫瑰花图案的黄色桌椅；壁炉架上放一套本色的紫铜摆设；壁炉前面有一个漆屏风；靠壁的桌上，玻璃罩底下盖着一个花瓶；圆桌上铺着毡毯，摆着一套酒具。上了年纪的五金商很少在家招待客人，所以客厅里样样簇新，可见他是为了适应潮流而牺牲了一笔钱。卧房的简单跟教士和老军人住的差不多，这两等人最能够体会人生。床高头的壁上挂着一个带圣水缸的十字架。生活清苦的共和党人居然还有信仰，的确叫人感动。屋子每天由一个老婆子来收拾，但比勒罗尊重妇女，不让她擦皮鞋，另外包给一个专门擦鞋的工人。

他衣着简单，刻板得很。平时穿的是绿呢外套，绿呢长裤，花布背心，白领带，阔口皮鞋；过节换一件铜纽扣的大氅。他起身，吃中饭，上街，吃晚饭，出门，回家，都有一定的时间，再准确没有。有规律的生活原是健康与长寿的秘诀。他和赛查，拉贡夫妇，陆罗神甫，从来不谈政治；这帮人彼此太熟悉了，绝不为了要说服别人而争论。他像侄婿和拉贡夫妻一样，极信任罗甘。在他眼里，巴黎的公证人永远是个德高望重的人物，诚实不欺的模范。关于那笔地产生意，比勒罗曾经作过一番调查；所以赛查才敢大着胆子不相信老婆的预感。

花粉商走完七十八级楼梯，到了叔岳家的棕色小门前面，心里想老人家身体真结实，经常爬这些蹬级居然不哼一声。他看见外边的衣架上挂着外套和长裤；华伊昂太太正在把衣服又是刷又是搓。那位真正的哲人披着一件灰呢大褂，坐在火炉旁边吃中饭，一边念着《立宪报》或是商报上登载的国会辩论。

赛查道："叔叔，生意已经定局，就要立合同了。你要有些害怕或是懊悔的话，退出还来得及。"

"为什么要退出？买卖是好的，不过时间长一些；靠得住的生意全是这样。我的五万法郎端整好了，就在银行里；出盘铺子的最后五千法郎，昨天已经收齐。拉贡他们可是把全部家私都押上去了。"

"以后他们怎么过日子呢？"

"放心，他们不会饿死的。"

"我懂了，叔叔。"皮罗多非常感动，握着古板老头儿的手。

比勒罗突然问道："这笔交易怎么分配呢？"

"我认八分之三，你和拉贡两人合认八分之一。公证契约的问题没决定以前，你们的款子先收在我账上。"

"好吧。不过，侄儿，你真有那么多钱，能投资三十万么？我觉得你在本行之外太冒险了些；不影响买卖么？当然，这是你的事儿。你要有什么困难，我可以卖掉二千法郎**整理公债**，行市已经到八十法郎。那是我预备给你女儿的。你还是小心点儿好，侄儿。万一要我帮忙，就得动用你女儿的财产了。"

"叔叔，多么了不起的事，你说得这样轻描淡写！我真感动。"

"刚才我念了福阿将军的演说才感动呢！行，就这样，你去把事情定下来吧。地产是飞不走的，咱们将来好占到一半；就算等上六年，还是有好处，那边的工场也得付咱们租金，所以没有什么可损失的。只有一个危险，说起来也不可能，就是罗甘把咱们的资金拿走……"

"昨天夜里我女人就这么说过，她怕……"

比勒罗笑道："怕罗甘拿走我们的资金？为什么拿走？"

"她说他太痴情了，凡是弄不到女人的男人都拼命想……"

比勒罗微微一笑表示不信，接着从一本小册子上撕下一页纸，写上数目，签了字。

"这十万法郎的支票是我和拉贡两人的股款。可怜拉贡他们，要把伏钦矿山的十五股股票卖给你那个混账伙计杜·蒂埃，才凑起这个数目。我看见好人落难，心里真难过。夫妻俩做人多正派，多高尚，完全是老一辈布尔乔亚的精华！拉贡太太的兄弟包比诺法官完全不知道他们的景况；他们瞒着他，省得多费周折谢绝他的帮助。这些人像我一样干活干了三十年……"

皮罗多叫道："但愿上帝保佑，让我的**高玛日纳油**做成功！那我才格外高兴呢。再见了，叔叔！星期天你来跟拉贡，罗甘和克拉巴龙一同吃饭，咱们都要在合同上签字。明天是星期五，我不愿意……"

"你还迷信这些么？"

"叔叔，神的儿子被人处死的那一天，我永远不相信是什么吉利的日子。正月二十一，我们什么事都得暂停一下。"

比勒罗突然打断了他的话，说道："星期日见。"

皮罗多走下楼梯，心里想："要没有他那些政治主张，像叔叔这样的人世界上恐怕找不出第二个。其实政治跟他有什么相干？丢开那些念头不是很好么？他这样固执，可见天底下没有一个完人。"他回到家里，说道："嘿！已经三点了。"

赛莱斯丁拿着伞店老板的一叠零碎票子，问："先生，你收下这个吗？"

"是的，六厘起息，不取手续费——太太，替我准备衣服，我要去看伏葛冷先生了，你知道为什么事。别忘了白领带。"

皮罗多关照了伙计们几件事，没看到包比诺，心里想这个未来的合伙人一定在换衣服，便急忙回到房里。特莱斯登的圣母像果然照他的意思，配上了富丽堂皇的框子。

他对女儿说："嗯，你看，好玩吗？"

"爸爸，应该说美得很，要不然人家会笑你的。"

"啊！女儿教训起爸爸来了！……依我的心思，我倒是喜欢**埃罗与莱安特**。圣母是宗教题材，最好挂在教堂里。可是**埃罗与莱安特**，啊！我一定去把它买来，装油的瓶子叫我想起了……"

"爸爸，我不懂你什么意思。"

赛查剃好胡子，嗓子很响亮的叫道："维奥尼，去雇辆马车！"那时怯生生的包比诺也下来了，他为了赛查丽纳特意拖着脚走路。

可是多情的包比诺没有发觉,他的残废在情人眼中早已不存在了。这一类爱情的证据最是回味无穷,也只有生理上有缺陷的人才体会得到。

他说:"先生,压榨机明儿可以用了。"

赛查看见安赛末红着脸,问道:"什么事啊,包比诺?"

"先生,我太高兴了!我在五钻石街找到一个铺面,有后间,有厨房,有货栈,楼上还有卧室,一年只要一千二百法郎。"

皮罗多说:"那就得想法订十八年租约。咱们先去看伏葛冷先生,路上再谈。"

赛查和包比诺上了马车。伙计们看着耀眼的服装和不平常的车子,好不诧异;**玫瑰女王**的主人在心里盘算的大事业,他们一点都不知道。

花粉商说道:"榛子到底怎么样,这一下可以弄清楚了。"

"榛子?"包比诺问。

花粉商道:"我已经把秘密告诉你了,包比诺。我说榛子,对啦,关键就在这上头。只有榛子油对头发有用,就是没有一家花粉铺想到过。我一看见**埃罗与莱安特**那幅版画,就心上想:古人为了头发用那么多油,必有道理;因为古人到底是古人!不管现在的人怎样自命不凡,我对古人的意见还是跟鲍阿罗[1]一样。我这么一想,马上想到榛子油。也亏得你那个在医学院念书的亲戚,小皮安训提醒我,说他的同学要胡子和鬓角长得快,都是用的榛

---

[1] 十七世纪末叶至十八世纪初叶,法国文坛上有厚古与厚今两派的论战。诗人兼批评家鲍阿罗是主张厚古派的健将。

子油。现在只消大名鼎鼎的伏葛冷先生给证实一下就行。由他指点过了,我们就不会欺哄主顾。刚才我在中央市场向一个卖榛子的女人收了原料;如今为了从原料中提取精华,又要去见一位法兰西最了不起的学者。俗语说的好:**极端也会碰在一起**。孩子,你瞧,商业就是蔬果和科学的中间人。安日丽葛·玛杜管收割,伏葛冷先生管提炼,咱们管出卖油精。榛子卖五个铜子一斤,经过伏葛冷先生的手,价值就提高一百倍,而且说不定咱们还造福人类呢。大家既然为了虚荣,心里烦恼,发明一种灵验的化妆品当然是做了一件好事。"

包比诺听着赛查丽纳的父亲说话,非常钦佩;皮罗多看了,谈锋越来越健,凡是布尔乔亚所能想到的古怪词儿都用上了。

皮罗多一拐进伏葛冷住的那条街,就说:"安赛末,你态度要恭敬,咱们马上要踏进科学的圣殿了。你等会把圣母像放在饭厅里椅子上,地位要显著,可不能像是故意摆的。啊!但愿我说话不要结结巴巴的把意思搅糊涂了!"皮罗多很天真的嚷着,"包比诺,这个人物对我有种化学作用,听见他的声音,我的五脏六腑就会发热,甚至有点儿肚子痛。他是我的恩人;再过几分钟,安赛末,他也是你的恩人了。"

包比诺听了这些话觉得身上发冷,走路战战兢兢的,仿佛脚下踩着鸡蛋;他神色不安的瞧了瞧屋外的墙。伏葛冷先生在书房里,门上给皮罗多通报了。学士院会员知道花粉商当了副区长,非常走红,马上接见了。

学者说:"承你的情,得意了还想到我。不过化学家和花粉商本来也很接近。"

"哎哟!先生,您是天才,我是凡人,跟您比真是天差地远了。您说我得意,那是您赏赐的,不管在这个世界上还是那个世界上,我都永远忘不了。"

"噢!在那个世界上,咱们一律平等,不分什么国王和鞋匠了。"

"就是说做人正直的国王和鞋匠。"皮罗多补上一句。

小包比诺在化学家的书房里没看见什么神怪的东西,既没有大得吓人的机器,也没有会飞的金属,会动的物质,倒反呆住了。伏葛冷瞧着包比诺问皮罗多:"这位可是令郎?"

"不是的,先生。我很喜欢这个青年,特意带他来求您照应。您的好意不是跟您的天才一样没有穷尽吗?"皮罗多说着,装出一副机灵的神气,"十六年前我请教过您,今天又要来讨教一个重要的问题,那是我做花粉生意的完全不懂的。"

"什么事啊?"

"听说先生正在研究头发。您为了您的荣誉而想到这个题目,我是为了商业而想到的。"

"亲爱的皮罗多先生,你要问我什么呢?是不是分析头发的结果?"

他拿起一张字条儿,说道:"我正要向科学院宣读一篇关于这个问题的报告。头发的成分包含相当多的黏液,少量的白油,很多青黑色的油,还有铁质,还有几颗酸化物的分子,有锰,有磷酸石灰,有极少量的碳酸石灰,有二氧化硅和大量的硫黄。这些物质的比例不同,头发的颜色就跟着不同。红头发含的青黑色油就比别的头发多得多。"

赛查和包比诺都把眼睛睁得那么大,叫人看了好笑。

皮罗多叫道:"一共有九样东西。怎么!头发里头还有油跟金属？要不是你先生，我所敬重的人告诉我，我才不信呢。多奇怪！……伏葛冷先生，上帝真伟大！"

大化学家接着说："头发从一个小囊里长出来，那个器官像一只两头开口的袋子：一头接神经和血管，另外一头长出头发。我有些同道，像勃兰维尔先生，认为头发是一部分已经死了的物质，从那个含有髓状物的囊里排泄出来的。"

包比诺叫道："那不像人身上流出来的汗，挂成面条那样吗？"

花粉商轻轻踢了踢包比诺的脚跟。伏葛冷听着包比诺的譬喻微微一笑。

赛查把眼睛望着包比诺，对伏葛冷道："这孩子倒还乖巧是不是？但是先生，既然头发长出来就是死的，自然不能叫它活过来，那我们就完啦。仿单上的一套全是胡说，您不知道一般人多古怪，就不能告诉他们……"

包比诺还想逗伏葛冷笑一下，接口道："不能告诉他们，说他们头上有个垃圾堆……"

化学家顺口把笑话接下去，道："……有些空中的坟墓。"

皮罗多叫道："那么我买的榛子怎办呢？"他为了生意上的损失急起来了，"那么为什么人家要卖……"

伏葛冷微笑道："你别慌。我知道你要找一个不让头发脱落或者发白的秘方。根据我的研究，我的意见是这样的……"

包比诺竖起耳朵，像一只受了惊吓的兔子。

"……头发这种物质，不管是死的还是活的，我认为它的褪色是由于色素的停止分泌；所以寒带地方，长毛的动物到冬天颜色会变淡或者发白。"

皮罗多叫道:"包比诺,听见没有?"

伏葛冷又道:"头发的变质,显然是由于周围的温度突然起了变化……"

皮罗多嚷道:"周围的,包比诺……记住这个词儿,记住!"

"对啦,"伏葛冷说,"不是由于冷热的交替,便是由于效果相同的内部现象。说不定偏头痛和一切头痛毛病把含有生殖力的液体给吸收了,消耗了,或者使液体流到别的地方去了。身体内部是医生的事。外部就得你们的化妆品来补救。"

皮罗多道:"啊!先生,您这么一说,我透过气来了。我打算卖榛子油,因为想到古人头发上是用油的。古人到底是古人,我赞成鲍阿罗的意见。要不然,为什么运动员身上要涂油呢?……"

伏葛冷不听皮罗多的话,往下说:"不一定榛子油,橄榄油也一样。无论哪种油都能保护球根,不让在它内部起作用的物质——我们在化学上说起来是在**分解**中的物质——受到损害。也许你想得对:丢比德朗告诉我,榛子油有刺激作用。将来我要研究各种油的分别,榍实油,菜油,橄榄油,核桃油等等。"

皮罗多很得意的说道:"那么我的想法是不错了,我竟会跟一个大人物的意见相同。这样看来,玛加撒油一定能打倒了!先生,玛加撒是价钱卖得很贵的一种生发油。"

伏葛冷说:"亲爱的皮罗多先生,玛加撒地方从来也没出口一两油到欧洲来,所谓的玛加撒油,对头发毫无作用。马来人出了金子一样的价钱去买它,因为它能保存头发,却不知鲸鱼的油功效跟玛加撒油一样。天下没有一种力量,不管是化学的还是上帝的力量……"

"噢！上帝的……那可不能这么说，伏葛冷先生。"

"可是，亲爱的先生，上帝的第一条规律就是跟他自己不发生矛盾：有了矛盾就不能产生力量……"

"啊！要是这么说……"

"所以天下没有一种力量能够叫秃顶长出头发来，也不能把红头发白头发染色而不出毛病。不过你宣传用油的好处是不错的，不是扯谎；我认为用了油可以保存头发。"

"您想王家科学院肯出面审定么？……"

伏葛冷道："噢！这又不是什么新发明。而且那些江湖派滥用科学院的招牌，你就是抬出科学院来也没有什么好处。凭良心，我不能说榛子油是什么灵丹妙药。"

皮罗多问："用什么方法提炼最好呢？用水煮还是用机器压？"

"放在两块滚热的板中间压，出油比较多；用冷的板压，质地比较好。"伏葛冷还好心告诉他，"油要搽在头皮上，擦头发是没用的。"

"包比诺，记住这一点，"皮罗多兴奋得脸上升火。他又对伏葛冷道："先生，这年轻人一定会把今天看作他一生最幸运的日子。他没见到您，已经认得您，敬重您了。啊！我家里人常常提起您。老挂在心上的人，嘴上就会说出他的名字来。我跟老婆，女儿，天天在为您祈祷。对恩人就应该这样。"

"你把小事情看得太重了。"伏葛冷听着花粉商一大堆感谢的话，很不自在。

皮罗多叫道："噢！噢！您一点儿礼物都不肯收我的，总不能拦着我们，不让我们敬您吧？您像太阳一般大放光明，受到恩惠的人竟没法回敬。"

化学家微笑着站起身来；花粉商和包比诺也跟着站起。

"安赛末，你把这间书房多瞧上几眼吧。先生，您允许吗？您时间宝贵，也许他不会再来了。"

伏葛冷问皮罗多："你的买卖顺利吗？归根结底，咱们俩都是做买卖的……"

"还不错，先生，"皮罗多说着，往饭厅那边退出去，伏葛冷在后面相送。皮罗多接着说："可是要把这个**高玛日纳油精**推销出去，需要很大的本钱……"

"**高玛日纳油精**这几个字有点刺耳，还不如叫**皮罗多香油**。要是不愿意用自己的姓名，另外起个名字也行……噢，这不是特莱斯登的圣母像吗？……皮罗多先生，你要叫咱们闹得不欢而散了。"

皮罗多抓着化学家的手，说道："伏葛冷先生，这东西又不值什么，不过我存心要找到它，表示我一点儿意思。我托人把全个德国都寻遍了，才觅来一幅中国纸的初印本。我知道您想要，只是事情忙，没空去找，我替您做了一次捐客。我请您接受的不是一幅粗糙的版画，而是我的一番殷勤，一番心血，表示我的诚意。我巴不得您访求的东西要我到悬崖峭壁之下去取来，送到您面前。所以请您收下吧。我们太容易叫人忘记了。让我跟我的老婆，女儿，还有将来的女婿，永远留在先生心目中，但愿先生看到这幅圣母像的时候会记起来，还有些老实人在想着您呢。"

"那么我收下了。"

伏葛冷语气恳切，包比诺和皮罗多都感动得抹了抹眼睛。

"您能不能再赏个脸？"花粉商问。

"什么事啊?"

"我约几个朋友……"

他提起脚跟,但态度还是很谦虚。

"……庆祝我们的领土解放,同时庆祝我获得荣誉团勋章。"

伏葛冷诧异地叫了一声:"啊!"

"王上给我恩典,赏我勋章,或许是因为我当过商务裁判,并且共和三年正月十三那天,我在圣·洛克教堂的石级上替波旁家打过仗,被拿破仑打伤了……二十天以后的星期日,内人要开个跳舞会,请您光临。那天还要请先生赏脸来吃饭。那我就好比得了两次勋章。事先我会把请帖送过来的。"

伏葛冷道:"好吧。"

花粉商到了街上,叫道:"我快活得心要跳出来了。他居然答应到我家里来!他说的关于头发的话,我真怕记不住。包比诺,你都记得么?"

"记得,先生。再过二十年也忘不了。"

皮罗多说道:"这个大人物眼光多厉害!多深刻!他一点不含糊,一下子就猜到我们的心事,给了我们打倒玛加撒油的办法。啊!原来没有一样东西能够叫头发生长,玛加撒完全是扯谎!包比诺,咱们发财是稳的了。明儿早上七点就得上工场,等榛子送到,咱们就动手炼油。伏葛冷先生说什么油都一样,这话给外人听见,咱们不就完了么?要不加点儿榛子和香料,凭什么理由把四两油卖到三四个法郎呢?"

包比诺说:"先生,你要受勋了;这是很大的光荣,对于……"

"对于商界，是不是，孩子？"

皮罗多发财有了把握，不由得脸上很得意；伙计们也注意到了，互相递着眼色。他们看着老板和出纳穿扮齐整，坐着马车出去，已经想入非非的编了许多故事。赛查和安赛末两人心照不宣的眼风表示彼此都很满意，包比诺还满怀希望的对赛查丽纳瞅了两回，可见铺子里的确发生了大事情，伙计们猜得不错。在那种忙乱而闭塞的生活中间，只要一点儿小事就会引起大家兴趣，好比犯人特别留意监狱里的动静。赛查摆着一副俨然的神气，太太却带着将信将疑的表情，这就说明他们又要办什么新事业了。要不然，赛查太太一定会心满意足，因为当天的收入出乎意料的到了六千法郎，有些客户来付了几笔过期的账；而她平时看到门市生意好就高兴的。

饭间和厨房都在底层和二楼之间的中层，从前是赛查夫妻俩的卧房；他们在这儿度过蜜月，所以饭间的款式像一间小客厅。厨房靠一个小天井取光，和饭间隔着一条过道；通往底层后间的楼梯就在过道里。吃晚饭的时候，铺子叫心腹小厮拉盖看守；上了饭后点心，伙计们先下楼，让赛查和他老婆女儿在火炉旁边继续吃饭。这习惯还是拉贡夫妇传下来的，他们的老规矩素来严格，东家与伙计距离很大，像从前师父跟徒弟一样。伙计们走开了，赛查便坐到壁炉旁边的大靠椅上，由赛查丽纳或是公斯当斯替他料理咖啡。那时他就把白天的琐碎事儿告诉太太听，或者是城里的见闻，或者是寺院街工场里的情形和制造方面的困难。

那天伙计们一下楼，赛查就说："太太，今天是咱们一生中最重大的日子了！榛子买下了，水压机明儿开动了，地皮生意也成交了。哪，这张支票你收起来，"他把比勒罗的票子递给太太，

"屋子决定改装,咱们住家要扩充了。啊!我在巴太佛大院遇到的一个人才怪呢。"

他讲了莫利奈的事。

他正在高谈阔论,说到兴头上,太太忽然插嘴道:"我看你已经背了二十万法郎的债!"

"是啊,太太,"花粉商故意装着情虚胆怯的样子,"怎么还得清呢,我的天哪?玛特兰纳的地产不能算在账上,虽则将来是巴黎最热闹的区域。"

"对,赛查,要等将来呢!"

他继续开玩笑,说道:"唉!我八分之三的股份要六年以后才值到一百万。眼前的二十万怎么付呢?"赛查做了一个惊慌的手势——"嗨,告诉你,就用这个来付!"他从袋里掏出一个向玛杜太太要来,当作宝贝一般藏着的榛子。

他用两个手指夹着榛子给赛查丽纳和公斯当斯看。公斯当斯一声不响,赛查丽纳却诧异得不得了,一边替父亲倒咖啡一边说:"啊!爸爸,你这是说笑话吧?"

花粉商和伙计们一样在饭桌上留意到包比诺投向赛查丽纳的眼风,起了疑心,想借此机会弄个明白,便道:

"哎,孩子,这榛子叫咱们家里起了大大的变化。从今晚起,屋子里要少一个人了。"

赛查丽纳望着父亲,神气仿佛说:"那跟我有什么相干?"

父亲又补上一句:"包比诺要走了。"

赛查看人固然没有什么眼光,他最后一句话也是为一面试探女儿,一面宣布包比诺公司成立而说的;但因为爱女儿,看到她面上和额上泛起红晕,连眼睛都红起来,终于低下头去,他也猜到女儿心中有些说不出的感情,以为赛查丽纳和包比诺私下讲过什么话了。其实并不。两个孩子跟所有胆怯的情人一样,一句话没说就心心相印了。

有些伦理学家认为,除了母爱之外,两性的爱是最不由自主,最没有利害观念,最没有心计的。这个见解真是荒谬绝伦。即使大部分人不知道爱情怎么发生,但是一切生理上精神上的好感,仍然从头脑,感情,或是本能的计算出发的。男女之爱主要是一种自私的感情,而自私就是斤斤较量的计算。一般人只注意结果,看到像赛查丽纳那样的漂亮姑娘,竟会爱上一个又是瘸腿又是红头发的穷小子,第一个印象可能觉得不大现实,或是太离奇了。然而这的确合乎布尔乔亚在感情方面打的算盘。明白了这一点,那些老是令人奇怪的婚姻,例如个子高大的美女嫁了一个矮小的丈夫,漂亮哥儿娶了一个矮小丑陋的老婆,等等,也可以得到解释了。凡是体格有缺陷的,不论是拐脚,是瘸腿,是各种各样的驼背,或者长得奇丑无比,或者满面酒瘢,或者长着白癜风,或者有罗甘那样的毛病,或者有了父母没法控制的任何一种残废,他只有两条路好走:不是叫人害怕,就是和善得不得了;他不能像大多数人那样在中间摇摆不定。走第一条路的有能人,有天才,有强者;因为只有无恶不作才能使人恐怖,只有天才才能使人尊敬,只有聪明绝顶才能使人惧怕。走第二条路的却叫人疼爱,特别能适应女性的专横,比长相完全的男人更懂得爱。

管教安赛末的都是些德行高尚的人,无论是当法官的包比诺叔叔还是拉贡他们——这夫妻俩在体面的布尔乔亚里头也算得上是模范。再加小包比诺天真朴实,信仰宗教,生理上那点儿小小的缺陷早已由完美的品性给补偿了。年轻人有了这些优点,格外显得可爱。公斯当斯和赛查时常当着女儿称赞安赛末。两个开店的虽则头脑狭窄，却是胸襟宽大，很懂得一个人的心地。他们的称赞引起女儿的共鸣；她尽管天真，在安赛末纯洁的眼睛里也看出有股强烈的热情。女人看见男人对自己钟情总是得意的，不管这男的年龄如何，地位如何，长相如何。何况小包比诺比一个漂亮哥儿更有理由爱一个女人。倘若是个美女，他到老都会发疯般的爱她，用热情来培养自己的野心，千辛万苦的为妻子谋幸福，奉她为一家之主，甘心情愿的听她支配。这就是赛查丽纳不由自主所想到的，也许想得没有这样露骨。她已经远远的看到爱情的果实，比来比去的思索过了：母亲的幸福摆在面前，自己的期望也不过如此；她的本能告诉她，安赛末就是第二个赛查，不过像她一样受了教育，多经过些琢磨而已。她的理想是包比诺将来能当上区长，她自己在本区的教堂里替穷人募捐，跟现在母亲在圣·洛克教堂里一样。临了，她竟不觉得包比诺的左腿和右腿有什么不同了，可能还会说："他瘸腿吗？"她喜欢那对一清如水的眼珠，往往有心瞅他一下，让他眼睛里冒出一道纯洁的火焰，然后神态抑郁的把眼睛低下去。罗甘的首席帮办，亚历山大·克劳太的谈吐庸俗，赛查丽纳先就受不了；他在公事场中混惯了，不免少年老成，有种半玩世半随和的神气，赛查丽纳觉得更可厌。相反，包比诺的沉默却表示他性情和顺；赛查丽纳最喜欢看他听着无聊的俗套露出一副凄凉的笑容；引起他微笑的那些废话，赛查丽纳也一向厌恶，所以他们俩是一同微笑，或者是一同感到难受的。安赛末虽则在这些地方高人一等，干起活来照样抢在前面，赛查丽纳就赏识他这股不怕辛苦的干劲。她知道尽管伙计们都说："赛查丽纳将来是嫁给罗甘的帮办的。"那又穷，又瘸腿，又是红头发的安赛末,却始终存着向她求婚的念头。本来吗,一个人抱的希望越大,越显出他的痴情。

赛查丽纳装着满不在乎的神气问父亲:"他上哪儿去呢?"

皮罗多道:"他要在五钻石街自立门户了!我相信,靠着上帝保佑……"

老婆和女儿都没有听懂他这句惊叹的话。

皮罗多碰到难题,往往像虫蚁遇到障碍物似的东撞一下,西撞一下。他把话扯开去了,打算以后再和老婆谈赛查丽纳的事。

他对公斯当斯说:"你对罗甘的意见和担心,我告诉了你叔叔,他听着笑了。"

公斯当斯叫道:"咱们俩说的话,你不应该告诉别人。可怜的罗甘也许是世界上最老实的男人,他已经五十八了,大概不会再想……"

她看见赛查丽纳留神听着,便突然停住,朝赛查眨了眨眼睛。

皮罗多道:"那么我决定入股是不错的了。"

她答道:"你本来是当家的嘛。"

她要是赞成丈夫的计划,说的总是这句话。赛查抓着他女人的手,亲了亲她的额角。

接着他下楼对伙计们嚷道:"喂,十点钟收市。今天夜里大家出把力,把二层楼的家具搬上三楼。咱们要像俗话说的,把小瓶放在大瓶里,让建筑师明天舒舒泰泰的动手。"他没看见包比诺,便道:"怎么!包比诺没请假就出去啦?啊,他不睡这儿了,我忘了。"又暗暗想道:"他不是去把伏葛冷先生的话记下来,准是租店房去了。"

两个伙计和拉盖都站在赛莱斯丁后面,赛莱斯丁代表大家说道:"我们知道为什么要搬东西。我们要向先生道喜,你的荣誉也是我们的光彩……包比诺说先生……"

"哎,孩子们,有什么办法呢!他们给了我勋章。所以我想请一次客,不但为了领土解放,还为了庆祝我的受勋。王上给我恩典,赏我勋章,大概因为我当过商务裁判,共和三年正月十三还为了保卫王家打过仗,就像你们现在的年纪,在圣·洛克的石级上被那个自称皇帝的拿破仑打伤了!我伤在大腿上,还是拉贡太太给包扎的。所以你们应当有勇气,将来一定会得到酬报。不是吗?孩子们,吃苦不是白吃的。"

赛莱斯丁道:"以后不会再有巷战了。"

"可是不能不存着希望。"赛查又接下去对伙计们演说了一番,末了请大家一齐参加跳舞会。

拉盖,维奥尼和三个伙计一听有跳舞会,都上了劲,手脚轻健像卖技的一样。他们在楼梯上搬东西,上上下下,什么都没砸破,什么都没摔倒。清早两点,全部搬完了。赛查夫妻睡在三楼上。包比诺的房间给赛莱斯丁和二伙计住了。四层楼上暂时堆着家具。

06

两个明星

大量的神经液体所激起的强烈的热情[1]，能够在胸怀大志的野心家或情人心中燃起一团烈火。那么温和那么安详的包比诺，就在这股热情激励之下离开饭桌，下楼到铺子里，浑身骚动，像一匹正要出场比赛的骏马。

赛莱斯丁问他："你怎么啦？"

他凑着赛莱斯丁的耳朵说："朋友，没想到有这么一天！我要开店去了。还有，赛查先生得了勋章。"

赛莱斯丁嚷道："老板帮你忙，你真运气。"

包比诺没有回答，一溜烟走了，仿佛是一阵狂风，一阵胜利的好风把他卷走的。

一个伙计正在收拾成打的手套，对另外一个核对标签的同事说："哼！运气！包比诺瞧着赛查丽纳小姐的眼风，被老板发觉了；他多精明，借此机会把包比诺打发出去。他是拉贡家的内

---

[1] 相信磁性感应的人认为"神经液体"是肉体与灵魂之间的媒介，凡是暗示作用及全身强直等现象都是由神经液体促成的。巴尔扎克深信催眠术和灵学，故小说中常常引用磁性感应的学说。

侄，真要求亲倒不好意思回绝。明明是调虎离山，赛莱斯丁还说老板热心呢！"

安赛末·包比诺走出圣·奥诺雷街，直奔二洋街去找一个青年人帮忙。他凭着做生意的直觉，认为要挣一份家业非利用那个人不可。

法官包比诺帮助过一个巴黎最能干的捐客；他靠着信口雌黄，无孔不入的手段，后来得了个外号，叫作**大名鼎鼎**。那时他还没有成为捐客大王，大家只知道他姓高狄沙，专门推销帽子和**巴黎什货**。年纪不过二十二岁，在生意上已经显出他催眠人的本领。他细挑身材，终日眉开眼笑，脸上表情十足，记性极好，眼光又厉害，一下子就能看出每个人的口味，确有资格成为后来的捐客大王，十足地道的法国人。前几天，高狄沙遇到包比诺，说马上就要出门。那天晚上包比诺匆匆赶到二洋街，希望他还在巴黎。一打听，他在驿站上的位置都定了，因为要和他亲爱的京城告别，正在杂剧院看一出新戏。包比诺决意等着他。高狄沙是推广新出品的能手，一些大公司已经在极力奉承他了；把榛子油交给他推销，就等于拿到了一张财神的期票。而且包比诺对高狄沙是完全抓得住的。要叫内地最顽固的零售商上钩，高狄沙固然是本领一等，但他自己也上过人家的当，参加了"百日"以后第一次颠覆王室的阴谋。他是最怕待着不动的人，偏偏背了大逆不道的罪名给关进监狱。负责侦查的包比诺法官认为他受到牵连仅仅是由于荒唐胡闹，把他开脱了。换了一个有心巴结政府的推事或是一个狂热的保王党，准会把倒霉的捐客送上断头台。他眼看预审推事救了他的命而他只能空空洞洞的感激一番，心里老大过意不去。既然不能向秉公处理的法官道谢，高狄沙便去见拉贡夫妇，说他为了报答包比诺一家，便是粉身碎骨也愿意。

安赛末等着他的时候，不免又去瞧了瞧五钻石街的店房，把屋主的地名打听好了，以便商量租约。他在中央市场近边那个黑洞洞的迷魂阵似的区域里闲荡，盘算怎样使事业快点儿成功，不料就在屠夫奥勃里街上碰到了一个独一无二的，预兆挺好的机会，打算第二天叫赛查大大的高兴一下。包比诺守在二洋街尽头通商旅馆门口，半夜左右，远远听见高狄沙在葛勒奈街那边唱着一出戏文的结尾，还拿手杖在石板路上打拍子。

安赛末冷不防从旅馆门洞里走出来，说道："先生，跟你谈两句话。"

"二十句也行。"捐客只道遇到歹人，把一头装铅的手杖举了起来。

安赛末忙道："我是包比诺。"

高狄沙认出是他，便说："什么事啊？要用钱吗？钱请假出门去了，不过总有办法。还是要决斗找我去帮忙？好，我从头到脚都交给你就是了。"

接着他唱道：

> 对啦，对啦，
> 这才是真正的法国兵！

包比诺道："来跟我谈十分钟，不要在你房里，免得给人听到；这时河滨道上没有人，咱们上那边去。事情非常重要。"

"这样紧急么？好，走吧！"

一会儿，高狄沙知道了包比诺的秘密，认为事情的确重要。

他套着拉丰[1]串演熙特的台词,连唱带做的念道:

花粉商,理发师,零售商,统统替我走出来![2]

"——我要把法兰西和拿伐尔[3]所有的零售商头上都涂上油。噢!主意有了!我本来要出门,现在不走了。我要去代理巴黎的花粉生意。"

"为什么?"

"为打倒你的同行啊,你这傻瓜!我做了他们的推销员,就能偷天换日,拿你的头油去抢他们蹩脚化妆品的生意。我开口闭口只提你的油,只推销你的油。这就叫作捐客的手段!哈哈!我们是生意场中的外交家,好厉害呢!你的仿单交给我去办。我有个从小的朋友叫作安杜希·斐诺,老子在公鸡街上开帽子店,当初叫我推销帽子的就是他。安杜希聪明绝顶:他一个人的头脑抵得上所有戴他爸爸帽子的头脑。他弄文学,替戏剧报写小戏馆的剧评。他爹是个没有脑子的老混蛋,不喜欢聪明,不相信聪明;你告诉他头脑也能卖钱,也能发财,都是白搭。他脑子里只有酒精。老斐诺叫小斐诺饿肚子,逼他投降。可是小斐诺有本事,跟我是好朋友;我除了做买卖,向来不跟傻瓜来往。斐诺替那家叫作**忠实的牧羊人**的糖果店在匣子上题字,糖果店倒还肯出钱,不比那些报刊叫他做了苦工,只给他喝西北风。他那一行也忌妒得

---

[1] 拉丰(1773—1846),法国有名的悲剧演员。
[2] 高乃依的著名悲剧《熙特》里有一句台词:"拿伐人,摩尔人,加斯蒂里人,统统走出来!"
[3] 拿伐尔是庇莱南山脉两旁的古国名,原属西班牙,十七世纪初被法国吞并。现在这个名称是指法国西南边界上的地区。

厉害，和巴黎的什货业一样。有个做戏的玛斯小姐是个了不起的美人儿，我着实喜欢，斐诺为她编了一出绝妙的独幕剧，为了要上演，只得拿到快乐剧院去。他写仿单是老手，懂得生意人的心思；又不拿架子，不会要咱们酬报的。一碗什合酒，几块蛋糕，请请他就行啦。真的，包比诺，不说笑话：我这回出门不收你佣金，不要你花一个钱，一应开支都出在你同行账上。我要耍他们一下。跟你讲明在先：这件事的成功失败跟我面子有关，只要你结婚请我做傧相，就是我的报酬了。我要去意大利，去德国，去英国，带着各种文字的广告到处张贴，村子也好，教堂的大门也好，内地无论什么要紧关口，只要我知道，都要贴上去。保险每个人头上都搽你的油，搽得亮晶晶的发光。喝！将来你结婚起来非同小可，一定是大场面！你要娶不到赛查丽纳，我就不叫作大名鼎鼎！这个绰号是斐诺老头送给我的，因为他的灰呢帽给我一推销就风行全国。现在推销你的头油还是我的老本行，弄来弄去离不开人的脑袋。大家知道，帽子和头油都是保护头发的。"

　　包比诺眼看事业有希望了，上姑母家睡觉去的时候，兴奋之极，一路上走过的街道都变做一条一条的油沟。他夜里睡不安稳，梦见自己的头发拼命的长，两个天使像在戏里一样打开一条横披，上面写着**赛查丽安油**。他醒来记起这个梦，决定就用这个名字；他把梦里的胡思乱想看作是天意。

　　榛子还没送来，赛查和包比诺早已在工场里等着。趁玛杜太太的送货工人没有到，包比诺得意扬扬的先把他跟高狄沙的联盟讲了一遍。

　　"大名鼎鼎的高狄沙肯帮忙，咱们的百万家财是稳的了！"花粉商嚷着，向他的出纳员伸出手去，神气活像路易十四在特南一仗之后接待特·维拉元帅。

"还有好消息呢，"兴高采烈的伙计从袋里掏出一个小瓶来，形状像葫芦，四边是瓜棱式的，"这样的现成瓶子一共有一万个，四个铜子一个，六个月的期票。"

皮罗多打量着奇形怪状的小瓶，先叫了声："安赛末！"然后声调很严肃地说道，"只不过是昨天，你在蒂勒黎花园说你一定成功；今天轮到我来对你说了：你一定成功！四个铜子一个！六个月的期票！式样这么别致！

这一下玛加撒可完蛋啦，给我们一棍子打死了！巴黎只有这么一批榛子，都给我收了来，你看我做得对不对？这些瓶子你哪儿找到的？"

"我一边等着高狄沙，一边在街上闲逛……"

皮罗多道："跟我从前一样。"

"顺着屠夫奥勃里街往下走，有一家批发各式瓶罐和玻璃龛的铺子，栈房大得不得了；我一看到这种小瓶就眼睛一亮，好像忽然遇到了一道光，耳朵里听见一个声音说道：你要的东西就在这里！"

赛查轻轻的自言自语道："天生是个做买卖的！我女儿准是他的了。"

"我走进铺子，看见那样的小瓶箱子里装着几千个。"

"你就问了？"

安赛末听了这一句好似受了委屈一般，说道："我才不那么傻呢！"

"天生是个做买卖的！"皮罗多又说了一遍。

"我说要买个玻璃龛，安放蜡制的小耶稣。我一边还价，一边批评那些瓶子难看。老板被我逗了几句，就一五一十把实话告诉我听。原来新近破产的法伊和蒲旭两人想制造一种化妆品，要用奇形怪状的瓶子；老板不信任他们，要他们先付一半定洋。法伊和蒲旭只希望事业成功，照付了。瓶子没有做好，他们已经破产。破产管理人为了清理这笔债务，最近跟玻璃店老板讲好条件，破产人把付过的钱和做好的瓶子一齐放弃，作为赔偿。大家觉得这批东西式样可笑，反正卖不掉的。瓶子原价八个铜子，现在要能卖到四个铜子，老板就很高兴了。谁知道这批冷门货还得在栈房里搁多少时候！我说：'你可愿意照四个铜子的价钱供应一万只吗？我能替你出清这批瓶子，我是皮罗多先生店里的伙计。'我跟他磨来磨去，一边逗，一边激，终究把他说服了。"

皮罗多说："好啊，四个铜子！你知道没有？咱们的油每瓶可以定到三法郎，让零售商赚一法郎，咱们赚一法郎半。"

包比诺叫道："啊！**赛查丽安油**！"

"什么**赛查丽安油**？噢，多情的家伙，你把父女两个都奉承到了。行，就叫作**赛查丽安油**吧！赛查征服过天下，他的头发一定漂亮。"

包比诺道："赛查是秃顶呢。"

"因为他没有用上咱们的油呀，将来我们就这么说吧。**赛查丽安油**卖三法郎一瓶，比玛加撒油便宜一半。有高狄沙帮忙，不消一年就能赚到十万。咱们要叫每个爱体面的人一年买一打，赚他十八法郎！一万八千人就是十八万法郎[1]。咱们马上是百万富翁啦。"

---

1 这笔账，巴尔扎克又算错了。

榛子送来了，包比诺，赛查，拉盖和几个工人先剥了一堆，下午四点以前就榨出了几斤油。包比诺送去给伏葛冷，伏葛冷给他一张配方，在榛子油里羼进另外一种便宜的油，再加香料。包比诺马上办手续，向公家申请发明和精工监制的执照。捐税是忠心的高狄沙垫付的，因为包比诺存心争口气，他的半股开办费一定要自己筹划。

根基浅薄的人一朝事业兴旺就会冲昏头脑；得意忘形的后果是不难预料的。葛兰杜送来一张着色的草图，各个房间的内景，画上家具，美不可言。皮罗多看了中意得很，全部同意。泥水匠立刻挥动铁锹，把屋子和公斯当斯震动得直叫。管油漆的罗杜阿是个挺有钱的包工头儿，有心把工程做得讲究，说要在客厅墙上嵌金线。听到这句话，公斯当斯出来干涉了。

她说："罗杜阿先生，你有三万法郎利息收入，住着自己的屋子，可以爱怎么装修就怎么装修；可是我们……"

"太太，做买卖的也得放点儿光彩，别让贵族压倒才好。再说，皮罗多先生进了官场，赫赫有名……"

公斯当斯当着手下的伙计和其余的五个人插嘴道："对，可是他还在开店呢。我，他，他的朋友，他的敌人，都不会忘记这一点。"

皮罗多背剪着手，踮着脚尖，放下脚跟，身子一上一下动了好几回，说道："我女人说得不错。我们虽然事业兴旺，还是应该俭朴一些。并且，只要一个人还在做买卖，用钱就得谨慎，不能过于奢华，法律也规定，生意人不应当**铺张浪费**。倘使扩充住宅，装修屋子而超过了限度，就是我轻举妄动，便是你罗杜阿也要批评我的。街坊上都瞪着眼看着我，一帆风顺总有人忌妒，总有人眼红！——啊，小朋友，你不久也体会得到，"皮罗多对葛兰杜补上一句，"人家要毁谤是没办法的，至少不能给他们抓住把柄，说我坏话。"

罗杜阿道："毁谤也罢，坏话也罢，都扯不上你的；你的地位与众不同：做生意的经验这么丰富，什么都考虑周到。你好厉害啊！"

"不错，做买卖我还有点儿经验。你知道我们为什么要扩充住宅？我把工程脱期的罚款定得那么高，就是为了……"

"为了什么呀？"

"告诉你吧，我跟我太太请几位客人，为了庆祝领土解放，同时也为了庆祝我获得荣誉团勋章。"

罗杜阿道："怎么！怎么！他们给了你勋章？"

"是啊，王上给我恩典，赏我勋章，也许是因为我当过商务裁判，并且共和三年正月十三我替王上打过仗，在圣·洛克的石级上被拿破仑打伤了。希望你带着太太小姐一齐来……"

属于进步党的罗杜阿道："承你瞧得起，荣幸得很。可是皮罗多，你真有一手啊。你是要我不脱期，才请我参加跳舞会的。好吧，让我派一些最熟练的工人来，多生一点火，把油漆烘干。我们有快干的办法，反正不能让石灰里的潮气把屋子搅得烟雾腾腾的，叫人家来跳舞。要屋子没有气味，只消外面加一层油就行了。"

三天以后，街坊上做买卖的听到皮罗多要开跳舞会的消息，都轰动了。为了赶快把楼梯搬好，屋外架着支柱，街上停着大车，拆下的旧料从方形的木漏斗里直接倒下来：这些情形，大家都看到了。工人分作日夜两班，点着火把急急忙忙干活，闲人和看热闹的站在街上议论纷纷；他们根据这些排场，预言屋子的装修不知有多么奢华。

地产生意正式定局的那个星期日，下午四点左右，晚祷以后，拉贡夫妻和比勒罗叔叔来了。赛查说因为正在拆屋，只请了查理·克拉巴龙，克劳太和罗甘。公证人带来一份《辩论报》，上面有特·拉·皮耶第埃先生叫人登的一条新闻：

本报讯 为了领土解放，全国上下均将热烈庆祝。在外国军队占领期间，首都的繁华因体统关系曾一度销歇，巴黎各区政府的官员觉得应当及时恢复。闻正副区长均将分别举行跳舞会，盛况空前，可以预卜。举国欢腾的热潮势必普遍展开。各界正在筹备的庆祝会中，尤以皮罗多先生的舞会引人注意。皮罗多先生最近获得荣誉团四等勋章；他素来效忠王室，曾于共和三年正月十三在圣·洛克事件中受伤；而后出任商务裁判，又深孚众望；此次得邀圣眷，实属受之无愧。

皮罗多叫道："噢！现在的人文章写得多好！"又对比勒罗说，"报纸上提到我们呢。"

比勒罗答道："那又怎么呢？"他最讨厌《辩论报》。

赛查太太不像丈夫那样神魂颠倒，只轻轻的对拉贡太太说："这条新闻一出来，我们的**雪花膏**和**润肤水**也许会多销一些。"

拉贡太太又高又瘦，满面都是皱纹，削鼻子，薄嘴唇，很像旧时宫廷中的侯爵夫人。眼睛四周，很大的一圈皮肤已经松了，跟那些饱经忧患的老太太一样。她尽管很有礼貌，那副威严庄重的气派叫人不能不肃然起敬。她身上还有些说不出的古怪样儿，很触目而不会叫你发笑，那只能用她的衣着和举动来解释。她戴着露出半截手指的手套，不管什么天气出门总拿着手杖式的阳伞，像玛丽·安多纳德王后在德利亚农宫中用的；穿的是淡棕色的，所谓"落叶"色的连衫裙，叠在腰里的褶裥，谁都学不来，那个窍门跟着上一代的老太太失传了。她披的黑头纱，周围镶着大方眼子的黑花边；古色古香的帽子，四面的镶边好像旧框子上的镂空花。她吸起鼻烟来最是干净利落；凡是有福气见过祖母和祖姑母的青年们，都还记得她们郑重其事的把金鼻烟壶放在身边的桌上，再把围巾上的烟屑子抖干净。拉贡太太吸鼻烟就是这副功架。

　　拉贡先生是矮个子，最多不过五尺高，脸像个榛子钳，只看见他一双眼睛，两个尖颧骨，一个鼻子和一个下巴。牙齿落尽，说起话来滔滔不绝，可是一半的字儿都给吃掉了。对人很殷勤，喜欢装腔作势，从前开店的时代有什么漂亮太太上门，他总是满面春风的迎上去，到现在脸上仍旧挂着这副笑容。扑粉在他头上画出一个雪白的月牙形，梳得很整齐，两边突出，像鱼翅，中间用缎带扎成一根短辫子。身上穿的是宝蓝色大氅，白背心，扎脚裤，丝袜，金搭扣的皮鞋，戴着黑丝手套。最特别的脾气是走在街上帽子不戴，老是拿在手里。他神气活像贵族院里的信差，或是御前的传达，像那些待在什么长官身边而多少沾着点光彩的小角儿。

　　他神气俨然的说道："喂，皮罗多，当初你信了我们的话，现在后悔吗？亲爱的王上绝不会忘记我们，这一点我们从来没怀疑过。"

拉贡太太对皮罗多太太说:"好妹子,你心里一定很快活吧?"

"是的。"花粉美人回答。拉贡太太的手杖式的阳伞,蝴蝶式的帽子,窄袖子和大头巾,对公斯当斯始终有股吸引力。

拉贡太太尖着嗓子,摆出老长辈的神气说道:"赛查丽纳真讨人喜欢——过来,美丽的孩子。"

比勒罗叔叔问:"是不是办了公事再吃饭?"

罗甘说:"咱们等克拉巴龙先生。我走的时候,他正在换衣服。"

赛查说:"罗甘先生,你告诉他没有,我们是在见不得人的中层楼上吃饭?……"

"哼!十六年前他觉得这房间漂亮得很呢。"公斯当斯轻轻说了一句。

"……到处是灰土,工人。"

罗甘说:"噢,他随和得很,绝不挑剔。"

赛查又说:"我叫拉盖守在店里;咱们不走原来的门了,你看见没有?样样都拆掉了。"

比勒罗问拉贡太太:"干吗你不带侄儿来呢?"

赛查丽纳也跟着问:"他今天会来么?"

"不来了,我的宝贝,"拉贡太太回答,"安赛末这孩子忙得连命都不要了。那条臭气冲天的五钻石街没有阳光,没有空气,我想到就害怕。阳沟不是发蓝,就是发绿发黑。我担心他会掉下去。可是年轻人脑子里打定了主意就是这样!"她对赛查丽纳做了一个手势,表示她所谓脑子其实是指心。

赛查问道:"难道他已经签了租约么?"

拉贡道:"昨天就签了,还经过了公证。租期十八年,可是要预付六个月租金。"

花粉商道:"拉贡先生,我这么办,你满意么?我把新发明的秘方告诉了他……"

"赛查,我们太了解你了。"小老头儿拉着赛查的手,热乎乎的捏了一回。

罗甘对于克拉巴龙的出场不能不担忧,觉得他的举动谈吐会叫循规蹈矩的布尔乔亚吓一跳的,还是让众人心上有个准备的好。

他对拉贡,比勒罗和太太们说:"你们等会看吧,克拉巴龙是个怪物,表面上胡说八道,出言粗俗,实际非常有才干;他是靠着聪明从低微的地位上爬起来的。将来跟银行家来往多了,一定会学得文雅一些。说不定你们在大街上或者咖啡馆里,会看见他衣冠不整的在那里喝酒,打弹子,神气活像个大傻瓜……其实不是的;他在转念头,想翻些新鲜花样叫工商界轰动一下。"

皮罗多说:"我懂得。我最好的主意都是逛马路的时候想出来的,不是吗,亲爱的?"他问太太。

罗甘接着说:"克拉巴龙白天在外面安排,布置,找门道;晚上还抓紧时间做事。这般有本事的人过的生活都莫名其妙,怪得很。别看他自由散漫,他照样达到目的。我亲眼看着他叫咱们的卖主一个一个的让步。当初有的人不愿意,有的心里疑疑惑惑,克拉巴龙要弄他们,天天去看他们,跟他们纠缠不清,终于把地产弄来了。"

克拉巴龙是这个故事中最离奇的角色,是出面支配赛查今后命运的人物。他人还没出场,先传来一阵酒鬼所特有的**勃噜——勃噜**的怪声音。花粉商听了,赶到黑洞洞的小楼梯上吩咐拉盖关店门，同时向克拉巴龙道歉，表示在饭间里接待他不恭得很。

克拉巴龙回答说："那有什么关系！这儿正好啃菜根……哦，我的意思是说，谈生意经。"

虽然罗甘用花言巧语解释过了，态度文雅的拉贡夫妇，冷眼旁观的比勒罗，还有赛查丽纳和她的母亲，对这个冒充的大银行家一开场都印象不大好。

他是捐客出身，年纪大概有二十八，头发脱得精光，戴着一副烫成螺旋形的假头发。这个款式照例要有少女般的娇嫩，凝脂般的皮肤，妩媚动人的女性的风度才配得上；克拉巴龙戴上这假头发，越发显出他的丑恶，那张长满小肉刺的土红脸一团虚火，活像赶班车的马夫。未老先衰的皱纹，一道道像绳边一般沟槽很深的肉裥，扯动起来好不难看，说明他生活糜烂，一口牙齿都坏了，粗糙的皮肤布满着小黑点，也是他荒唐胡闹的结果。克拉巴龙的神气颇像内地戏班里的跑龙套，什么角色都能演，脸上已经涂不上胭脂，疲乏的身体快支持不住了，厚嘴唇像涂了一层面粉；可是油嘴滑舌，即使喝醉了也口角俏皮。看起人来，眼睛非常放肆，举动更不知检点。他灌饱了杂合酒，脸上老是醉醺醺的，嘻嘻哈哈，没有一点做生意的正经样儿。他只要指手画脚的学了半天，才勉强学会一副冒充阔佬的功架。杜·蒂埃好比一个剧团经理不放心初次登台的主角，亲自监督克拉巴龙穿衣打扮，深怕他生活放荡，下流惯了，在装作银行家的时候忽然露出马脚来。

他吩咐道："你越少开口越好。银行家从来不多说话；他只管行动，思索，考虑，听着人家，掂斤估两。所以要装得像，就不能说话，顶多只说一些不关痛痒的话。你那快活的，疯疯癫癫的眼神得收起来，目光要严肃，呆一点倒不要紧。提到政治，你得站在政府一边，说些空话，好比：预算庞大呀；各党各派不可能妥协呀；进步党人是危险分子呀；无论什么摩擦，波旁王室都应当避免呀；进步党的主张只是利害相关的集团用的幌子呀；波旁家正在替我们安排一个繁荣的时代，尽管你不喜欢，也得支持现政府呀；法国已经有相当的政治经验呀；诸如此类。别看见桌子就懒洋洋的伏在上面，别忘了你得保持百万富翁的尊严。吸鼻烟不能像残废军人那样；回答人家的话，最好先把鼻烟壶拿在手里玩玩，瞧瞧自己的脚，望望天花板。总之要装作思想深刻。还有你那乱动东西的坏习惯，非改掉不可。在交际场中，银行家应当懒得动弹。不是吗？你通宵没有睡觉，被数字搅得头昏脑涨，办一桩事业不知要凑集多少条件！花多少工夫研究！你尤其要表示对生意怨声载道，说做买卖又吃力，又麻烦，又棘手。说话不要越出这范围，别提到什么专门的问题。吃饭之前，别哼你那些贝朗瑞的小调，酒不能喝太多。喝醉了，你的前途就完啦。反正罗甘会管着你的。你这回要去见一般道学先生，都是挺规矩的布尔乔亚，别把你那套下等酒店的论调吓了他们。"

这篇训话给查理·克拉巴龙精神上的影响，和他的新衣服对他身体的影响不相上下。他原是一个满不在乎的乐天派，跟谁都合得来；穿惯乱七八糟的舒服衣衫，身体裹在里头，和他的思想在谈吐中一样无拘无束。如今刚穿上裁缝误了时间送来的新衣服，身体直僵僵的像根柱子；他既担心自己的说话，又担心自己的动作：一只手向什么瓶子匣子冒冒失失的伸出去又缩回来，一句话说到一半忽然停住，使比勒罗只觉得他矛盾得可笑。他的通红的脸，乱蓬蓬的螺旋形的假头发，和他的衣着全不相称；他的思想也老是和他的说话打架。但是这些接二连三的矛盾，那般忠厚的布尔乔亚还当作是事情太忙，心不在焉的缘故。

罗甘说："他做的事业才多呢。"

拉贡太太对赛查丽纳说："事业并没给他多少教育。"

罗甘听了，急忙把手指放在嘴上，低下头去告诉拉贡太太："他又有钱又能干，做生意又非常规矩。"

比勒罗对拉贡道："看在他这些长处分上，有些地方自然不必计较了。"

罗甘道："咱们就在饭前把合同念了吧，好在没有外人。"

拉贡太太，赛查丽纳和公斯当斯一齐走开；比勒罗，拉贡，赛查，罗甘和克拉巴龙，听亚历山大·克劳太念合同。合同上写明赛查拿寺院街的工场和地基作抵押，出一张四万法郎的借据给罗甘的一个主顾。他把比勒罗的银行支票交给罗甘；另外拿出二万法郎证券和开着克拉巴龙抬头的十四万法郎期票，但克拉巴龙不出收据。

克拉巴龙说："我用不着出收据给你。你们的一份由你向罗甘先生负责，我们的一份归我们负责。卖主将来向罗甘先生收钱，我只凭你的十四万法郎票据替你凑足股款。"

比勒罗说："对。"

克拉巴龙说："那么请太太们回来吧，她们走开了，咱们冷得很。"他看了看罗甘的脸色，不知道这句笑话是不是说得过分了。

他叫了一声："太太们！……"又挺着身子望着皮罗多说，"噢！那位小姐想必是令爱吧？想不到你还有这一手。经过你提炼的玫瑰花都给她比下去了，也许就因为你提炼了玫瑰花……"

罗甘截断了他的话，说道："真的，我肚子饿了。"

皮罗多说："那就吃饭吧。"

克拉巴龙鼓起脖子说："咱们这顿饭也是经过**公证**的了。"

比勒罗有心坐在克拉巴龙旁边，问道："先生买卖做得很多吗？"

银行家回答："太多了，全是整批整批的；可是买卖真难做，真棘手。比如运河吧，哎！那些运河啊！我们为了运河忙成怎样，你才想不到呢。那也是当然的。政府要开运河。你知道，各州各府都需要运河，那跟各行各业都有关系。柏斯格说过：'江河是活动的路。'所以我们要开辟市场。市场要有地基，因为不知要挑多少土；挑土是穷人的事；因此要发公债，公债归根结底是还给穷人的！伏尔泰说过：'河道，胡说八道，穷人的生财之道！'可是政府有工程师指导，不容易叫它上当，除非你和工程师串通；因为国会！……噢！先生，国会老跟我们为难，不肯考虑财政所牵涉到的政治问题。双方都不怀好意。你相信么？格莱弟兄，呃，我是说国会议员法朗梭阿·格莱，他为了公债问题，运河问题，攻击政府。我们在他家里等着，那好家伙回来看到我们的计划对他有利，还得和他刚才臭骂过的政府妥协。议员的利益和金融家的利益发生冲突，我们夹在中间两面受敌。现在你可明白生意多么难做了，每个人都要给他满足，职员，议员，清客。部长……"

"部长？"比勒罗决意要摸清这个合伙人的底细。

"是啊，先生，连部长在内。"

比勒罗道："那么报上说的不错了。"

皮罗多道："叔叔谈起政治来了；克拉巴龙先生对他倒很配胃口。"

克拉巴龙道："报纸吗？它专门捣乱，混账透了。先生，报纸把我们的计划都搅乱了；有时候也帮我们的忙，可是常常叫我提心吊胆，睡不着觉；那我可不愿意呢。总而言之，又要看文件又要计算，我眼睛都花了。"

比勒罗希望知道些内幕，接着问："部长们又怎么样呢？"

"部长们提出的条件完全按照政府的意思。哎，这是什么菜啊？龙肝凤脯么？"克拉巴龙把话扯开去了，"这种沙司[1]只有布尔乔亚家里吃得到，休想在兔崽子的小饭铺里……"

拉贡太太听到这一句，帽子上插的花像小羔羊似的直跳起来。克拉巴龙知道说了一句粗话，想补救一下。

他说："在高级金融界里头，凡是时髦的夜酒店，像凡里和普罗望斯弟兄等等，都叫作**兔崽子小饭铺**。我是说，不管是那些酒店老板还是什么高明的厨子，都做不出滑腻的沙司；有的在清水里加些柠檬，有的是做化学实验。"

饭桌上从头至尾是比勒罗在那里进攻，想摸克拉巴龙的底，可是摸来摸去只摸个空。比勒罗认为这家伙不是好东西。

罗甘咬着克拉巴龙的耳朵说："情形很好。"

"唉！我要能把这身衣服早点儿脱下来才好呢。"克拉巴龙闷得气都透不过来。

皮罗多说："先生，我们不得不把饭厅作为客室，因为十八天以后我们要请客，庆祝领土解放……"

"好啊，先生；我也是拥护政府的人。梅特涅那家伙真狠，奥国王室的命运都操在他手里。他主张维持现状，我政治上的主张是跟他一路的。要并吞新的就得保持旧的，要保持旧的就得

---

[1] 沙司是用肉汤为底，和以牛奶面粉及香料做成的浇头。

并吞新的：这是我的原则，荣幸得很，那也是梅特涅亲王的原则。"

赛查接着说："……我请客也为了庆祝我得到荣誉团勋章。"

"是的，我知道。谁跟我说的？是格莱弟兄还是纽沁根？"

罗甘想不到他这样机灵，不由得做了个钦佩的手势。

"啊，不是的，我想起来了，是在议院里听到的。"

赛查道："在议院里吗？可是特·拉·皮耶第埃先生告诉你的？"

"对啦，就是他。"

赛查对叔岳道："你看他多可爱。"

比勒罗道："他空话连篇，叫人越听越糊涂。"

皮罗多又道："王上给我恩典，赏我勋章，也许……"

克拉巴龙抢着说："也许因为你对花粉业有贡献。不管什么功劳，波旁家都会奖励。所以咱们应当拥护这些正统的帝王，他们宽宏大量，不久还要大兴市面呢……复辟政府知道一定要和拿破仑政权见个高低；现在的政府不用打仗也能扩充疆界，你等着瞧罢！……"

赛查太太说："先生肯赏光来参加我们的跳舞会么？"

"噢！太太，为了来奉陪您，便是错过机会，少赚几百万我也愿意。"

赛查对叔岳说："他的话真多。"

正当花粉业的巨头日薄西山，快要回光返照的时候，生意场中的地平线上隐隐约约升起一颗星来。就在同一个时间，小包比诺在五钻石街上开始为他的家业打基础。

五钻石街一头通龙巴街，一头通屠夫奥勃里街，对面便是巴黎老区里赫赫有名的耿刚波街，法国史上许多大事都是在那条街上发生的。五钻石街路面狭窄，货车很不容易通过。但虽然有这个缺点，近边全是药材行，所以地段还是有利，包比诺挑得不错。屋子坐落在龙巴街那头的第二家，里面黑得厉害，有时白天也得点灯。头天晚上，初出道的包比诺接管了这个黑洞洞的叫人恶心的地方。原来的房客是做糖浆和粗糖生意的；墙壁，院子，货栈，到处留着这个行业的痕迹。

　　店面是一间开阔高大的屋子，装着两扇深绿漆的大门，钉着长铁条，帽钉形式像香菌。窗上围的铁丝网，底下一截往外鼓起，像老式的面包房；地下铺着大块的白石板，多数已经破裂；颜色发黄的墙上一无所有，跟营房一样。往里是一间后店堂和一间厨房，都靠院子取光；拐角上的货栈原先一定是马房。楼梯在后店堂，上楼去有两间临街的屋子，包比诺打算做办公室和账房。他自己预备住在货栈楼上，一共有三个小房间，跟邻居合着一堵墙，窗子对着天井。从三间黑魆魆的破屋子里望出去，只看见一个不规则形的院子，四面围着高墙，房里的潮气即使在最干燥的日子也像新粉刷的。院子堆过糖浆和粗糖，石板缝里嵌着一层又黑又臭的油腻。三间房都没有糊纸，地下铺着方砖，只有一间有壁炉。

　　高狄沙找了一个裱糊匠在墙上刷了一层胶水。那天从早上起，除了工匠，包比诺和高狄沙都亲自动手，把那间难看的卧房糊上十五铜子一卷的花纸。家具只有一张中学生睡的红漆小木床，一只蹩脚床几，一口古式五斗柜，一张桌子，两张安乐椅，六张单靠椅，都是包比诺法官给的。高狄沙买来一面旧镜子，放在壁炉架高头。晚上八点左右，炉子里烧起一捆木柴，两位朋友坐下来预备吃白天剩下的饭菜。

高狄沙叫道:"咱们要吃进屋酒,把冷羊肉拿开!"

"可是我……"包比诺只有一块二十法郎的银洋,预备给起草仿单的人做报酬的,他掏出来给高狄沙看了。

"我!……"高狄沙说着,把一块四十法郎的钱贴在自己的眼睛上晃了一晃。

大门上的环子响了一下,声音一直传到院子里,因为是星期天,做手艺的都离开作场出去了,院子里特别幽静,回声也特别响亮。

大名鼎鼎的高狄沙说道:"啊,卜德里街的老伙计来了。我,我就是有办法!"

果然,一个伙计带着两个小厮,捧着三只食匣送来一桌菜,还有挑得很内行的六瓶酒。

包比诺道:"咱们俩怎么吃得了这许多?"

高狄沙道:"还有那个作家呢!斐诺见过花天酒地的大场面。等会他要来的,写的仿单包你别出心裁。你说我用的词儿妙不妙?仿单总不免枯燥无味,要种子开花,全靠用好酒来浇。"——他整了整衣服,对两个小厮说,"好吧,小鬼,我赏你们几两金子。"

他给了他们十个铜子,气概就像他所崇拜的拿破仑。

"谢谢先生。"两个小厮听他的说笑,比拿到酒钱还高兴。

高狄沙对留下来侍候的一个伙计说:"告诉你,小子,楼下有个看门女人,住在一个破窑里,有时在那里烧烧饭消遣消遣,像当年诺雪加洗衣服[1]一样。你去向她求告一番,要她关心一下我们饭菜的冷热。对她说:约翰-法朗梭阿·高狄沙的儿子,贫民世家高狄沙的后代,斐列克司·高狄沙,多多拜上她,祝福她。去吧,小心侍候,每个菜都要弄得好好的;要不然,仔细你的屁股!"

大门上的环子又响了一下。

高狄沙道:"才子安杜希来啦。"

进来的是个胖胖的青年,不高不矮,大圆脸,从头到脚像个帽子司务的儿子;五官长得毫无棱角,外表稳重,看不出是个精明家伙。他本是穷得愁眉苦脸,一看见饭桌上摆得齐齐整整,酒瓶的封口与众不同,顿时笑逐颜开,快活得不得了。他听到高狄沙的叫喊,淡蓝眼睛亮了一亮,把大脑袋从右到左移动了一下,一张脸活像卡摩克人[2]。他招呼包比诺的态度很古怪,既不卑躬屈节,也不表示尊敬,仿佛很不自在而又放不下架子。那时他正认识到自己没有一星半点的文才,觉得与其写出作品来卖不到钱,不如做个文坛企业家,踏在文人雅士的肩膀上做生意。低声下气求人的手段已经用尽了,钻门道找出路的委屈也受够了,他打算改变作风,像实力雄厚的金融家一样,故意装得神态傲慢。但开场总得有一笔资本才行,恰好高狄沙跑来告诉他,只要把包比诺的头油捧上台,他的开办费就有了着落。

高狄沙说:"你代表他跟报馆打交道,可是不能骗他;要不然我会跟你拼命的。你赚他多少钱就得出多少力。"

---

[1] 荷马史诗《奥狄赛》中的诺雪加是阿西诺王的女儿,她在海滨与女伴洗衣打球的时候,发现漂流在海边的于里斯。
[2] 卡摩克人是蒙古族的一支,住在俄罗斯南部。

包比诺神色不安的瞧着这位作家。真正的生意人看到作家，总带着又害怕又哀怜又好奇的心情。包比诺原来很有教养，但是他那些老长辈的习惯和思想把他影响了，再加在店里忙着大小事务，银钱出入，更容易感觉麻木；所以包比诺的头脑变了，完全受着本行的风俗习惯控制。这种情形，我们在老同学身上也能看到：离开中学或私塾的时候，许多人思想都差不多，隔了十年就大不相同。当下包比诺愣了一愣，斐诺却当作是佩服他。

高狄沙道："咱们先把仿单商量好了，才能丢开心事，痛痛快快喝酒。吃过饭，文章就念不清楚，舌头也要管消化的。"

包比诺道："先生，一张仿单往往等于一笔财产。"

斐诺道："对于我这样的光棍，财产不过是一张仿单。"

高狄沙道："啊！妙极了。斐诺这怪物。他一个人的才气抵得上四十个[1]。"

包比诺听了斐诺的话，吃了一惊，说道："别说四十，一百个也抵得上！"

性急的高狄沙拿起稿子，加强着语气高声念道："**护首油**。"

包比诺道："我想还是叫作**赛查丽安油**。"

高狄沙道："朋友，你不知道内地人的脾气。有种外科手术叫这个名字，内地人笨得很，会把你的油当作催生用的；要把他们从接生拉回到头发上来，不知要费多少口舌。"

作者说："我不是替我起的名字辩护，我只提醒你一下：**护首油**就是头上用的油，把你的意思都包括了。"

---

1 法兰西学士院的名额一共是四十人，所谓四十个就是指学士院会员。包比诺不懂这个意思，故有下文。科学院则是另一组织。

"念吧。"包比诺说着,心里急得很。

下面便是仿单原文,市场上到今天还在成千成万的分发。(这又是一种证明文件。)

荣获一八二七年博览会奖章

护首油
领有发明执照及精工监制执照

世界上既没有一种化学品能够把头发染色而不损害理智的中枢,也没有一种化妆品能够叫头发生长。科学界最近宣布,头发是一种死的物质,脱落或发白都无法阻止。要预防秃顶与发囊萎缩,只消维持头部所需要的温度,保护头发根下面的球茎不受外界气候的影响。护首油就是根据科学院所肯定的原理制成的,能产生上面所说的作用。这些作用为古希腊人,古罗马人和北方民族一致重视,因为头发对于他们特别宝贵。据专家考证,古代以头发长短为标志的贵族,也是用的这个方法。但制油的秘诀失传已久,最近方由护首油的发明人安赛末·包比诺重新发现。

护首油的目的是保护头发，而不是对包含球茎的表皮加以无效或有害的刺激。护首油香味幽雅，能防止头上脱皮；并且由于成分关系——主要是榛子油——能防止空气对头部的影响，保持内部的温暖，从而预防伤风，鼻腔感冒，以及一切头痛脑涨病症。因此之故，贮藏繁殖头发的液体的球茎，即不会受凉受热。各界男女所珍视的头发，用了护首油可长保光泽细软，与儿童的头发媲美。

每瓶的包装纸上均附有用法，敬请注意为幸。

护首油用法

每晨先用刷子梳子将头发梳洗干净，用木梳分开，再用细软小布饱蘸护首油涂于头发根上，全部头皮均须擦遍，但不宜太厚。至于将油涂在头发上不但是可笑的成见，且遍留油渍，殊为可厌。

护首油一律用小瓶装，瓶上有发明人签字为记，以防假冒。售价每瓶三法郎。发行所：巴黎龙巴区五钻石街包比诺商行。

外埠函洽，免收邮费。

附注：包比诺商行兼售药用油料，如橙花油，松香油，甜杏仁油，可可油，咖啡油，蓖麻油等，均有发售。

大名鼎鼎的高狄沙对斐诺说道："亲爱的朋友，写得好极了。

嘿！让人家瞧瞧咱们是怎么谈科学的！不绕圈子，开门见山，马上谈出要点来。啊！我从心底里佩服你，这才是切实有用的文章。"

包比诺非常高兴，说道："仿单真妙！"

高狄沙说："开头第一句就把玛加撒骂倒了。"他威风凛凛的站起来，指手画脚，像在国会里演说似的一字一顿地念道：

"你——不能——叫——头发——生——长！

"你——不能——把——头发——染——色——而——不冒——危——险！

"哈哈！这样一来，咱们的货色要销不出才怪呢！现代的科学居然和古人的习惯完全一致。不管老少，咱们都谈得拢。碰到年纪老的人，你就说：'喂！喂！先生，古人，希腊人，罗马人，都是有道理的，不像大家说的那么傻！'跟年轻人打交道吧，你就说：'亲爱的小弟弟，科学日新月异，又有新发明啦，可见咱们在进步。蒸汽，电报这一类东西不知要发展到什么地步呢！这油便是根据伏葛冷先生的报告制造的！'咱们把伏葛冷先生向科学院宣读的报告印上一段，你们看怎么样？那才妙呢！好，斐诺，来吃饭。咱们来啃菜根！多喝几杯香槟，祝贺咱们的小朋友成功！"

作者很谦虚的说道："我觉得时代变了，不能再用轻浮无聊的笔调来写仿单。咱们已经进入科学时代，要摆出学者面孔，权威口吻，才能叫大众信服。"

高狄沙道："咱们一定要把头油捧上台，我脚底痒了，舌头也痒了。跟头发有关的商品，我都做了代理人。他们的佣金没有一家超过三成的，咱们给四成，包你六个月销十万瓶。我要把药房老板，杂货店老板，理发师，一齐拉过来。他们得了四成佣金，准会把每个主顾的头擦满油的。"

三个青年狼吞虎咽，喝了不知多少酒，想着护首油美丽的远景，快乐得飘飘然。

斐诺微笑着说："这个油会叫人头晕的。"

凡是跟油，头发，脑袋这几个字谐音双关的玩意儿，都被高狄沙发挥尽了。三个朋友吃到饭后点心，正在互相干杯祝贺，哈哈大笑的当儿，大门上的门环又响了，他们居然也听见了。

包比诺道："这是我叔叔了。他可能来看我的。"

斐诺道："叔叔？没有酒杯怎么办呢？"

高狄沙告诉斐诺："包比诺的叔叔是个预审推事，救过我的命，不能跟他开玩笑。唉！要是你像我这样差点儿上断头台，去领教那咔嚓一声，马上跟头发脱离关系的滋味，"他用手比划着铡刀落下来的样子，"碰到一个清官把你救下来，让你还能留着脖子在这儿喝香槟，那你一定会记得他，哪怕醉得半死也记得。斐诺，你敢说你将来就用不着包比诺先生吗？所以要对他鞠几个躬，多下一些定钱。"

那位公正的预审推事果然向看门女人打听他侄子的住处。安赛末一听出他的声音，马上端了一个烛台去迎接。

法官说了声："诸位先生好。"

大名鼎鼎的高狄沙深深鞠了一躬。斐诺醉眼蒙眬的把法官打量了一下，认为他相当饭桶。

法官瞧着房间，一本正经地说道："嗯，简陋得很。可是孩子，想要出人头地，先得从小角儿做起。"

高狄沙对斐诺道："你听，多深刻！"

当记者的斐诺回答说："不过是报纸上的滥调。"

"啊！先生，是你，"法官认出了高狄沙，"你在这儿干什么呢？"

"先生，我想尽我一些小小的力量，帮助您亲爱的侄儿挣一份家业。我们才把仿单商量好，稿子是这位先生起草的。有关头发的文献，要算他的一篇写得最好了。"

法官望着斐诺。

高狄沙接下去说："这一位是安杜希·斐诺先生，杰出的青年文学家，常常有高深的政论和小戏院的剧评在官方报纸上发表。他本来是位政治家，现在快成为作家了。"

斐诺扯了高狄沙的衣摆。

法官听了，才明白饭桌上为什么杯盘狼藉，觉得在这个情形之下摆酒作乐也还情有可原。他说："好吧，孩子们，"又回头吩咐包比诺，"你去换衣服，咱们一同上皮罗多先生家，我有事找他去。你跟他两人应当签一份合伙契约，我已经把稿子细细研究过了。既然你制油的作坊在寺院街，皮罗多就应当和你订一份工场的租赁合同，他也可以派代表参加你的工作。手续办齐了，将来不会有争论。安赛末，你这里墙壁潮湿得很，靠床应当挂些草席。"

高狄沙哈腰曲背地抢着说："法官先生，对不起打断您的话，我们今天自己动手糊了纸……还……还没有干。"

法官说："你们知道省钱，好得很。"

高狄沙凑着斐诺的耳朵说道："我的朋友包比诺是个规矩人，他跟他叔叔走了。咱们找老相好去吧。"

斐诺把背心口袋翻给高狄沙看，被包比诺瞧见了，马上塞了二十法郎给仿单的作者。法官雇的车子停在街口上,便带着侄儿上皮罗多家。

他们俩到的时候,比勒罗,拉贡夫妇和罗甘,正在玩波斯顿。赛查丽纳在拉贡太太旁边绣头巾,安赛末一进来,她就显得很高兴。罗甘坐在拉贡太太对面,看见赛查丽纳的表情,立刻向帮办使了个眼色,叫他注意那姑娘的脸红得像石榴一般。

大家招呼过了,法官向皮罗多说明来意,皮罗多道:"哦,今天真是立文书的日子了。"

赛查,安赛末,法官包比诺,走上三楼,到花粉商的临时卧房去讨论法官起草的租约和合伙文书。皮罗多同意把工场的租期定为十八年,跟五钻石街店房的租期一样。这点儿小枝节好像无关重要,后来对皮罗多却大有用处。赛查和法官重新回到中层。看到屋子里到处乱七八糟,而且皮罗多向来奉教虔诚,星期天家里还有匠人做工,法官就很诧异,不免问起缘故;花粉商也巴不得他有此一问。

他说:"先生,虽然你不应酬不交际,我们庆祝领土解放,你也不反对吧?而且还有别的事呢。我们请客也为了庆祝我得到荣誉团勋章。"

法官不禁"啊!"的一声叫起来,他自己还没有受过勋呢。

"王上给我恩典,赏我勋章,也许是因为我当过裁判……呃,不过是商务裁判;并且替波旁家出过力……"

法官说:"是的。"

"……共和三年正月十三,我在圣·洛克的石级上被拿破仑打伤过。"

法官说:"我一定来。要是内人不闹病,我带她一起来。"

罗甘临走，在大门口对他的帮办说："山德罗，你娶赛查丽纳的念头，我看还是趁早丢开了吧。再过六个星期，你会觉得我这个劝告是不错的。"

"为什么？"克劳太问。

"朋友，皮罗多的跳舞会要花到十万法郎；他又不听我的话，拿全部财产做了那笔地产生意。六个星期以后，这些人连饭都没得吃了。油漆包工罗杜阿的女儿有三十万陪嫁，你还是娶她吧。我告诉你这话是免得你吃亏。你倘使想接手我的事务所，先付我十万现款，明天就好成交。"

07

跳舞会

报纸已经向欧洲作了预告,提到花粉商筹备的跳舞会场面伟大;但是日夜不停的工程所引起的谣言一传到商界,大家对跳舞会又有另一种说法。有的说赛查租了三幢屋子;有的说客厅都描了金;又有人说酒席是定的稀奇古怪,新发明的菜;还有一说,做生意的一律不请,只请政府官员;有人狠狠的批评花粉商的野心,笑他自命不凡的政治资历,不承认他受过伤。在第二区里,为了要弄一张跳舞会的请帖而勾心斗角的事已经有好几起;皮罗多的朋友们固然不用操心,普通的熟人却钻谋得厉害。一个人只要有好处给人家,就有人来趋奉。不少人的请帖是费了好大周折才到手的。皮罗多夫妇看到不认识的朋友这么多,大吃一惊。那股争先恐后的劲儿吓得皮罗多太太心里发慌;好日子越近,她脸色越阴沉。她告诉赛查不知道怎么应付;这样大的局面有许许多多的零碎事儿,想起就害怕:什么银器呀,玻璃杯呀,冷饮呀,瓷器呀,餐具呀,哪儿去张罗呢?大小事情由谁照管呢?她要皮罗多当天站在上房门口,不曾邀请的人一概不让进来。她听说有的家庭跳舞会就有人冒充朋友混进去,发生意想不到的事,主人连他们的姓名都叫不出。十天之前，勃拉训，葛兰杜，罗杜阿和营造商夏法罗，宣布屋子准定在十二月十七那个星期天完工；赛查就跟妻子女儿吃过晚饭，在中层楼那个朴素的小客厅里开了一个滑稽的会，商量请帖的名单。那天早上，印刷所已经把帖子送到，粉红卡纸上印着漂亮的斜体字，内容无非照抄交际大全上的一套。

皮罗多说："嗳！嗳！一个人都不能忘掉啊。"

公斯当斯说："咱们忘了，人家可忘不了。但尔维太太从来不曾来看过我们，昨天傍晚可神气活现的来了。"

赛查丽纳说："她漂亮得很，我喜欢她。"

公斯当斯说："她做姑娘的时候还不如我呢；她是蒙玛脱街上的女裁缝，替你爸爸做过衬衫的。"

皮罗多说："好吧，名单先从最阔气的人物开场。赛查丽纳，写下来：特·勒农古公爵和公爵夫人……"

公斯当斯叫道："我的天哪！赛查，我们单单为了卖花粉而认识的客人，一个都不能请。特·勃拉蒙－旭弗里公主和你故世的干妈特·于克赛侯爵夫人，论起亲戚来比特·勒农古公爵还要近一些，难道你也请她不成？两位特·王特奈斯先生，特·玛赛先生，特·龙葛洛先生，特·哀格勒蒙先生，还有别的顾客，你都请吗？你好糊涂，你得意得昏了头了……"

"对！可是特·冯丹纳伯爵和他的家眷呢？嗯？圣·洛克事变以前，他常到**玫瑰女王**店里来的，假名叫作**大个子雅各**，和他一起的还有特·蒙多朗侯爵，假名叫作**汉子**，特·拉·皮耶第埃先生假名叫**南德人**。那时候他们总是亲亲热热的跟我拉手，对我说：'亲爱的皮罗多，拿出勇气来！为了王家，跟我们一同牺牲吧！'我们都是参加那次阴谋的老伙计啊。"

公斯当斯说："你要请冯丹纳伯爵就请吧。特·拉·皮耶第埃先生爷儿俩来了，也得有人陪陪他们。"

皮罗多说道："赛查丽纳，写罢。——先是塞纳州州长；不管他来不来，总是市政府的领袖，**既是大人，就得尊敬**——再写上区长特·拉·皮耶第埃先生和他的少爷（名字后面要注明客人的数目。）——我的同事副区长葛拉南和他太太。那太太长得真难看，可是没办法，不能不请——民团团长，开首饰铺的居兰尔先生，居兰尔太太和两位小姐——以上是所谓官方。现在轮到大人物了——特·冯丹纳伯爵和伯爵夫人，他们的女儿爱弥丽·特·冯丹纳小姐。"

赛查太太道："那姑娘骄横透了，不管什么天气都把我叫到她车门口去讲话。她要来的话，一定是来取笑我们的。"

赛查道："那么她大概会来的了。"他只希望客人越多越好。"写下去，赛查丽纳——我们的房东特·葛朗维伯爵和伯爵夫人，据但尔维说，伯爵是高等法院里最了不起的角色——啊，我想起来了，特·拉·皮耶第埃先生明天请特·拉赛班特伯爵亲自出马，主持我的授勋典礼。应当送一份跳舞会外加吃饭的请帖，给这位荣誉团总裁——还有伏葛冷先生。赛查丽纳，后面写明跳舞会带吃饭。顺手把希佛勒维和泼洛丹士两家也写上吧，免得忘记——塞纳州初级法院推事包比诺先生和他的太太——拉贡家的朋友，御前传达官蒂里翁先生和他太太，还有他们的小姐。听说这位小姐要嫁给加缪索前妻生的一个儿子了。"

公斯当斯说："赛查，别忘了包比诺先生的内侄，安赛末的表兄荷拉斯·皮安训。"

"对啦。哦,赛查丽纳已经在包比诺名下写上四个人了——还有特·拉·皮耶第埃先生手下的科长拉蒲登先生和他太太——同一个科里的谷香先生,玛蒂法的不出面的合伙老板,还有他的太太和儿子;顺便也写上玛蒂法先生,太太,小姐。"

赛查丽纳道:"玛蒂法替他们的朋友高勒维夫妇,丢里埃夫妇说过情,还有沙伊阿他们。"

赛查道:"等会再说,先写上咱们的经纪人于勒·台玛雷先生和台玛雷太太。"

赛查丽纳道:"跳舞会里的美人儿,要数这位太太第一了;在所有的太太中,我最喜欢她。"

"还有但尔维和但尔维太太。"

公斯当斯说道:"接手比勒罗叔叔铺子的高葛冷先生和太太,也写上了吧。他们打算好来的,可怜的小奶奶叫我的裁缝做了一件挺漂亮的跳舞衣服,白缎子衬里薄纱面子的长袍,绣着生菜花,差点儿没像进宫朝见一样穿起铺金衣衫来。不请她是要恨死我们的。"

"写上去,赛查丽纳。咱们是生意人,应当尊重同行——还有罗甘先生和他的太太。"

"妈妈,你瞧着吧,罗甘太太的钻石项链和她所有的金刚钻都要戴出来了,还要穿上那件钉着玛里纳镂空花边的衣衫。"

赛查接着说:"勒巴先生和他太太——还有商务法庭庭长,庭长太太和两位小姐。刚才写官员的时候我把他们忘了——罗杜阿先生,太太,小姐——银行家克拉巴龙先生,杜·蒂埃先生,葛兰杜先生,莫利奈先生,比勒罗先生,比勒罗的房东,丝绸业的富商加缪索先生和他太太,还有他们的少爷,一个在多艺学校念书，一个已经做了律师，听说因为和蒂里翁家攀了亲，快要当法官了。"

"只能在内地吧？"赛查丽纳说。

"还有加缪索的老丈加陶先生和他的几位少爷。呦！还有勒巴的老丈，白鸽街的琪奥默先生和他的太太，两个老人不过来坐坐罢了——还有亚历山大·克劳太，赛莱斯丁……"

"爸爸，别忘了安杜希·斐诺先生和高狄沙先生，两个年轻人对安赛末先生都很有帮助。"

"高狄沙？他吃过官司。可是没关系；反正他为了我们的头油过几天就出门了……写上吧！你还提到安杜希·斐诺，他跟咱们有什么相干？"

"安赛末先生说他将来是个人物，才气跟伏尔泰差不多。"

"是个作家么？全是不信上帝的家伙。"

"请他吧，爸爸，能跳舞的男人本来就不多。再说，你那张头油的仿单写得多好，就是他的手笔。"

赛查说："哦，他相信咱们的油么？写上去，好孩子。"

赛查丽纳说："嘿！我保举的人也上了名单了。"

"再写上我的书办弥德拉先生；咱们的医生奥特里先生，这是为了礼貌，请请罢了，他不会来的。"

赛查丽纳说："他要来打牌的。"

赛查太太说："喂，赛查，我希望请吃饭要请陆罗神甫。"

赛查说："我已经写信去了。"

赛查丽纳说："噢！别忘了勒巴的小姨子，奥古斯丁纳·特·索默维欧太太。她真可怜！身体很坏，勒巴说她伤心死了。"

赛查叫道："嫁给艺术家就是这么个下场。"又压低着声音对女儿说，"瞧，你妈睡着了。哈哈，赛查太太，明儿见。"接着又问赛查丽纳："你妈的跳舞衣衫怎么啦？"

"放心，爸爸，一定赶得上。她还以为只有一件跟我一样的绉纱衫呢。裁缝说不用试样子了。"

赛查看见太太睁开眼来，便提高着嗓子问女儿："一共多少人啦？"

赛查丽纳答道："一百零九，连伙计们都算上。"

皮罗多太太说："这么些人安置到哪儿去呢？"又天真的补充道，"再说，过了这个星期天，还有星期一呢。"

从一个阶层爬上另一阶层的人，没有一件事肯办得简简单单的。无论什么人，连皮罗多夫妇在内，天大理由也不准走上正在装修的二楼。赛查答应打杂的拉盖，送他一套新衣服开跳舞会那天穿，只要他严格看守，完全按命令办事。当年拿破仑为了娶奥国的玛丽·路易士，大修公比埃涅行宫的时候，就不愿意零零星星的进去参观；皮罗多也是这样，他要让自己出其不意的快乐一下。可见皮罗多和拿破仑这两个老冤家无意之中又碰上了，不是为了打仗，而是为了布尔乔亚的虚荣心。所以不能不由葛兰杜先生搀着赛查的手走进新屋，像向导带游客参观画廊一般。一家人还别出心裁，各自发明一套惊人之笔。赛查丽纳这个宝贝女儿，把她小小的家私一百路易，统统买了书送给父亲。有一天，葛兰杜告诉她，父亲房里要有两个书架，因为建筑师也有他的惊人之笔，把卧室同时设计成书房。赛查丽纳听了，就拿全部积蓄捧到书店的柜台上，送父亲一套藏书：什么博须埃，拉辛，伏尔泰，卢梭，孟德斯鸠，莫里哀，蒲风，费纳龙，特里勒，裴那登·特·圣-比哀，拉·风丹纳，高乃依，柏斯格，拉·哈泼，反正是到处看得见而她父亲永远不会去翻的普通书。跟着来的当然是一份数目惊人的装订账单。那个不守时间，可是赫赫有名的装订艺术家多佛南，答应十六日中午交货。赛查丽纳没有办法，告诉了叔公比勒罗，比勒罗替她付了账。赛查给太太预备的惊人之笔，是一件钉花边的樱桃红丝绒衣衫，就是他刚才跟同谋的女儿提到的。皮罗多太太给新任的荣誉团骑士预备的惊人之笔，是一副金搭扣，一支独粒钻镶的别针。最后，给一家三口共同预备的惊人之笔是整套新装修的屋子，尤其是十五天以后送上门的那些账单。

赛查郑重考虑了一下，哪些请帖该自己送，哪些在晚上派拉盖送。他雇了一辆马车，叫太太坐上去；她帽子上插着鸟毛，披一条想了十五年而新近才到手的开斯棉披肩，倒反乡气十足，变得难看了。夫妇俩穿扮齐整，一个上午拜访了二十二份人家。

大请客的场面需要在家里准备好各种点心糖果，这些麻烦事儿，赛查都替太太打发了。他很聪明，跟有名的希凡酒家办好交涉，租用他们的全套漂亮银器；这笔租金对于业主和田地收入一样可观。希凡承包酒菜，供给听差，还派一个体面的总管来带领，他们的举动行事保险没有问题。希凡要求把中层楼上的厨房和饭间交给他做大本营，准定下午六点开一桌二十客的酒席，半夜一点供应一顿精美的冷餐。皮罗多向福阿咖啡馆定了果汁冰淇淋，说好用镀金调羹，漂亮杯子，放在银盘里端出来。冷饮是向巴黎另外一家有名的铺子唐拉特定的。

喜事前两天，赛查看见他女人过于紧张，便道："你不用慌。中间一层交给希凡，唐拉特和福阿咖啡馆的人；维奥尼看守三楼。咱们把铺子关严，消消停停待在二楼就是了。"

十六日下午二点，特·拉·皮耶第埃先生来接赛查上荣誉团办公厅，跟其他十几位骑士[1]一同由特·拉赛班特伯爵授勋。区长上门的时候，花粉商正含着一包眼泪：公斯当斯才送了他两件意想不到的礼物：一副金搭扣和一支独粒钻的别针。

赛查丽纳，公斯当斯和伙计们集合在大门口，皮罗多一边上车一边说："有人这样爱我，心里真暖和。"

大家一齐望着赛查：他穿着黑丝袜，黑绸扎脚裤，全新的宝蓝大氅；大氅外面等会就要扣上一条鲜艳夺目的红丝带，照莫利奈说来是鲜血染红的[2]。

赛查回来吃晚饭，快活得脸都白了，挂着勋章对家里的镜子一面一面的照过来。他正在自我陶醉的兴头上，单是扣缎带绝不过瘾，他确是得意扬扬，没有什么不好意思的样子。

他告诉太太说："总裁人真和气，特·拉·皮耶第埃先生一开口，他就接受了我的邀请，答应和伏葛冷先生一同来。特·拉赛班特先生是个大人物，是的，和伏葛冷先生一样了不起，写过四十本书呢！而且这位作家是贵族院议员。别忘了称呼他大人或是伯爵。"

"嗳，先吃饭啊，"他女人催着他，又对女儿说，"你爸爸比小孩子还要不得。"

赛查丽纳对父亲说："你纽子洞上扣了红带子真好看，以后军警都要对你行礼了；明天咱们一块儿出去。"

---

1 骑士是获得荣誉团最低级勋章的人的称号。
2 勋章上面有宽二三公分的一条红缎带，受勋的人平日只在上衣的纽子洞上扣一条红带作为标记。

"是啊，只要有岗位的地方，他们都要对我敬礼的。"

说话之间，葛兰杜和勃拉训两人从楼上走下来。吃过晚饭，先生，太太和小姐可以去看看新屋子了。勃拉训的领班伙计快要钉完窗帘钩子，另外三个人正在点蜡烛。

勃拉训道："我们要一百二十支蜡烛。"

赛查太太道："一下子就是二百法郎出门了，照顾了脱吕同铺子。"她抱怨的话没说完，被赛查骑士瞪了一眼，拦住了。

勃拉训道："骑士先生，你这个庆祝会场面可了不起啊。"

皮罗多心上想："哼！已经来拍马屁了！陆罗神甫特别嘱咐我要谦虚，不要上这种人的当。对，我不能忘了自己的出身。"

这位圣·安东纳街上有钱的家具商，说话是有用意的，可惜皮罗多没听懂。勃拉训想要赛查请他和他的老婆，女儿，丈母，姑母，试了十几次没有成功，恨死了皮罗多，临走已经不叫他骑士先生了。

正戏之前的彩排开始了。赛查夫妇带着赛查丽纳走出铺子，从街上走进新屋。两扇大门重新做过了，气派不小，从上到下分作一块块大小相等的方格，每一格都嵌着一个上过漆的铁质图案。这种款式的门后来在巴黎极其普通，那时还很时新。穿堂底上是一座笔直的和合式楼梯，中间便是当初皮罗多老大不放心的那个楼梯座子，像笼子似的刚好安顿一个看门的老婆子。地下铺着黑白花纹的大理石，墙壁也漆成大理石颜色；顶上挂一盏四个烛台的古式吊灯。建筑师把华丽和素雅结合在一起。楼梯的踏级用的是磨光白石，铺了一条狭窄的红毯子，越发白得耀眼。第一个楼梯台通到中层楼。上房的门和临街的大门格式一样，不过是全部木料做的。

赛查丽纳赞道:"多么雅致!又没有一点儿叫人注目的东西。"

"对啦,小姐,所谓雅是全靠平台,座子,嵌线和各种装饰的比例恰当;我不用描金,只用素淡的颜色,没有强烈的调子。"

赛查丽纳说:"这是一门学问。"

于是大家先走进一间宽敞而大方的穿堂,铺着地板,装饰简单。朝里去是一间红白两色的客厅,临街一共有三扇窗,壁上的嵌线做得很漂亮,漆的颜色很文雅,没有什么闪光湛亮的东西。壁炉架两边砌着白石柱子,高头的几样摆设挑得很精,一点不俗气,跟其余的装饰很相称。总之,到处是一片和谐,叫布尔乔亚看了只会莫名其妙的赞叹;那境界只有艺术家能创造,他们对最细微的东西都有一套装饰计划。一盏吊灯点着二十四支蜡烛,把红绸窗帘照得辉煌夺目;富有诱惑性的地板叫赛查丽纳只想跳舞。从大客厅进去,走过一间绿白两色的小客室,才是赛查的书房。

两座书架之间很巧妙的嵌着一个暖阁,葛兰杜打开门说道:"我在这儿摆一张床,你或者太太不舒服的时候,可以各有各的卧房。"

赛查道:"架子上插满了精装的书⋯⋯噢!太太!太太!"

"这不是我,是赛查丽纳送你的。"

赛查把女儿抱在怀里,对建筑师说:"对不起,我做父亲的动了感情了。"

葛兰杜答道:"别客气,先生,你是在自己家里啊。"

小书房以棕色为主,用绿作陪衬。每间房的色调都有连带关系,衔接得非常巧妙:在这一间做主体的颜色,在另一间里只作为点缀；反过来也一样。赛查房内的护壁板上，光彩熠熠的挂着一幅**埃罗与莱安特**的版画。

皮罗多很高兴的问女儿："这些都是你买的吗？"

赛查丽纳答道："这幅美丽的版画是安赛末先生送你的。"

原来安赛末也有他的惊人之笔。

"好孩子，他对我就像我对伏葛冷先生一样。"

接着是皮罗多太太的寝室。建筑师有心巴结这般好人，把这间房装修得特别华丽，讨他们喜欢。他事先答应要在这桩工程上费一番心血，他的确做到了。壁上是糊的白镶边白嵌线的蓝绸，家具是用的蓝绲边的白细呢面子。白石的壁炉架上，时钟的座子是一个维纳斯女神蹲在一块石头上。一条土耳其花式的漂亮羊毛地毯，把这间屋的色调和赛查丽纳卧房的色调连成一片。她那个玲珑小巧的房间糊着波斯绸，摆着一架钢琴，一口带镜子的漂亮衣柜，小床上挂着简单轻便的帐帷，另外还有些女孩子们喜欢的小家具。

饭厅在皮罗多书房和他太太卧房的背后，从楼梯那边进出，装修的格局是所谓路易十四式，摆一架蒲勒座钟，几口黄铜和螺细嵌花的酒柜，糊壁绸上钉着铜帽钉。

三个人心花怒放，快乐得无法形容。皮罗多太太回到寝室的时候，丈夫送的镶花边樱桃红丝绒衣衫，已经由维奥尼轻手轻脚的放好在床上；等她一发觉，大家更是说不尽的高兴。

公斯当斯对葛兰杜说："先生，你做了这个工程，名气可大了。明儿晚上我们有一百多客人，他们都要称赞你呢。"

赛查道："我一定替你扬名。来的都是商界中的头儿脑儿，你一夜工夫出的名胜过你盖一百幢屋子。"

公斯当斯激动之下，再也不想到费用，也不想批评丈夫了。那也是有缘故的。她一向认为安赛末聪明绝顶，能干非凡；当天早上他送**埃罗与莱安特**的版画来，告诉公斯当斯**护首油**必定成功，他正在拼命的干。这个情人还担保，皮罗多这回摆阔虽然要花很多钱，但他在头油上分到的赚头，不出半年就好抵销。公斯当斯提心吊胆了十九年，能够无忧无虑的快活一下，哪怕只有一天也是怪舒服的；因此她答应女儿再也不开口扫丈夫的兴，自己也决意痛痛快快的享受一番。

十一点左右，葛兰杜走了；公斯当斯抱着丈夫的脖子，高兴得直淌眼泪，说道：

"啊！赛查！你叫我快活死了，我简直要疯了。"

赛查微笑道："要能长久才好，是不是？"

"一定长久的，现在我不怕了。"

赛查道："好吧，这一下你算是赏识我了。"

他们俩一个是没爹没娘的女孩子，十八年前在圣·路易岛上**小水手**铺子里当领班小姐；一个是可怜的乡下人，手里拿着木棍，脚上穿着钉鞋，从都兰走到巴黎来的，如今一片好心，为了国庆居然办起大规模的喜事来；我想凡是胸襟宽大，肯承认自己缺点的人，必定认为他们是应当得意和高兴的。

赛查道："天哪！现在要是有个客人上门，叫我出一百法郎也愿意。"

恰好维奥尼上来通报，说是陆罗神甫来了。

陆罗神甫当时是圣·舒比斯教堂的副堂长。精神的力量要算在这位圣洁的教士身上表现得最清楚了。接触过他的人对他都留着深刻的印象。一脸苦相，长得非常丑陋，叫你看了竟不相信他是个好人；但他道行高超，眉宇之间自有一副庄严的气概，预先照出天国的光彩。五官虽然难看，却有股天生的忠厚样儿把五官贯串在一起；不整齐的线条也被慈悲的火焰净化了，这种现象和使克拉巴龙暴露出兽性和下贱的现象正好相反。教士脸上的皱纹完全表现出希望，信仰，慈悲三大美德的妙用。他说话又慢又温和，深深的打入你的心里。他穿的是一般巴黎教士的服装，披一件栗色大氅。生性高洁，没有一点野心，将来天使们把他的灵魂交还给上帝的时候，还是和他生下来的时候一样纯洁。他经不住路易十六的女儿力劝，才接受了巴黎的一个教区，而且还是一个极清寒的教区。他瞧着皮罗多家豪华的场面，神气不大放心，对三个兴高采烈的商人笑了笑，摇了摇他花白的头，说道：

"孩子们，我的职务不是赶热闹，而是安慰受难的人。我特意来谢谢赛查先生，同时向你们道喜。等这个美丽的孩子出嫁的时候，我再来吃喜酒，别的宴会我不参加了。"

过了一刻钟，神甫走了。花粉商和他女人都没有敢请他参观新屋。严肃的客人来过一下，把赛查的一团高兴浇了几滴冷水。当夜各人睡在奢华的房里，平时想要的许多实用而美丽的小东西，这一下都到手了。赛查丽纳对着白石梳妆台的镜子，帮母亲卸装。赛查自己也置办了几样奢侈品，马上用起来。三个人想着第二天的快乐，睡熟了。

下一天，望过弥撒，做过晚祷，下午四点光景，把中层楼暂时交给了希凡铺子的人，赛查丽纳和母亲两个开始打扮。赛查太太穿上镶花边的短袖樱桃红丝绒衣衫，再合适没有了：美丽的胳膊还很娇嫩，胸脯雪白，肩膀和脖子的线条非常优美，经过贵重的料子和富丽的色彩一衬托，越发耀眼。女人觉得自己风头十足的时候,都不免沾沾自喜;这点心情使赛查太太的希腊式侧影更加妩媚动人,像宝石上的雕像那么细腻的美,也全部表现出来了。赛查丽纳穿一件白绉纱衫,头上戴一个白玫瑰的花环,腰里也系着一朵玫瑰,披肩一直遮到胸部,显得端庄稳重,包比诺看着简直被她迷住了。

公证人太太参观屋子的时候对丈夫说:"这些家伙想压倒我们。"

她眼看自己比不上赛查太太漂亮,气恼得很。因为对手的高低,每个女人都心中有数。

罗甘轻轻的回答说:"哼,日子不会长的。过些时候,你会在街上碰见这可怜的婆子搬着脚走路,家私都败光了,你还不是照样压倒她么?"

特·拉赛班特先生坐了车把学士院的同僚伏葛冷接着一起来。伏葛冷态度非常殷勤。花粉商太太光彩熠熠,两位学者对她赞不绝口,用的都是一套科学的字眼。

化学家说:"太太,你保养得这样年轻貌美,科学家就研究不出这个秘诀。"

皮罗多说:"学士先生,这儿差不多是您自己的家。"又回过头来向荣誉团总裁解释道:"真的,伯爵,我的家业全靠伏葛冷先生帮忙——大人,请允许我介绍商务法庭庭长——这位是特·拉赛班特伯爵,贵族院议员,法兰西最了不起的人物。"他又告诉陪着庭长的约瑟·勒巴:"他写过四十本书呢。"

客人准时到齐。生意人请客照例兴致十足,特别热闹,夹着许多粗俗的打趣,叫人笑个不停。精致的菜,名贵的酒,吃得人人赞赏。回到客厅喝咖啡的时候,正好九点半。几辆出租马车已经送了一批女客上门，等不及的想来跳舞。过了一小时，客厅里挤满了人，舞会的场面越来越大了。特·拉赛班特先生和伏葛冷先生起身告辞，急得皮罗多一直跟到楼梯头上还在苦苦挽留。包比诺法官和特·拉·皮耶第埃先生总算被他留了下来。特·冯丹纳小姐，拉蒲登太太和于勒太太，是贵族，官场和金融界三方面的代表，相貌既漂亮，态度衣着又高雅大方，在场子里自然与众不同。其余的女客可是都穿得笨重，呆板，乡气；一般布尔乔亚的庸俗，和那三位太太的轻盈妩媚对照之下，愈加赤裸裸的刺目了。

这时，圣·但尼街上的布尔乔亚正在耀武扬威，把滑稽可笑的怪样儿表现得淋漓尽致。平日他们就喜欢把孩子打扮成枪骑兵，民兵；买《法兰西武功年鉴》，买《士兵归田》的木刻，看了《穷人的葬礼》赞叹不止；去民团值班的日子特别高兴；近郊有所自己的屋子，星期天一定得上那边玩儿。他们想尽方法学时髦，希望在区公所里有个名衔。这些布尔乔亚对样样东西都眼红，可是本性善良，肯帮忙，人又忠实，心肠又软，动不动会哀怜人；他们为福阿将军的遗孤捐钱，也为希腊的复国运动捐钱，可不知道希腊人在海上打劫；美洲的难民区结束了好久，捐款还照旧送去。他们为了好心而吃亏，品质不如他们的上流社会还嘲笑他们的缺点；其实正因为他们不懂规矩体统，才保住了那分真实的感情。他们一生清白，教养出一批天真本色的女孩子，刻苦耐劳，还有许多别的优点，可惜一踏进上层阶级就保不住了；但是像克利沙勒[1]那样的老实人娶起老婆来，还是喜欢这些头脑简单的姑娘。参加皮罗多家跳舞会的就是这一类的布尔乔亚；在龙巴

---

[1] 莫里哀的《女子教育》中的克利沙勒是一个平庸老实，带点乡气的男子典型。

街开药材铺,跟**玫瑰女王**做了六十年交易的玛蒂法,便是他们出色的代表。

玛蒂法太太有心做出庄严的样子,裹着头巾,穿一件笨重的钉金片的紫酱衣衫,配上她自命不凡的气概,罗马人派头的鼻子,发亮的暗红皮色,倒也十分调和。至于玛蒂法先生,尽管民团大操的时节好不威风,老远就看见他滚圆的肚子,亮晶晶的挂着表链和一大串小玩意儿,但在家的确受着账台上的凯塞琳二世支配。他矮胖身材,鼻梁上架着眼镜,高领头几乎碰到后脑勺子,他的低嗓子和丰富的辞汇特别引人注意。

他从来不说高乃依,而说"崇高的高乃依"。提到拉辛总是"温厚的拉辛"。至于伏尔泰,噢!伏尔泰"写无论什么体裁都是第二流,机智多于天才,但终究是个天才"。卢梭么,"他多疑,骄傲,终于自己吊死了"。比隆[1]在布尔乔亚眼中是个大人物,玛蒂法讲些比隆的轶事,内容既无聊,口齿也笨拙。他有点儿色迷迷的,一心都在女演员身上;有人还说他学着加陶老头和有钱的加缪索的样,养着一个情妇呢。有时,玛蒂法太太看见他要讲什么故事了,赶紧直着嗓子对他嚷:"胖胖,讲话小心点儿!"她很亲密的把丈夫叫作胖胖。这位魁梧奇伟的药材王后使冯丹纳小姐连贵族的尊严都顾不得了,一听见她对玛蒂法说:"胖胖,吃冰别这样穷形极相,多难看!"就忍不住抿着嘴笑。

要说明上流社会和布尔乔亚的差别在哪儿,比着要布尔乔亚消灭这个差别更难。那些女的为了身上的穿戴拘束不堪,可又念念不忘自己穿着新衣服:那副天真的得意样儿说明她们平时太

---

[1] 法国十八世纪作家,遗有大宗诗歌及讽刺文字。

忙，难得有跳舞的机会。至于另外三个妇女，虽则代表三个阶层，可是态度都随随便便，跟平常一样，不像是特意打扮起来的，既不因为穿戴华丽而自鸣得意，也不在乎人家的印象。她们穿好跳舞衣衫，照着镜子轻轻巧巧的收拾一两下就算停当。脸色不过分兴奋，跳舞的风度跟无名的天才在古雕塑上表现的一样潇洒，妩媚。其余的女人恰好相反，身上有着做活的标记，举动姿势都那么俗气，玩也玩得太高兴；眼睛东张西望，毫无顾忌，讲话直着嗓子，不知道跳舞会上的谈话应该低声细语，才有那种微妙的气氛。她们不会摆出一副俨然的正经面孔，在一言半语之间说些俏皮话，也不像有涵养的人那么气度安闲。所以拉蒲登太太，于勒太太和冯丹纳小姐，存心要来拿花粉商家的跳舞会取乐。在买卖人家的眷属中间，她们三个凭着懒洋洋的姿态，文雅的装束，脸上的表情，显得出人头地，好比歌剧院的主角在蠢俗的跑龙套中间一样凸出。大家瞪着眼打量她们，又诧异又忌妒。罗甘太太，公斯当斯和赛查丽纳，可以说是生意人和三个贵族太太之间的桥梁。舞会照例有个高潮，大片的灯光，音乐，快乐的心情，跳舞的兴致，使人飘飘然像喝醉了酒一般；大合奏越来越响亮，连人物的雅俗也分不清了。那天的舞会刚要热闹起来，冯丹纳小姐预备走了，她正在找父亲一同回家，皮罗多一家三口就急忙赶来，不肯让贵族全部撤退。

傲慢的姑娘对花粉商说："府上有股特别优雅的香味，真是难得。"

皮罗多被众人捧糊涂了，没有听懂；他女人可是涨红了脸，不知道怎么回答。

加缪索说："为了国庆办这样的喜事，也是你的光荣。"

特·拉·皮耶第埃先生说:"我很少看到这样有气派的跳舞会。"他在应酬场中说句把假话本来不算稀奇。

但是皮罗多听了所有的好话都信以为真。

勒巴太太道:"场面真好看,乐队也妙极了!你可愿意为我们多开几次跳舞会么?"

台玛雷太太道:"屋子多美!可是你亲自设计的?"

皮罗多居然扯起谎来,暗示装修的款式都是他的主意。至于赛查丽纳,每次四组舞都有人邀请;她觉得安赛末·包比诺对她体贴极了。

离开饭桌的时候,安赛末凑着她耳朵说:"依我的心思,一定请你跳一次四组舞;可是我不能贪图一时快乐,伤害咱们俩的自尊心。"

但赛查丽纳偏要当夜的跳舞会由她跟包比诺两人开场;在她眼里,两腿笔直的男人走路谈不上风度。包比诺听着姑母撺掇,一边跳舞,一边竟大着胆子对这个迷人的姑娘谈起爱情来,不过和胆怯的情人一样,只敢用旁敲侧击的方式。

"我的家业全靠你哪,小姐。"

"怎么靠我呢?"

"只有一个希望能使我挣起家业来。"

"那就希望吧。"

包比诺说:"你这句话包含多少意思,你知道没有?"

赛查丽纳俏皮的笑着说:"我是叫你对家业存着希望呀。"

跳完四组舞,安赛末使劲抓着高狄沙的胳膊,说道:"高狄沙!高狄沙!你非成功不可,要不然我就活不了。事业成功才能把赛查丽纳娶过来,她和我说过了。你瞧她多好看!"

高狄沙道:"不错。她打扮得漂亮,并且还有陪嫁;咱们把她浸在油里就是了。"

罗杜阿小姐和克劳太十分投机,叫皮罗多太太瞧着很伤心,因为她一向要女儿嫁一个巴黎的公证人,而罗甘已经指定克劳太接他的后任。比勒罗叔叔和小老头儿莫利奈招呼了一下,坐在书架旁边的靠椅上,瞧着牌桌上的客人,听人家谈话;有时也站在客厅门口张望,看女士太太们头上插着鲜花,跳起舞来像许多花篮在那里抖动。他的态度完全是一个看破世情的哲人。

男客都俗不可耐,只有杜·蒂埃算有了上流社会气派,拉·皮耶第埃少爷是个初出道的公子哥儿,几个官方人物和于勒·台玛雷也还比较像样。余下的人面孔多少有点滑稽,成为这个跳舞会的特色。其中有一张脸尤其轮廓模糊,像一个共和政府时代的五法郎铜币,但身上的打扮使他显得很特别。读者想必知道,我说的就是那个巴太佛大院的地头蛇。他穿着在柜子里放得发黄的细布衬衫;还有心卖弄,胸前戴着祖传的镶花边百裥颈围,扣一支似蓝非蓝的宝石别针;下身穿一条黑绸扎脚裤,两条纱锭般的细腿好容易撑住了他的身体。赛查得意扬扬,带着他参观建筑师在二层楼上装修的四个房间。

莫利奈道:"哎!哎!先生,这是你的事儿。不过我的二层楼这样装修过了,将来好租到三千法郎出头呢。"

皮罗多说了句笑话扯开去了,可是也觉得小老头儿的口气把他刺了一针。

莫利奈放冷箭一般说的将来好租到……那句话,意思是:"这家伙是个败家精,我的二层楼很快就能收回。"

杜·蒂埃首先注意到这位房东在表链上挂着斤把重的小古

董,绿颜色的大氅已经发白,衣领翘成一副怪样子,神气活像一条响尾蛇。再加他脸色发青,眼露凶光,给杜·蒂埃印象更深。银行家便过去招呼这个放债的小头目,打听他为什么这样得意。

莫利奈一只脚站在大客厅里,一只脚站在小客厅里,说道:"先生,这边是葛朗维伯爵的产业,但一到那边,"他指着大客厅,"我就在自己屋里了,因为那幢屋子是我的。"

莫利奈最喜欢有人听他讲话,看见杜·蒂埃聚精会神听着,高兴极了,马上把自己的身份,习惯,姚特冷先生的蛮横,跟花粉商订的条件,讲了一遍;当然,要是他不通融,皮罗多的跳舞会是开不成的。

杜·蒂埃说:"怎么,赛查先生已经把房租付给你了?这和他向来的习惯完全相反。"

"噢!那是我要求的。我待房客好得很哪!"

杜·蒂埃私下想:"倘若皮罗多老头破产,叫这个小混蛋当破产管理人倒再好没有。那张出口伤人的利嘴很有用处。他准是和陶米蒂安一样,在家没事,拿掐死苍蝇做消遣的[1]。"

杜·蒂埃上了牌桌,克拉巴龙听着他的吩咐已经先入局了。杜·蒂埃觉得有了灯罩做掩护,那冒充的银行家就不会被人识破。他们俩的态度像素不相识的一样,你再疑心也看不出他们有什么勾结。高狄沙知道克拉巴龙的来历,只是不敢上前相认;那位有钱的捐客摆着暴发户面孔,好不威严的把高狄沙冷冷的瞪了一眼,分明是不愿意他过来招呼。

清早五点左右,跳舞会像一个明亮的花炮一般熄下来了。

---

[1] 陶米蒂安是纪元一世纪时的罗马皇帝,相传他每天必有一小时以掐死苍蝇为乐。

摆在圣·奥诺雷街上的一百多辆马车,只剩下四十辆光景。大家跳着蒲朗日舞,过后又是高底翁舞,英国快步舞。杜·蒂埃,罗甘,加陶的儿子,葛朗维伯爵,于勒·台玛雷,一块儿玩蒲育德。杜·蒂埃赢了三千法郎。东方发白,烛光暗淡了,打牌的客人过来看最后一次的四组舞。布尔乔亚的寻欢作乐照例要闹哄一阵收场。大人物走了。余下的都跳舞跳得兴高采烈,屋子里暖烘烘的,不管多么和顺的饮料总有些酒精在内,使老太太们僵硬的筋骨也松动起来,加入四组舞放肆一下。男人们疯疯癫癫,烫的头发全走了样,掉下来挂在脸上,一副滑稽样儿叫人看了好笑。年轻的妇女做出轻狂的样子,头上的鲜花掉了不少。屋子里笑声不绝,仿佛专管诙谑的莫缪斯神到了世界上,给布尔乔亚来一套插科打诨的节目。人人想到第二天又得受工作束缚,便赶紧说笑打趣,玩个痛快。玛蒂法戴着女人帽子跳舞;赛莱斯丁一味的寻开心。四组舞跳个没结没完,有些女的换姿势的时候,拍手拍得特别过火。

皮罗多满心欢喜,说道:"他们玩得多高兴啊!"

公斯当斯对她叔叔说:"只要不打烂东西就好。"

杜·蒂埃向他老东家告别的时候说:"跳舞会我见得多了,这样盛大的场面还是第一回碰到。"

皮罗多那时的心情只有诗人能了解。读者想必记得贝多芬在八阕[1]交响乐中写过一段幻想曲,气魄的雄伟像一首诗,放在C小调交响乐的结尾作为高潮。主题的内容非常丰富,大概就因为此,这阕交响乐驾于其他几阕之上。出神入化的作者用大段音

---

[1] 大家知道贝多芬的交响乐一共有九阕,不是八阕。也许作者写作时,巴黎尚未演出第九交响乐。

乐作高潮的准备。哈巴纳克[1]完全了解作者的用意，他精神抖擞的舞动棍子，揭开一幅绚烂的画面，引进那个光芒四射的主题把全部音乐的威力发挥出来，叫诗人们听了不能不神摇魄荡。唯有这个时候，他们才体会到那个跳舞会对皮罗多精神上的作用，就等于贝多芬的音乐对诗人的作用。一个姿容绝世的仙女拿着棍子冲出来；众天使拉开紫红缎子的帷幕，连窸窸窣窣的声音都能听到。一重重黄金的门户全是钻石做的铰链，雕刻精工，有如翡冷翠教堂的铜门。五光十色的奇景目不暇接，巍峨壮丽的宫殿连绵不断，进进出出的人物都不是凡胎俗骨。象征财富的香烟袅袅不绝，幸福的神坛上灯烛辉煌，阵阵异香在空中荡漾。仙子们穿着蓝边的白袍，带着恬静的笑容在你面前翩然掠过，身段窈窕，美貌非人世所有。爱神在天上飞翔，拿着火把到处散着火花。音乐滔滔汩汩的流着，浸润你的心田，对每个人都不啻琼浆玉液；你觉得有人爱你，得到了渴望已久而说不出名字来的快乐。暗中的心愿一时都实现了，你深深的受了感动。乐队指挥带着你在天上邀游，正当你听着神奇的曲调恋恋不舍，心中喊着再来一次的时候，低音乐器却奏出一段音调深沉，神秘莫测的过门，突然之间把你送回到冷酷的世界上。

这便是那个美妙的最后乐章的最精彩的段落，那个精神境界就是赛查夫妇在跳舞会中经历到的。不过那阕商业交响乐的最后乐章不是贝多芬的作品，而是为他们伴奏的高利南用笛子吹出来的。

皮罗多一家三口疲倦极了，也快活极了，早上蒙眬入睡的时候，耳朵里还隐隐约约听见跳舞会的余音。赛查可没想到，这次

---

[1] 哈巴纳克是十九世纪初期的法国乐队指挥，首先向巴黎人介绍贝多芬的作品。

喜事连同房屋的装修，新置的家具，当天的饮食，新做的衣衫和还给赛查丽纳买书的钱，一共要花到六万法郎。这就是王上给花粉商的纽子洞扣上一根害人的红丝带的代价。

赛查·皮罗多倘若倒霉的话，这笔大浪费尽可以把他送上轻罪法庭。生意人花的钱要是被认为挥霍过度，他的破产就是犯法的。因为糊涂或者不会经营而上轻罪法庭，可能比为了一桩大骗局而上重罪庭更可怕。在有些人眼里，与其做傻瓜，宁可做坏蛋。

第二部　赛查与苦难搏斗

08

几道闪电

　　跳舞会过后八天，十八年兴旺的家业，像一堆干草烧起来的火，烧到连最后一些火星也快熄掉了。赛查从铺子的玻璃窗里望着街上的行人，想着事业的范围，觉得担子很重。他向来日子过得简单，不是自己做货色来卖，便是批发来卖。如今做了地皮生意，在包比诺号子里搭了股，还有十六万法郎的票据抛在外面。要付这笔款子只有两个办法：或者是做老婆不喜欢的事，让票据在市场上流通；或者包比诺的生意做得意想不到的发达。许许多多念头把可怜的家伙吓坏了，只觉得头绪纷繁，无法掌握。再说，安赛末当家又当得怎么样呢？皮罗多看待他像作文老师看待一个学生，始终不相信他的能力，恨不得站在他背后。他在伏葛冷家曾经把包比诺踢过一脚，要他住嘴，可见那初出道的生意人叫花粉商着实担心。皮罗多绝对不让老婆女儿和伙计猜到他的忧虑，心境却好比塞纳河上一个普通的船夫忽然被海军部长派去指挥一艘军舰。他这个人本来不宜于思索，一有这些念头，脑子里更是布满了迷雾；他站在那儿想看看明白。不料街上出现了一张他最讨厌的脸，他的新房东小个子莫利奈的脸。我们大概都做过一些梦,事情多得可以代表整整一生,其中常常有一个专门作恶的怪物,像戏里的坏蛋一样。皮罗多觉得莫利奈就是命运派来当这一类的角色,跟他捣乱的。在喜气冲冲的跳舞会上,莫利奈就不怀好意的扮过鬼脸,对着豪华的场面恶狠狠的直瞪眼睛。这一回在皮罗多出神的当口突然露面,使他更多了一层反感,以前对这个**小气鬼**(这是皮罗多常用的词儿)的印象也回想起来了。

小老头儿的声音阴阳怪气的叫人难受,他说:"先生,咱们事情办得太匆忙了,你忘了在合同后面批一句[1]。"

皮罗多接过合同预备补手续,不料又来了建筑师,跟花粉商打过招呼,装着莫测高深的样子在他身边转来转去。

终于他凑着皮罗多的耳朵说道:"先生,你是知道的,开头吃一行饭多么不容易。你既然对我满意,请你帮帮忙,把酬劳给了我吧。"

皮罗多的现款和证券都掏空了,只能吩咐赛莱斯丁开一张三个月的二千法郎期票,预备一张收据给建筑师签字。

莫利奈话中带刺的说道:"你把邻居的房租承担下来,我很高兴。今天早上看门的报告说加隆逃走了,治安法官已经来封了门。"

皮罗多心里想:"哎唷,但愿我那五千法郎不要吃倒账才好!"

罗杜阿也送发票来,一跨进屋子就接口道:"人家还说他买卖做得挺好呢。"

莫利奈道:"做生意的要告老了才算保险。"他一边说一边细

---

[1] 我国的旧式契约在正文后面必加上一句"××契约是实",外国契约亦有类似程式。

磨细琢的把租约折起来。

建筑师打量着这个小老头儿，看得津津有味。艺术家只要遇到一张可笑的脸能证实他对布尔乔亚的想法，没有不高兴的。

他说："一个人撑了伞，就以为下起雨来不用怕了。"

莫利奈瞧着建筑师的脸，特别端详他的鬓角和小胡子。两个人彼此瞧不起的程度正是不相上下。他故意留着不走，要在出门的时候把建筑师刺一下。莫利奈跟猫儿混惯了，举动和眼神都很像猫。

那时，拉贡和比勒罗来了。

拉贡咬着赛查的耳朵说："我们把地产的事和包比诺法官说了，他认为做这种投机生意一定要拿到卖主的收据，把手续办完全，咱们才能算真正的业主……"

罗杜阿道："啊！你们买进了玛特兰纳那块地么？外边都在谈论，又要盖新房子了！"

油漆包工罗杜阿原想把账款快快收清，临时改变主意，觉得还是不要催得太紧的好。

他凑着赛查的耳朵说："我送发票来只是为了年终关系，不是急于要钱。"

赛查只管呆着脸望着账单，不回答拉贡，也不回答罗杜阿。比勒罗看他发愣，问道："喂，赛查，什么事啊？"

"没有什么。隔壁那个卖伞的破产了，我收了他五千法郎票据。要是票子靠不住，我就上了当，做了傻瓜。"

拉贡叫道："我早就告诉你的：一个人掉在水里就只想逃命，连老子的腿也会拖住不放，结果两个人都淹死。破产的事我见得多了：刚倒霉的时候不一定想骗人，后来也是逼不得已。"

比勒罗说:"这话不错。"

皮罗多踮起脚尖,把身子往上挺了一下,说道:"啊!将来我要是能够进国会,或者在政府里多少有点势力的话……"

罗杜阿说:"那你预备干些什么呢?你是个聪明人哪。"

莫利奈对有关法律的议论都感到兴趣,便留着不走。比勒罗和拉贡向来知道赛查的意见,只因为大家都聚精会神,也就跟着别人一本正经的听下去。

花粉商说道:"我要建议设一个法院,法官全是终身职的,再派一位受理刑事案件的检察官。在侦查期间,凡是现在由查账人,破产管理人和'执行裁判'所担任的职务,统统交给一个法官去马上执行。侦查完毕,法院应当宣布当事人属于哪一类,是可以复权的破产人呢,还是一个倒闭户[1]。可以复权的破产人必须把债务全部清偿;他和他妻子的财产可以由他保管;但他的权益,遗产,全部归债权人所有;他应当在债权人监督之下负责管理。我们可以允许他继续营业,但签名的时候必须写明破产人某某,直到债务全部还清为止。至于倒闭户,就得像从前一样给他戴上一顶绿帽子,送到交易所去枷示两小时。他和他妻子的财产,他本人的权益,一律没收,交给债权人,还得把他逐出国境。"

罗杜阿道:"这样,生意场中可以少点儿风险。一个人不管做什么买卖,总得多想想了。"

赛查气愤愤的说道:"现在的法律并没有执行。一百个做生意的,倒有五十个以上营业额超过资本四分之三,或者货色的卖价

---

[1] 复权是恢复公民权的意思,因破产人未清偿债务以前是停止公民权的。倒闭户专指欺诈或经营不当而破产的人。在法国法律上,破产人与倒闭人有严格区别。

比资产负债表上开的低四分之一，他们就是这样捣乱市面。"

莫利奈道："先生说的不错，现在的法律伸缩性太大了。破产人要不把家私全部拿出来，就得叫他名誉扫地。"

赛查道："该死！像眼前这样，做生意的快要变作合法的强盗了：签一个字就好在众人银箱里拿钱。"

罗杜阿道："你倒是硬心肠，皮罗多先生。"

拉贡老头道："他这个态度是对的。"

赛查受了那笔小损失，气坏了，说道："破产的人都不是好东西。"他听到邻居破产的消息，好似一头鹿听见了猎人的号角。

这时，希凡酒家的茶房头儿送了发票来。接着，斐列克司的伙计，福阿咖啡馆的小厮，高利南手下吹单簧管的乐师，都带着账单来了。

拉贡微笑着说："这是年关到啦。"

罗杜阿说："真的，你的跳舞会精彩极了。"

赛查对那些伙计说了声："这会我没有工夫。"他们便留下发票走了。

罗杜阿看见建筑师正在把皮罗多签的票子折起来，便说："葛兰杜先生，我的账单请你就审查吧，只消核对一遍就行，价目都是你代表皮罗多先生讲定的。"

比勒罗听着，对罗杜阿和葛兰杜两人望了一眼。

他咬着侄婿的耳朵说："让建筑师跟包工的讲价钱，你上当了。"

葛兰杜走出铺子，莫利奈鬼鬼祟祟的跟上去，说道："先生，我说的话，你没有听进去；但愿你有把伞才好。"

葛兰杜听了大吃一惊。人心总是这样：越是非分之财，越是不肯放松。建筑师设计花粉商的屋子,的确一心一意拿出全身本领,花了不少时间,所费的心血值到一万法郎酬劳。他为了显本事,吃了亏。所以那些包工头儿很容易的把他拉拢了。劝他通同作弊的理由固然很动听,而且暗中还带着威胁的意思:要不依他们,他们会说他坏话,和他为难的;但对建筑师最起作用的还是罗杜阿对玛特兰纳地产的看法。据他说,皮罗多只是在地价上投机,并不打算盖房子。包工的和建筑师原像剧作家和演员一样相依为命。葛兰杜代皮罗多讲价钱的时候,也就帮着同行欺骗主顾。怪不得罗杜阿,夏法罗,木工多莱昂三个大包工,都夸说葛兰杜脾气随和,跟他共事是最愉快不过了。葛兰杜在工账里头既然有一份好处,又料到皮罗多将来少不得要用票据付账,像付他的酬劳一样,所以听到小老头儿的话,就觉得票据能不能兑现成了问题。艺术家向来对布尔乔亚心肠最硬,现在葛兰杜也要不客气了。到十二月底,赛查一共收到六万法郎的账单。斐列克司铺子,福阿咖啡馆,唐拉特冷饮店,还有一些非付现款不可的小户,已经上门来讨过三次。这一类的小事情,在生意场中比真正的灾难更可怕,等于是灾难的预告。肯定的损失总有一个限度,精神上的恐慌却漫无止境。皮罗多银箱空了,心里怕起来了。他做了一辈子买卖也没遇到这种情形,其实对大多数的巴黎小商人一点不算稀奇。但赛查天生懦弱,又不曾跟贫穷作过长时期的挣扎,一遇难关就心慌意乱,没了主意。

  花粉商吩咐赛莱斯丁,把买主在店里挂的账一齐开了发票送出去。领班伙计从来没听见过这种命令,只要东家说了两遍才敢动手。当时做零卖生意的都喜欢说得好听,把买主叫作顾客,赛查就是这个脾气;他老婆反对也没用,最后只得说:"随你怎么叫吧，只要他们付钱就行！"他们的所谓顾客都是一般有信用的阔佬，只是付账要趁他们高兴，赛查放给他们的账经常有五六万法郎。二伙计拿出账簿，把数目最大的客户抄下来。赛查怕见老婆。灾难的风暴已经把他吹得失魂落魄，他想上街去，免得被老婆发觉他的心事。

不料葛兰杜若无其事的闯进来叫道："先生，你好哇。"自命清高的艺术家一提到钱，老是装出这副洒脱的神气。他说："拿了你的票子，我一个钱都弄不到，请你给我现款吧。我到处想办法，苦极了；可是没有去找放印子钱的，也不愿意把你的票子传出去。我懂得生意经，知道流通票据会妨碍你的信用，所以为了你的利益……"

皮罗多听着怔了一怔，说道："先生，讲话轻一些好不好？你真使我奇怪。"

这时罗杜阿又来了。

皮罗多笑着说："罗杜阿，你可知道……"

皮罗多话说了一半就停住。可怜他像信心十足的商人一样，还打算叫罗杜阿收下他出给葛兰杜的票子，借此笑话建筑师多心；但一看罗杜阿沉着脸，马上觉得自己太冒失了，暗暗吃了一惊。人家已经不放心你，你再来打哈哈，要不信用堕地才怪。真正殷实的商人遇到这个局面，一定收回票据，绝不转给别人。皮罗多那时头昏眼花，好像望着一个深不可测的窟窿。

罗杜阿拉他到铺子的尽里头，说道："亲爱的皮罗多先生，我的账单已经查过，核过，没问题了，请你明天把钱准备好。我的女儿嫁给克劳太，他需要钱，做公证人的没有商量的余地。我也从来没签过票据。"

皮罗多大模大样的回答说:"后天来拿吧。"他想自己店里的账那时可以收来了。又对葛兰杜说:"先生,你也后天来吧。"

"为什么不马上付呢?"建筑师问。

从来没扯过谎的赛查回答说:"我作坊里要发工钱。"

他拿起帽子和他们一同出去,才带上大门,多莱昂,夏法罗和泥水匠又把他拦住了。

夏法罗说:"先生,我们急于要用钱呢。"

"唉!我又不开什么金矿啰。"赛查不耐烦的回答了一句,急急忙忙丢下他们,一下子就走得老远。他心上想:"哼!其中必有蹊跷。该死的跳舞会!个个人当我是百万富翁了。"转念又想:"罗杜阿神气不大自然,准有人暗中捣鬼。"

他在圣·奥诺雷街上走着,茫无目的,只觉得自己像冰消瓦解一般的化掉了。

09

一声霹雳

他在路角上和亚历山大·克劳太撞了一个满怀，好似一头羊撞着另外一头羊，也好似一个数学家聚精会神想着一个算题，撞在另外一个数学家身上。

未来的公证人说："啊！先生，问你一句话：罗甘可曾把你的四十万法郎交给克拉巴龙？"

"事情不是你经手的么？克拉巴龙一张收据也没给我；我出的票子……是要贴现的……罗甘应当把我的二十四万现款交给克拉巴龙……我们说好要立正式合同……法官包比诺认为……要有收据！……可是……你为什么问我这个？"

"为什么问你这个？为了要知道你的二十四万法郎是在克拉巴龙手里还是在罗甘手里。罗甘和你来往了这么多年，也许他顾到交情，那笔钱已经交给克拉巴龙，那就算你逃过了！呃！我好糊涂！这笔款子和克拉巴龙的款子都被他卷走了，克拉巴龙幸亏只交了他十万。罗甘逃走啦，拿了我受盘事务所的十万法郎，也没有出收据。我把钱交给他，就像把荷包交给你一样放心。你们的卖主一个钱都没拿到，他们才看我来着。你拿工场的地皮托他向人家抵押，其实你既没有借到款子，人家也没有什么钱好借给你；他们存在罗甘那儿的钱，跟你有的十万一起被他吞掉了……你的钱他早已挪用……你最近交出的十万他也拿了，记得还是我上银行去领的。"

赛查眼珠鼓得那么大，只看见一堆鲜红的火焰。

年轻的公证人又道："你的十万法郎支票，我盘进他事务所的十万，克拉巴龙的十万，这就是拐了三十万，不曾发觉的数目还没算进。罗甘太太急死了，恐怕有性命危险，杜·蒂埃先生整夜陪着她。杜·蒂埃不曾上当，也好险啊！罗甘磨了他个把月，要他加入地产生意，幸亏他全部资金都跟纽沁根银号做着别方面的投机。罗甘留给他太太的信简直不像话，我才看了来。客户的存款，他已经挪用了五年。为什么挪用的？为了一个情妇，叫作荷兰美人。罗甘卷逃以前半个月才离开她。那个挥金如土的女人弄到两手空空，家具给人拍卖了，还有约期票签在外面；她怕人追究，躲在王宫市场一家妓院里，昨天晚上被一个上尉谋杀了。总算老天有眼，报应得快；罗甘的家私准是她吃光的。有些女人觉得世界上没有一样动不得的东西，连公证人的事务所也敢吞掉，还了得！罗甘太太手头只剩下一些法定抵押品，坏蛋罗甘的产业全押在外面，押的钱已经超过了实际价值。事务所作价三十万。我还以为占了便宜，一开头就多付了十万，没有拿到收据；还有业务上的亏累，要拿基金和保证金去抵偿。我一提到我的十万法郎，债主还会当我跟罗甘串通呢。一个人刚开业，名誉多么要紧。我将来最多只能收回三成。想不到我年纪轻轻就栽了这么一个筋斗！一个人活到五十几岁还养女人！……老混蛋！……二十天以前，他就叫我不要娶赛查丽纳，说你马上要没有饭吃了，你看他恶毒不恶毒！"

亚历山大尽可以讲个半天，皮罗多站在那儿像一块石头。每句话对他都是一记闷棍。他开头只看见火烧，这时只听见丧钟。亚历山大·克劳太只道稳重的花粉商是个有魄力有办法的人，一看他脸色发青，待着不动，不由得慌起来。他不知道罗甘卷走的不仅仅是赛查的财产。这生意人虽是奉教虔诚，也动了马上自杀的念头。与其给人家千刀万剐，还不如自寻短见；这时候想要一死了事也在情理之中。克劳太挽着赛查的胳膊想把他扶着走，可是他两条腿软绵绵的像喝醉了一样。

克劳太道："喂，你怎么啦？我的好先生，拿出勇气来！这也不至于致你死命啊。再说，那四万法郎并没有损失，借主没有这笔钱，也不曾当面点交，可以请求法院撤销借据。"

"我的跳舞会，我的勋章，二十万法郎的票子抛在外面，现款都完了……拉贡夫妇，比勒罗……还有我老婆，她把事情看得多清楚！"

多少沉重的念头，从来未有的苦恼，一时都涌上心头，吐出一大堆含含糊糊的话，像冰雹似的把**玫瑰女王**花坛里的花全部打光了。

临了他说："我这脑袋要砍掉才好，累赘得要命，对我又一无所用……"

亚历山大说："可怜的皮罗多老头！难道真有什么危险么？"

"危险！"

"那么勇敢一些，奋斗吧。"

花粉商也跟着说："奋斗！"

"杜·蒂埃是你的老伙计，他很精明，会帮你忙的。"

"杜·蒂埃?"

"好,跟我来。"

皮罗多说:"天哪!我不愿意这样的回家。假使我还有朋友,那就是你了;我对你有过一番心意,你也常在我家里吃饭,山德罗,看在我女人面上,雇辆车陪我遛遛吧……"

公证人费了好大的劲,才把赛查那个僵直的身体扶上马车。

花粉商一边哭一边说,声音呜呜咽咽的不大清楚;但他一淌眼泪,头上的铁箍倒松开了一些。他说:"山德罗,先到我家里转一转,你去告诉赛莱斯丁,罗甘失踪的消息,谁都不许泄露,不管为什么理由。那跟我夫妻俩性命攸关。你叫赛查丽纳出来,要她在母亲面前不让人家谈到这件事。便是对我们的好朋友也要防着,比勒罗,拉贡,所有的人……"

克劳太发觉皮罗多声音变了,心上一惊,知道他这番嘱托的确关系重大。克劳太本来要去见法官,圣·奥诺雷街是顺路。他替花粉商传了话。皮罗多像呆子似的坐在车厢里头,面色苍白,一声不响,赛莱斯丁和赛查丽纳看了害怕得很。

花粉商道:"这件事一定要保守秘密。"

山德罗私忖道:"啊!这可好啦。我只怕他就此完了呢。"

克劳太和法官谈了很久,公证人公会的会长也请来了。他们把赛查像一个包裹似的到处带着,他一动不动,也没开过一句口。晚上七点光景,克劳太送花粉商回家。赛查想到要去见公斯当斯,才挣扎出一些气力。年轻的公证人出于好意,先去通知皮罗多太太,说她丈夫得了病,大概是中风。

"他有点儿神志不清,"克劳太做着手势,形容赛查头脑糊涂,"说不定要给他放血,或者贴几条蚂蟥。"

公斯当斯万万想不到出了乱子，说道："我早料到的，交冬的时候他没有吃药预防；这两个月又忙得像苦役犯，好像家里还等米下锅似的。"

赛查听着太太和女儿的劝告，上了床。向来看惯他的老医生奥特莱，也派人去请了。奥特莱老头是莫里哀描写的那种医生，生意兴隆，喜欢用药店里的老方子；虽是正式医师，给病人的药跟走江湖的半斤八两。他来了，仔细瞧了瞧赛查的气色，看出有脑溢血的症象，吩咐立刻在脚跟上贴芥子膏药。

公斯当斯问："他怎么会发病的？"

赛查丽纳过去和医生说了句话，医生就回答说："天气潮湿。"

做医生的往往不得不故意胡说八道，替病人周围健康的人遮面子，或者保全他们的性命。老医生事情见得多了，听了一言半语就明白。赛查丽纳跟到楼梯上问他该怎么调养。

"要安静，不能有声音。等他神志清醒了，咱们再用补药来试一试。"

赛查太太在丈夫床头守了两天，发觉他常常昏昏沉沉的说胡话。他睡在太太那间蓝颜色的漂亮卧房里，看着窗帘床帷，动用家具和贵重华丽的东西，说了好些话，公斯当斯听着莫名其妙。有一回，他忽然坐起来，用庄严的声调东一段西一段地背商法条文：

"……支出部分倘有过于浪费情事……——喂，窗帘床帷，给我统统拿下来！"

公斯当斯对女儿说："他发神经了。"

三天之内，情况严重，赛查大有神经错乱的危险。过后，都兰乡下人的强壮的体格毕竟占了上风，脑子清醒了。奥特莱先生开了补药，让他多吃营养丰富的食物，又及时给了他一杯咖啡，他居然下床了。公斯当斯疲劳过度，补了丈夫的缺。

赛查看她睡熟了，说了声："可怜的老婆！"

"喂，爸爸，勇敢一些！你这么能干，一定能挽回过来。放心，没有什么大不了的。安赛末先生也会帮助你。"

这些空空洞洞的话，赛查丽纳说的声音既柔和，感情又亲切，叫意志再消沉的人听了也会振作起来，好比孩子长牙的时候，听母亲唱着歌就忘了痛苦。

"是的，孩子，我要奋斗。可是事情对谁都不能露一句口风；尽管包比诺关切我，也不能告诉他，还有你的叔公比勒罗。我先要写信给我哥哥，他是教区的咨询委员兼大教堂的副堂长，没有什么开销，应该手头有钱。一年积上三五千法郎，二十年下来也有十万了。内地的教士都有信用，要借也容易。"

赛查丽纳急于要把文具拿给父亲，端来一张小桌子，拿了些没用完的粉红请帖来。

赛查看了叫道："赶快把这些东西烧掉！我开这个跳舞会真是见了鬼，我要倒下来，人家会当我骗子的。得啦，别多说了。"

赛查·皮罗多给法朗梭阿·皮罗多的信

亲爱的哥哥，我生意上遇到了困难，形势紧急，求你把所能调度的钱如数寄来，哪怕向人借也要。

你的 赛查

你的侄女赛查丽纳要我代为致意。这封信我是趁她妈妈睡熟的时候写的。"

　　这两句是赛查丽纳说了才添上的。她把信交给了拉盖,回到楼上说道:"爸爸,勒巴先生来了,要跟你说话。"

　　赛查吓了一跳,仿佛一出事他就成了罪犯;他叫道:"勒巴先生!他是个法官呀!"

　　做布生意的大商人一路进来一路说:"亲爱的皮罗多先生,我太关心你了;咱们认识了这么多年,第一次当商务裁判,咱们俩是一块儿选上的。所以不能不来告诉你:有个放印子钱的皮杜,绰号叫羊腿子,拿着克拉巴龙银号转给他的几张票据,是你签出去的,给他们批上了**恕不担保**字样。这几个字不但使你受了侮辱,你的信用也跟着完蛋了。"

　　赛莱斯丁进来说:"克拉巴龙先生要和你说话,要不要请他上楼?"

　　勒巴说:"这一下正好弄个清楚,为什么要欺负人。"

　　花粉商看见克拉巴龙进来,就说:"这位是我的朋友勒巴先生,商务法庭裁判……"

　　克拉巴龙接口道:"啊!这位是勒巴先生,久仰久仰,原来是勒巴法官,姓勒巴的也真多,除了勒巴,还有什么……"

　　皮罗多不让他唠叨下去,抢着说:"勒巴先生看到我给你的票据,你明明说过不在外面流通的。他还看见票子上批着**恕不担保**几个字。"

　　克拉巴龙说:"是啊,那些票子并不流通啊,不过是在一个人手里,他和我做很多交易,叫作皮杜老头。我批明恕不担保是有道理的:如果这些票据预备流通,你会直接写他的抬头。我的地位，勒巴法官等会就能了解。这些票据做什么用的呢？付地价的。归谁付呢？归皮罗多。那么干吗要我签字替皮罗多作保呢？咱们合伙做地产生意，各付各的份儿。咱们对卖主要负连带责任，这已经够了。生意上的规矩，我绝不马虎：应该收的款子我不出收据，不必要的担保我不做。我要防万一。签了字就得付钱。一笔账要付三次，我可不冒这个危险。"

"三次！"赛查说。

"是啊，先生，"克拉巴龙回答，"我已经在卖主面前替皮罗多作保，干吗再替他向放款的银行家作保呢？我们现在很为难，罗甘卷走了我十万。我的一半地价已经不是四十万，而是五十万了。罗甘又卷了皮罗多二十四万。勒巴先生，换了你，怎么办？请你设身处地想一想吧。你不认得我，正如我不认得皮罗多先生一样。你听着。假定咱们合伙做买卖，股本各半。你的一份，全部拿现款付了；我这一份签了约期票交给你；你一片好心代我去贴现。而你忽然知道那个有钱，有名望——你爱把他说得怎么了不起都可以——那个诚实可靠的银行家克拉巴龙背了六百万法郎的债，破产了：那个时候，你会签字替我作么？那你不是发疯么？告诉你，勒巴先生，我刚才替克拉巴龙假定的情形，就是皮罗多现在的情形。地产生意要是作废了，第一，我为了负着连带责任，要把钱还给买主；第二，假使我替皮罗多做了保，还得代他还清票面上的金额，可并不……"

皮罗多问："还给谁呢？"

克拉巴龙不理他，自顾自往下说："可并不能到手皮罗多名下的那份地产，因为我没有优先权；我想要那一份地，还得出钱去买！所以我可能为一笔交易付三次钱。"

"还给谁呢？"皮罗多老盯着问。

"还给那个贴现的人呀，倘若我签字作保，而你遇到什么不幸的话。"

皮罗多说："先生，我不会破产的。"

克拉巴龙说："好吧，你当过商务裁判，是个精明的生意人，你知道一个人样样都要防到；所以我照章办事，你看了不必奇怪。"

勒巴说："克拉巴龙说得不错。"

克拉巴龙接着说："在生意上我当然不错。但这是一桩地产买卖。我，我这方面应当收进什么呢？……现款呀，因为我需要拿现款付给卖主。丢开二十四万法郎不谈，"克拉巴龙眼睛望着勒巴，"那我相信皮罗多先生一定能凑足的。"他又望着皮罗多说："现在我来问你要一笔两万五的小数目。"

赛查觉得血管里流的不是血而是冰了，叫道："两万五！先生，请问是什么名目？"

"哎，亲爱的先生，咱们必须经过公证，把买卖的手续做完全。地价嘛，咱们之间好商量；国库的税可对不起！税局只肯现钱交易，不跟你说废话的。这个星期之内，我们要缴四万四千法郎的税。我今天上这儿来，万万料不到会受你埋怨，因为想到二万五千法郎可能使你为难，而且事有凑巧，我替你抢救了……"

皮罗多道："什么？"他这一嚷，谁都听得出他心里着急。

"噢！不过是个小数目。罗甘有两万五的零碎票据托我贴现，我收在你名下替你付税款和其他的费用，以后我有清账给你的；两万五中间还得扣除贴现的利息，所以你还欠我六七千法郎。"

勒巴说:"我觉得这些事都很公道。克拉巴龙先生做生意非常内行;我处在他的地位,对一个不相识的人也是这么办的。"

克拉巴龙说:"皮罗多先生绝不会就此倒下来,老奸巨猾的狼不是三拳两脚打得死的;我看见过一些狼,头上中了子弹还跑得像……嘿!跑得就像狼一样快。"

勒巴说:"罗甘做出那样的下流事儿,谁料得到?"勒巴看见赛查一声不出,又知道他在本行之外做了这么大一笔投机生意,不由得心里害怕。

克拉巴龙说:"我还差点儿出一张四十万法郎的收据给皮罗多先生呢,那我就苦了。我上一天给了罗甘十万法郎。亏得我们彼此信任,才没有多受损失。正式合同没签订以前,资金放在他事务所里还是放在自己家里,我们当时都觉得无所谓。"

勒巴说:"应该各人把钱存入银行,到付的时候再提出来。"

赛查道:"我就是把罗甘当作银行的啊。"又望着克拉巴龙说道,"不过他在这笔交易里头也有份儿。"

"是的,他口头说过搭四分之一,"克拉巴龙回答,"我让他拿了我的钱逃走,是我糊涂;还好没有糊涂到把钱都交给他。要是他还我十万,再交足他的一股二十万,那还有办法。可是这桩生意要熬上五年才有油水,他绝不会寄钱来的。假定他真像人家说的只卷走三十万,那也不算稀奇,在外国要舒舒服服过日子,一年非有一万五进款不行。"

"那个强盗!"

克拉巴龙接着说:"唉!天哪!罗甘为了迷一个女人落到这个田地。哪个老头儿敢担保,自己再要动心的话,能够不受情欲支配，不给它拖下水？咱们这些老实人反正不知道他怎么了局。哎！最后一次的爱情，势头最猛烈。加陶，加缪索，玛蒂法……都养着女人！我们上当，只能怪自己。看着公证人做投机，怎么不提防呢？凡是公证人，票据经纪人，中间人，一做买卖就有毛病。他们要破产的话，总是非法的倒闭，要进重罪法庭的；所以他们宁可上外国去逍遥自在。这种糊涂事儿，我下次再也不干了。我们心肠太软，因为那些人常常请我们吃饭，开漂亮的跳舞会，总而言之是台面上的人物，所以就不叫他们受缺席判决，也不责怪他们。我们这办法是不对的。"

"大大的不对，"皮罗多说，"有关破产和倒闭的法律都需要修正。"

勒巴对皮罗多说："你要我帮忙的话，我一定效劳。"

多嘴的克拉巴龙接口道："他才不需要帮忙呢。"杜·蒂埃把他池子里灌足了水，打开了水闸；因为他在杜·蒂埃那儿上了一课，现在不过是照样背一遍罢了。

"皮罗多先生的一笔账清楚得很：据小克劳太说，罗甘欠的债将来能偿还一半；皮罗多先生除了这笔收入，还能收回那张四万法郎的借票，人家根本没有什么钱出借；他可以拿产业向别处去抵押。咱们只要在四个月之内付给卖主二十万。这期间，皮罗多先生得想法把期票兑现，因为罗甘卷逃的款子即使能还一半，也还不能算在账上去抵挡那些票据。可是他尽管手头紧一些……开几张约期票在市面上流通一下，还是对付得了的。"

花粉商听见克拉巴龙把他的问题分析过了，作了结论，指点了他一条出路，不觉的又有了勇气，态度也变得坚定起来，有决断了；同时也非常佩服这个前任掮客的能力。杜·蒂埃认为，最好让克拉巴龙相信他杜·蒂埃也吃了罗甘的亏,便特意要克拉巴龙把十万法郎转交罗甘,罗甘又暗中还了杜·蒂埃。克拉巴龙可是真的心里着急,把他的角色表演得很自然,逢人便说罗甘卷走了他十万法郎。杜·蒂埃觉得克拉巴龙不够辣手,多少还要讲道德,有顾虑,不能把计划全盘告诉他;而且也知道克拉巴龙没有本领猜到他的内情。

后来有一天,这个生意上的傀儡因为被杜·蒂埃当作用旧的工具一般扔掉而抱怨的时候,杜·蒂埃回答说:"我们开场要不欺骗最老的朋友,就没有人好欺骗了。"

勒巴和克拉巴龙一同走了。

皮罗多想道:"这一关我是过得了的。欠人的票据总共有二十三万五千法郎,内中七万五是装修房子的费用,十七万五是地价。收入方面:罗甘可能还我十万;借票作废,收回四万,就是十四万。只消在**护首油**上赚十万,再靠几张周转票据[1]或者向银行借一笔钱,把我支持到能够弥补损失,地皮涨价的时候。"

一个人遇到不幸,只要用着能安慰自己而多少也有些道理的推论,把希望寄托在空中楼阁上面,往往就可以得救。很多人把建筑在幻想之上的信心当作毅力——也许希望就抵得上一半勇气,所以被迦特力教看作美德。许多弱者不是靠着希望支持,才能定下心来等待时来运转么?

---

[1] 商人(假定为某甲)在周转不灵的时候,往往商得熟人(假定为某乙)同意,请其出面承当付款人,然后由某甲出一由某乙支付之期票。倘某乙是银行家,则此种情形等于某甲在某乙银行中存款不足而出一空头支票,不过事先经某乙之银行同意而已。另一种情形是某甲请求某乙出一期票。以上两种票据目的都是拿去暂时抵挡一下或作贴现之用。但在出票人与付款人之间(如前一例所举),或出票人与受票人之间(如后一例所举),并无真正交易需要偿付。此种票据统称为周转票据,实际都是空头票子。

10

高级银行界

皮罗多决定向别处求救之前,先把情形告诉叔岳。他从圣·奥诺雷街走到蒲陶南街,被一阵阵莫名其妙的苦恼刺激得非常难受,以为又闹病了。他肠子里滚热的像火烧一般。的确,凡是靠肚子感觉的人总觉得肚子不舒服,靠头脑感觉的总觉得头痛。生命力集中在身体上什么部分完全由气质决定,但在大风浪中受到伤害的必然是这个部分:所以懦弱无能的闹肚子痛,拿破仑是没头没脑的睡觉。一个爱面子的人要能够克服傲气,放弃自信,一定先得几次三番被无情的事实逼迫,像踢马刺似的把他的心刺得没有了办法才行。皮罗多直打熬了两天才去见叔岳,而且还是为顾到亲戚关系才下了决心的:无论如何,他的情形不能不向严厉的五金商交代。但是到了门上,像孩子走进牙医生诊所那样要发晕的感觉又来了;不过他的心虚胆怯关系到整整一生,而不是为了暂时的痛楚。皮罗多慢吞吞的上楼,看见老人家坐在火炉旁边看《立宪报》,面前的小圆桌上放着他菲薄的午餐:一块面包,一些牛油,一块勃里乳饼,一杯咖啡。

"他真是一个看破世情的哲人。"皮罗多这么想着,暗暗羡慕叔岳的生活。

比勒罗脱下眼镜,说道:"我昨天在大卫咖啡馆听说罗甘出了事,他的情妇荷兰美人被谋杀了。我们通知过你不能做空头买主;克拉巴龙的收条你该拿到了吧?"

"唉!叔叔,就是啊,你一针见血把毛病说出来啦,我没有拿到收据。"

"该死,那你可倾家荡产啦。"比勒罗说着,把报纸掉在地下;虽是《立宪报》,皮罗多仍旧替他捡了起来[1]。

比勒罗心里涌起许多念头,把他那张像徽章上的肖像一般严肃的脸变得铁青,仿佛一片金属在造币机器里轧过了一道。皮罗多滔滔不绝的说着,他却坐着一动不动,从玻璃窗里望着对面的墙壁出神。他分明是一边听一边思索,很冷静的把事情的正面反面掂着分量。他从莫丰丢河滨道搬进这四层楼的时候,已经渡过了生意场中的难关,看事情和弥诺斯王[2]一样清楚。

皮罗多说到最后,是央求比勒罗卖掉六万法郎公债,等着比勒罗回答。他说:"叔叔,你的意思怎么样?"

"唉,可怜的侄儿,我不能这样做,你的处境太危险了。拉贡夫妇跟我都要损失五万法郎。两个老实人听着我的主意,把伏钦矿山的股票卖了;万一遭到损失,我的责任倒不是偿还他们资金,而是救济他们,救济我的侄女和赛查丽纳。说不定你们几个人吃饭都要成问题,我可以供给……"

"吃饭也成问题?"

"是啊,吃饭成问题。你看看清楚吧:这一关你是过不了

---

[1] 《立宪报》是当时的进步报纸,而皮罗多是保王党。
[2] 神话中的弥诺斯王是一个以正直出名的法官。

的！我那五千六百法郎利息，可以抽出四千给你们和拉贡分着用。你一倒霉，我知道公斯当斯的脾气，她会拼着性命干活，吃的穿的，什么都不要了，而你赛查，你也是的。"

"事情还没绝望呢，叔叔。"

"我不是这样看法。"

"我要向你证明相反。"

"那我再高兴没有。"

皮罗多一声不响，走了。他希望来得点儿安慰和勇气，不料又挨了一下闷棍，固然没有第一下那么厉害，不曾使他头脑发昏，可是伤了他的感情，而这可怜虫是把感情看作性命一般重的。他在楼梯上走了几级，又回上来。

他冷冷的说道："叔叔，公斯当斯还不知道这件事，你至少得瞒着她；请拉贡他们也别扰乱我家里的安宁，这样我才好跟苦难拼命。"

比勒罗点点头答应了，又道："勇敢一些，赛查！我看出你生我的气；将来你想到老婆跟女儿，会明白过来的。"

他素来佩服叔岳头脑特别清楚，所以听了他的意见大为灰心，从满怀希望的高峰上直跌到泥塘里，变得毫无主意了。一个没有像比勒罗那样受过磨炼的人，遇到生意上的大风浪就只能受局势支配，一会儿听从别人，一会儿自做主张，好像跟着磷火在黑夜里东奔西窜。他听凭旋风把他卷走，不会躺在一边不理，或是站在高处看清风向，想法躲开。皮罗多正在苦闷的当儿，忽然想起借款的纠葛，便到维维安纳街去找他的诉讼代理人但尔维。倘若借款有希望作废，就得趁早办起手续来。

花粉商看见但尔维穿着白呢晨衣坐在火炉旁边，态度安详，严肃。办案子的人大概都是这副神气，天大的秘密在他们都是听惯了的，保持冷静也是必要的。皮罗多却是第一回注意到。他说出他的倒霉事儿，心情就像一个受了伤害的人那么兴奋，激动，既为了家财不保而发急，又为着自己的生命，荣誉，妻儿子女而难过得要命：在这种情形之下，代理人的态度是会叫他心里发凉的。

但尔维听完了他的话，说道："既然不曾有现款交割，只要能证明借主存在罗甘那儿的钱早已没有了，你的借据当然可以作废。对方只能在罗甘的保证金项下取得赔偿，和你的十万法郎一样。我在可能范围之内担保你胜诉，没有上堂就赢的官司是没有的。"

这样一位高明的法学家说出这种话来，使花粉商恢复了一些勇气，他要求但尔维在半个月以内解决。但尔维回答说，大概不出三个月，案子可以判决，把借据撤销。

花粉商叫道："怎么，要三个月！"他先还以为有了生路呢。

"就算很快能开庭，我们也没法叫对方跟着你走：他会利用诉讼程序来拖延日子，律师也不是每次都能出庭的。谁敢说对方不会让法院缺席判决，然后再上诉呢？亲爱的先生，我们不能要怎样就怎样。"但尔维微笑着说。

皮罗多说："可是在商务法庭……"

"噢！商务裁判和初审法院的推事性质完全两样。你们办起案子来又快又马虎，法院可是要经过许多程序。这也是为了保障人民的权益。倘若当庭就来个判决，叫你损失四万法郎，你愿意不愿意？同样，对方看到这笔款子保不住了，当然会起来反抗。诉讼程序规定的期限等于司法上的防御工事。"

"你这话不错。"皮罗多说着，向但尔维行了礼，走了，心里说不出的难过。他走在街上又道："他们说的都不错。就是钱！钱！"在喧闹沸腾的巴黎——现代就有一个诗人把巴黎比作一个酿酒的桶——这一类自言自语的忙人不在少数。

他回去，收账的伙计告诉他，因为快到新年，主顾都留着发票，把收据退回了。

花粉商在铺子里大声叫道："那么是到处都弄不到钱啰！"

他咬咬嘴唇，伙计们都抬起头来望他。

这样过了五天。五天之内，勃拉训，罗杜阿，多莱昂，葛兰杜，夏法罗，所有没拿到钱的债主开头都相信对方，心平气和，后来一步一步心境转变，直闹到脸红耳赤，杀气腾腾为止。在巴黎要扩大信用极不容易，但大家起了疑心，把你的信用越缩越小的风潮，却来得比什么都快。等到债主一起恐慌，在生意上处处提防的时候，就会变得下流无耻，比债务人更要不得。他们先是眉开眼笑，礼貌周全；慢慢的就红着脸急躁起来；接着又冷言冷语的刺人；然后是因为失望而发脾气；然后是抱着成见，面色铁青；然后是预备好了法院的传票，狠狠的把你辱骂一顿。圣·安东纳街上有钱的家具商勃拉训，没有弄到跳舞会的请帖，这时便拿出恼羞成怒的债主面孔来进攻：他要在二十四小时以内把账款收清；他也要求抵押品，不要家具，而要那个能抵到四万法郎的厂基作担保。但这般人虽然声势汹汹，终究还有歇手的时候让皮罗多能透一口气。

为难的局面才不过开始，赛查非但不拿出决断来把头上几个浪头压下去，倒反花足心思把唯一能帮助他出主意的人，他的老婆，蒙在鼓里。他自己常在店门口和四周围望风。他把暂时的困难告诉了赛莱斯丁，赛莱斯丁瞧着东家，诧异得直瞪眼睛，觉得赛查变得渺小了。一向百事顺利，头脑平常的人，所谓本领不过是日常工作中得来的一些经验，遇到患难就要显原形的。

赛查没有魄力抵抗四面八方的威胁，但估量局势的勇气还是有的。十二月底和正月半，家里的开支和到期的票据，应付的房租和现金账，一共有六万法郎，十二月三十一先得付三万；收入勉强可以凑到二万，还缺一万。他觉得事情并不绝望，因为他已经像冒险家一样过一天算一天，只管眼前了。他自以为想出了一个高明的办法，趁周转不灵的内情还没张扬出去的时候试一试，向那个大名鼎鼎的法朗梭阿·格莱去借钱。格莱是银行家，演说家，慈善家，出名的肯做好事，肯帮巴黎商界的忙，因为要永远当选为巴黎的议员。他是进步党，皮罗多是保王党；但花粉商完全凭感情看人，认为正由于政见不同，借款才更有希望。假定需要什么票据做担保，忠心的包比诺一定会帮忙。他打算叫包比诺签三万法郎左右的期票。只要挨到官司打赢的时候，就好拿厂基去做押款；他已经答应一些最迫切的债主，将来把这个产业给他们做担保。花粉商原是肚里藏不住话的，平时生活上有一点儿小波动就要在枕边告诉他亲爱的公斯当斯，希望她鼓励，让她说出相反的意见来指点他。如今他的难处，跟领班伙计，跟叔岳，跟老婆，都没法商量，压在心上的念头也就格外沉重。但他做人厚道，处处抱着牺牲精神，宁可自己受罪，不肯拿火把丢到老婆心中去，打算等危险过去以后再告诉她；也说不定他是没有胆子把这个惊心动魄的秘密说出来。但正因为他害怕老婆，倒反有了勇气。他每天早上到圣·洛克教堂去望读唱弥撒，把心里的话向上帝诉说。

他祷告上帝，求保佑；祷告完毕又私下想："倘若回家的路上遇不到兵,我的要求就一定成功,那就算上帝给我回音了。"

他很高兴,果然没遇到兵。可是他的心抽得那么紧,需要另外一颗心让他诉诉苦。赛查丽纳完全知道他的心事,他第一天就把坏消息告诉了女儿。他们俩便偷偷的递着眼风:闷在肚里的失望和希望,热烈的祝祷,互相关切的问答,心照不宣的默契,都用眼睛来传达。皮罗多在老婆面前装作得意快活,兴致很高。公斯当斯问到什么,他总说:噢!样样都顺手;包比诺生意兴隆!其实他想都没想到过包比诺。头油销得很好!给克拉巴龙的票子一定能照付,没有什么可担心的。这种假装的快乐真是可怕。老婆在华丽的床上睡熟了,皮罗多却坐起来,想着自己的倒霉事儿发愣。有时赛查丽纳穿着衬衣,雪白的肩上披着围巾,光着脚走过来。

"爸爸,我听见的,你在哭。"她说着也哭了。

皮罗多把要求大人物法朗梭阿·格莱接见的信写出以后,变得神思恍惚,女儿看着不能不带他到外边去走走。他这才发觉街上的大幅红招贴,一眼就看到**护首油**几个字。

正当**玫瑰女王**走了背运,在西边沉下去的时节,包比诺商行却光芒四射,在绚烂的东方升起。安赛末听着高狄沙和斐诺的主意,把头油大刀阔斧的推销出去。近三天来,巴黎城内最注目的地方贴了两千张广告。走路人谁都免不了劈面看到**护首油**三个字和斐诺想出来的一句简短的口号,意思是要头发生长是办不到的,把头发染色是有害的,还有一段伏葛冷向科学院宣读的报告,保证用了护首油,本来没有生命的头发就能生存。巴黎的理发店和花粉铺,家家门上都挂着一个金漆框子,嵌一张充羊皮纸的漂亮招贴,高头印着埃罗与莱安特版画的缩影,底下题了一句：**古代民族就是用护首油保护头发的**。

"哦，他发明了框子，广告就好永远做下去了。"皮罗多自言自语的说着，瞧着**银钟铺子**的橱窗呆住了。

女儿说："难道你没看见咱们家里的框子么？安赛末先生送来的时候，还带了三百瓶油交给赛莱斯丁。"

他回答说："没看见。"

"赛莱斯丁已经卖掉五十瓶给过路客人，六十瓶给老主顾。"

赛查叫了声："哦！"

花粉商被大难临头的乱钟敲得糊里糊涂，老是在天旋地转中过日子。

上一天，包比诺白白的等了他一小时，只能跟公斯当斯和赛查丽纳谈了一会话。她们说，赛查全副精神都在那笔大生意上。

"噢！是的，那笔地产生意。"

幸而包比诺最近一个月没有走出五钻石街，夜里睡在工场里，星期日也在那儿干活，没有碰到过拉贡，比勒罗和他那个当法官的叔叔。他晚上只睡两个钟点，可怜的孩子！手下只有两个伙计，而照他的营业快要用到四个了。做买卖最要紧的是机会。骑马要抓住马鬃，对好运气也是一样，抓得不紧就发不了财。包比诺心里想，倘若六个月以后能够对姑丈姑母说："行了，我天下打定了。"那一定受到欢迎；再替皮罗多弄到三四万法郎盈余，皮罗多也必然对他另眼相看。他既不知道罗甘卷逃，赛查吃了倒账而周转不灵，自然不会在皮罗多太太面前泄露什么秘密。

包比诺答应斐诺，只要报上一个月宣传三次**护首油**，他每种大报出五百法郎，次一等的报纸每种出三百；而大报一共有十种，次一等的也有十种。斐诺算好八千法郎里头可以到手三千，作为他踏进投机的大赌场的第一笔资本。他便像饿虎一般向朋友和熟人进攻，赖在编辑部里不走，早上闯进每个编辑的卧房，晚上跑遍每个戏院的后台。

"好朋友，别忘了我的头油；不是为我自己，都是为了朋友，你知道是为了那个乐天派的高狄沙。"斐诺跟人说话，开头和结尾都少不了这几句。他看中报上每一版最后一栏的末尾，送稿子去做补白，稿费让编辑去拿。他狡猾不亚于想当正角的跑龙套，机警不亚于每月挣六十法郎的小厮，专门写些满纸恭维的信，迎合每个人的虚荣心，帮总编辑干些不干不净的勾当，但求能用他的稿子。送钱呀，请吃饭呀，做些卑鄙龌龊的事呀，为了无孔不入的钻谋，什么手段都使得。排字工人半夜里拼版，手头总有些现成的材料以防万一，不是社会琐闻，便是别的补白；斐诺就用戏票去贿赂他们。他守在印刷房里，仿佛自己有什么文章，等着要改校样。他到处拉好关系，替**护首油**打了一个大胜仗，**把雷枭膏，巴西水**和别的新出品全打倒了。这些都是第一批利用报纸的商家，懂得连续不断的宣传文字对群众能发生很大的影响。那时大家还天真，好些新闻记者都是笨蛋，不知道自己的威力，一心只在女戏子身上，关切什么弗洛丽纳，多丽亚，玛丽埃德等等。个个都是他们捧出来的，他们自己可一无所得。斐诺所钻谋的既不是要捧什么女演员，也不是要上演什么剧本，更不是要人家接受他写的杂剧，发表他要拿稿费的文章；相反，他还在恰当的时候送钱给你，请你吃饭呢。因此家家报纸都提到**护首油**，说它和伏葛冷的分析完全符合，说染色是危险的，说世界上竟有人相信药物能使头发生长，更是可笑。

高狄沙看了这些宣传文字十分高兴,拿着报纸去破除大众的成见,在外省做到所谓**马到成功**,这句话是后来的投机商人仿效他的作风行出来的。在那个时代,内地的州府都受着巴黎的日报控制;说来可怜,他们还没有自己的刊物呢!所以内地人都把报纸研究得很仔细,从标题一直到印刷所的名称,都要加以推敲;舆论受了压迫,往往在这些地方打埋伏,暗中讽刺。高狄沙靠着报纸帮忙,在头一批去宣传的城市里就大获成功。内地的小铺子都愿意要镜框和印着版画的招贴。斐诺在杂耍戏院把玛加撒油很有风趣的捉弄了一下,引得观众哈哈大笑。他叫一个小丑拿一把没有马鬃,只有眼子的破扫帚,涂上**玛加撒油**,顿时密密麻麻长出鬃来。这个挖苦的节目传出去,到处把人笑死。后来斐诺嘻嘻哈哈的说,当初要没有那三千法郎,他会穷死愁死的。三千法郎对他的确是笔财产。在那次推销头油的运动中,他第一个懂得广告的力量,运用得那么巧妙,充分。三个月以后,他当了一份小报的总编辑,临了又把报纸盘下,从此起家。在内地和边境上,掮客队伍中的缪拉将军[1],大名鼎鼎的高狄沙,正在生意场中马到成功,替包比诺商行打胜仗。同时,包比诺商行拼命进攻报纸的结果,在舆论界也打了胜仗,跟以前的**雷枭膏**和**巴西水**宣传得一样热闹。发动舆论的战术,早期就推广了这三样商品,给三家铺子发了三笔大财。从此以后,成千成万的野心家都拥进新闻界的阵地,行出花钱登广告的规矩,成为商业上的大革命。

那时包比诺商行正在巴黎的墙上和所有的橱窗里耀武扬威。这样的宣传效果,皮罗多是没法估计的,他只对赛查丽纳说了

---

[1] 拿破仑手下的一员猛将。

句:"小包比诺正在走我的老路!"他不懂得时代变了,也体会不到新式广告的威力,不知道新方法的速度与范围打到商界中去要比以前快得多。皮罗多开过跳舞会以后,没有踏进过工场,完全不知道包比诺的活动和忙碌。安赛末把皮罗多的工人都包了下来,自己睡在工场里。在他看来,所有的箱子上,打好包的货色上,发票上,到处都有赛查丽纳的影子。伙计们上街办事去了,他就脱了上装,把衬衫袖子卷到臂弯,劲头十足的盯着箱子,心里想:"她一定会嫁给我的!"

赛查不知道见了那位金融界的大头儿什么话该说,什么话不该说,盘算了整整一夜。格莱是进步党,有人攻击他那一派存心要推翻波旁王室,倒也不是冤枉他们。第二天,赛查到了乌萨依街,走进银行家住宅的时候不免心惊肉跳,慌张得厉害。他和巴黎所有做小买卖的一样,对于上层银行界的人物与生活习惯是完全陌生的。

巴黎的大银行和一般工商界之间有一些中等银号,是银钱业的得力的居间商,而且使银钱业多一重保障。公斯当斯和皮罗多做买卖一向不超过本钱,银箱从来没空过,证券都藏在家里,没有要那些中等行庄帮过忙,高级银行界当然更没人知道他们了。生意人因为没有需要而不在外边调动款子也许是错误的:但大家在这一点上看法还不一致。不管怎么样,皮罗多的确后悔以前没签过票据。但是凭着副区长身份和他的政治地位,他以为只要亲自出马,闯上门去就行,不知道那位银行家见客的场面与众不同,宾客之多简直跟进宫朝见相仿。皮罗多被带进客厅,里间便是这个头衔一大串的名人的书房。会客室里等着一大批人,有议员,有作家,有新闻记者,有交易所的经纪人,有大商人,有代理人，有工程师，还有一般穿过人堆，在书房门上用暗号敲几下就能随便进去的熟客。

　　这地方是反对党每天设计划策的大本营，左派政客串演大规模悲喜剧的排练场；皮罗多看着他们忙忙碌碌，愣住了，心里想："我在这里算什么呢？"

　　他听见右边有人在谈论政府的借款，建筑总署要完成几条运河的干线，需要几百万款子！左边一批专拍银行家马屁的记者，谈着上一天议院里开会的情形和格莱的即席演说。皮罗多在两小时等待期间，看见那位亦官亦商的银行家出现了三次，都是送贵客，送出书房三步就回进去了。末了一位是福阿将军，法朗梭阿·格莱一直把他送到穿堂。

　　皮罗多好不苦闷的想道："我完啦！"

　　银行家回进书房的时候，一大批清客，朋友，存心来弄些好处的人，都拥上去包围他，像一群狗看见了一条漂亮的母狗。有几条大胆的小狗不管主人愿意不愿意，竟自溜进宝殿，谈上五分钟，十分钟，或是一刻钟。有的临走嗒丧着脸，有的心满意足，或者摆出一副俨然的神气。时间慢慢的过去，皮罗多好不心焦的瞧着钟。谁也没注意到有他这么个人憋着一肚子苦恼，待在壁炉那边的描金椅上受罪。他坐的地方紧靠书房的门，门内就有那包医百病的仙丹：借款！赛查很伤心的想到，像格莱这样天天威势十足的场面，自己在家里也曾经有过一时，比较之下，更显得他此刻在泥坑里陷得多么深了。想到这里，他辛酸极了。他一边等着一边咽下了不知多少眼泪，还几次三番的祷告上帝，希望格莱能买他面子。因为他感觉到，格莱虽则面上装作一团和气，好像谁都可以跟他亲近，骨子里却傲慢专横，动不动会发火，狠巴巴的只想控制别人，叫天性和顺的皮罗多看了害怕。最后只剩十来个人了，他打定主意只等书房门一响，就站起身来说："我是皮罗多！"表示自己的身份并不比这位大演说家低多少。花粉商这股进攻的勇气，竟不输似当年第一个冲进莫斯科碉堡的掷弹兵。

他站起来预备报出姓名的当口，心里盘算："不管怎样，我到底是他区里的副区长。"

法朗梭阿·格莱马上和颜悦色，分明是要表示殷勤。他瞧了瞧花粉商身上的红丝带，往后退了一步，打开书房门让他进去。可是楼梯上一阵风似的冲过来两个人，格莱在门口和他们谈了一会。

一个说："台加士要和你说话。"

另外一个嚷道："就是为推翻玛尚宫[1]的事！王上看清楚了，倒向我们这边来了！"

"等会咱们一同上议院去。"银行家说着，回进屋子，态度活像一只青蛙想装作一条牛。

皮罗多心里乱糟糟的想道："他怎么还有工夫想到他的买卖呢？"

显赫的权势像太阳一样照得花粉商眼花缭乱。昆虫本来只能在微弱的光线或晴朗的夜色之下生存，遇到亮光就睁不开眼睛。皮罗多看见一张大桌子上堆着政府的预算和国会的大宗文件。好几册《导报》[2]的合订本翻开着：刚才有人查过，把某某部长说过而早已忘了的话打着框框，预备拿到议会去质问，逼部长当场抵赖，让无知的群众笑话一场，他们是不懂一切事情都跟着形势变

---

[1] 玛尚宫是蒂勒黎宫中的一座大楼，当时的王弟阿多阿伯爵的府第。保王党中的极端派都集中在那里，密谋反对路易十八的政策。
[2] 《导报》是记载当时政治材料最完备的日报。

的。另外一张桌上放着成堆的卷宗，节略，计划书，以及新兴的实业界为了看中银行家的钱而送来的大批材料。豪华的书房里到处是图画，雕塑，艺术品；壁炉架上全是摆设；和国内外利益攸关的文件堆得像货色一般。皮罗多看着这些暗暗吃惊，越来越觉得自己渺小，越来越害怕，身子都凉了半截。法朗梭阿·格莱的书桌上放着一叠叠的票据，借票，商业文件。格莱坐下来，把一些不需要复核的信很快的签字。

他说："先生，承蒙光临，有什么事呢？"

那只贪心不足的手始终拿着笔在写，经常向全欧洲说话的声音向皮罗多说了这两句，而且是只对他一个人说的。皮罗多听着，肚子里好似给烙铁烫了一下，马上装出一副银行家近十年来看惯了的巴结的神气。凡是为了什么要紧事儿——只有对请求的本人才要紧的事儿，来甜言蜜语迷惑他的人，都是这副嘴脸，叫银行家看着先就抬高了自己的身价。当下格莱用拿破仑式的眼风向赛查瞅了一眼，把他的心思全看透了。有些暴发户就是这一点可笑，连皇帝手下的小兵都没当过，偏偏要学拿破仑的眼风。皮罗多在政治上是个右派，是官方的小喽啰，投起票来是拥护专制政体的；银行家的眼光落在他身上，好比验关员把货色打了一个铅印。

"先生，我不愿意耽误您时间，话不会多的。我是为了一桩生意到这儿来问一声，贵行能不能答应放款。我当过商务裁判，法兰西银行知道我的名字。假使我有证券在手里，我就向法兰西银行去申请了，你先生也是那边的董事。我很荣幸，曾经和放款委员会主任蒂篷男爵在商务法庭共过事，他不会拒绝我的。可是我从来没向银行借过钱，也没签过票据；我的签字在外边没人知道，所以要通融一笔款子很困难……"

格莱摇了摇头，皮罗多以为他听得不耐烦了。

他接着说："事实是这样：我在本行之外做了一笔地产买卖……"

法朗梭阿·格莱始终在批阅文件，忙着签字，似乎并不理会赛查的话，但又对他点点头表示鼓励。皮罗多看了觉得事情有希望，不禁松了一口气。

格莱很和气的招呼道："你说吧，我听着呢。"

"我跟人合伙，买进玛特兰纳近边的地，认了一半股子。"

"不错，克拉巴龙银号做的那笔大生意，我在纽沁根那儿听说过。"

花粉商又道："倘若能用我那份地产或者我的铺子，做十万法郎押款，我就好周转一个时期，等我新出的化妆品赚出钱来，那也是很快的事。必要的话，我可以拿包比诺铺子的票据作担保，那个新开的铺子……"

格莱似乎对包比诺商行不感兴趣；皮罗多知道路子走的不对，赶紧停住，但静下来也觉得心慌，便接着说：

"至于利息，我们……"

银行家说："是啊是啊，事情好商量的，你可以相信我很愿意效劳。可是我这样忙，全欧洲的金融都在我肩膀上，议会把我所有的时间都占去了，许多生意只能由我手下的人研究，这一点想必你不会奇怪。请你到楼下去找我弟弟阿道夫，把抵押品的性质跟他说清楚。倘若他同意，你和他两个明天或是后天清早五点再来看我，我考虑问题总在那个时候。承蒙你相信我们，我们很高兴。咱们虽是政敌，但像你这样明理的保王党瞧得起我们，也是我们的光荣……"

这句政客的口头禅，花粉商听了十分兴奋，答道："先生，您的好意我想我还当得起，便是王上也特别加恩，赏我勋章……因为我在商务法庭当过裁判，还替王家打过仗……"

"是的，皮罗多先生，你的名气就是一张护照。不可能的交易你也不会提出来的。放心，我们一定帮忙。"

这时有个女的从皮罗多早先没注意到的一道门里进来，原来是格莱太太，贵族院议员龚特维伯爵的两个女儿中的一个。

她说："朋友，你上国会之前，我有话跟你说。"

银行家叫道："哎哟！两点了，议会里已经开火啦。对不起，先生，我们要推翻内阁……你找我兄弟去谈吧。"

他把花粉商送到客厅门口，吩咐当差："陪这位先生去见阿道夫先生。"

一个穿号衣的佣人带着皮罗多在迷魂阵似的楼梯上穿上穿下，往另外一间办公室走去。那边的气派虽比不上主人的书房，可是更加实用。花粉商把希望寄托在**倘若**两字上面，心里很舒服，他摸着下巴，认为大人物说的几句恭维话兆头也挺好。所懊恼的倒是跟波旁家作对的人竟有这样的风度，这样的才干，这样的口才。

他抱着这些幻想走进一间光秃冰冷的办公室，摆着两张拉盖的书桌，几把简陋的椅子，挂着旧窗帘，铺的地毯也薄得很。这间办公室和另外一间的关系，正好比厨房之于餐厅，工场之于商店。金融界和工商界的业务在这里解剖，各种交易在这里分析，对有利可图的企业也在这里先捞进一笔油水。格莱弟兄在商界中向来以手段惊人出名，能够在几天之内创办一门独行生意，一眨眼就把钱赚足。他们研究法律的漏洞，毫无廉耻的盘剥人家，用交易所的行话来说，叫作**大敲竹杠**。比如要他们帮一点儿小忙，替什么字号出出面，开个往来户，等等，都要回佣。他们也布置一些表面上合法的圈套，给前途不大可靠的企业垫款，等它发达之后再在紧要关头抽回资金，把事业抢过来：这种恶辣的手段不知害了多少股东。总之，所有的阴谋诡计全是在这间屋里筹划的。

弟兄俩扮着不同的角色。在楼上，法朗梭阿是个政治家，才华出众，气派和王爷一般，恩惠，诺言，大量布施，叫每个人心里欢喜。跟他打交道，什么都方便，谈起生意来非常痛快。对一般初出道的角色和新进的投机商，他甜言蜜语，有求必应，代他们说出心里的话，把他们迷得神魂颠倒。到了楼下，阿道夫却以政务繁忙为理由替法朗梭阿开脱，事情还得他来精明细到的打过算盘。他扮的角色是代人受过的兄弟，百般挑剔的家伙。所以要和这个奸诈的银行作成交易，一句话不能作数，要两句话才行。在富丽堂皇的书斋里说得多好听的行，到了阿道夫办公室往往变做一个斩钉截铁的不。这种先答应，后推翻的办法，既可以从容考虑问题，又能叫一般不很高明的同行摸不着底。

银行家的兄弟正在和有名的巴尔玛谈话。巴尔玛是格莱银行的亲信，看见花粉商进来就走了。阿道夫比哥哥精明，是个十足地道的黑心人，尖眼睛，薄嘴唇，皮肤发青。他听完了皮罗多的话，低着头从眼镜上面把他瞅了一眼。那眼风可称为银行家的眼风，跟放印子钱的和诉讼代理人的一样：又贪心又冷漠，又明朗又暧昧，发出来的光又强烈又阴沉。

他说："请你把有关玛特兰纳地产的契约送来。既然是抵押品，在决定放款和谈判利息之前，先得审查那些文件。倘若生意可靠,我们免得你负担太重,可以不预扣利息,只消分一部分利益就行。"

皮罗多在回去的路上想:"啊,我懂了。海狸被人追急了,只能剥掉一层皮。反正让人家剪毛总比送命好。"

那天他回到家里满面笑容,这点儿快乐倒不是假装的。

他告诉赛查丽纳:"我得救了,我能够向格莱银行借到一笔款子。"

直到十二月二十九,皮罗多才重新踏进阿道夫·格莱的办公室。他第一次上门,阿道夫不在家,大演说家要在巴黎郊外几十里地方买一块地,兄弟替他察勘去了。第二次,格莱弟兄正在商量事情,整个上午不见客:政府要借笔款子,先要银行家出一张允条[1]送国会。他们约皮罗多星期五再去。这样的一再拖延把花粉商急坏了。好容易挨到星期五,皮罗多进了办公室,坐在壁炉旁边,对着窗子,阿道夫·格莱坐在壁炉的另外一边。

银行家指着手里的文件说:"我看过了,先生,可是你付了多少地价?"

"十四万。"

"是现金么?"

"是票据。"

"兑现了没有?"

"还没到期。"

"可是你付的地价倘若高过行市,我们还谈得上什么保障?那只能拿你的人缘和声望来担保了。做买卖可不能凭感情。假定

---

[1] 商业惯例,买卖的一方往往要求对方先出一书面,声明愿意成交某桩买卖。此项书面称为"允条"。

你付了二十万,其中十万按市价说是多付的,那我们还有十万法郎做十万放款的担保;将来我们可以代你把地价付清,地产归我们。但是要这么办,先要知道那笔生意做得做不得。等五年工夫求一个对本对利,还不如把本钱放在银行里调度。局势的变化那么多。你想再签新的票据来付到期的票据么?那很危险!怕吃小苦,就闯大祸。你这笔交易跟我们不合适。"

这句话给皮罗多的打击,好比刽子手把犯人身上刺了字,定了罪名。他吓得魂都没有了。

阿道夫说:"家兄对你非常关切,特别和我提到你。你不妨把整个情形说一说,咱们来研究一下。"他说着向花粉商瞟了一眼,好比一个交际花准备付房租了。

皮罗多嘲笑莫利奈的时候何等气概,不料他这一下自己就变做莫利奈。银行家有心打趣,想叫可怜虫说出他的心事;他盘问生意人的本领,不输似包比诺法官审问罪犯。他拿话一逗,赛查就把经营的事业,**女苏丹两用香皂,润肤水**,连同罗甘事件,为了空头借款而打官司等等,都说了。皮罗多看见格莱笑盈盈的转着念头,不住的点头耷脑,便私下想:"他听着我呢,关心我呢!借款有希望了!"其实阿道夫是在暗笑皮罗多,像皮罗多从前暗笑莫利奈一样。

一个人给倒霉事儿弄得头脑不清的时候,说话总是没结没完;皮罗多说到后来,露了本相,显了底,掏出他的最后一笔赌本,要求人家接受**护首油**和包比诺商行做抵押品。

老实人一相情愿的存着希望,听凭阿道夫·格莱把他试探,打量。阿道夫看出花粉商是个没出息的保王党,快到破产的关头。区里有一个副区长倒台,尤其是一个新近受勋的官方人士,阿道夫觉得非常高兴。他便老实告诉皮罗多既不能给他放款,也不能向他的哥哥,大演说家法朗梭阿说情。就算法朗梭阿一时糊涂,发起善心来想帮助一个政敌和意见与他相反的人,他阿道夫也要竭力反对,不让他做傻瓜去支持拿破仑的老冤家,在圣·洛克事变中受伤的人。

皮罗多气愤之极,恨不得把高级银行界的贪心,冷酷和假慈悲数落一顿;但他心里难过得不得了,只能对格莱弟兄的后台,法兰西银行的制度,结结巴巴的批评了几句。

阿道夫说:"连普通银行都拒绝的户头,法兰西银行更不会放款了。"

皮罗多说:"法兰西银行每年公布盈余的时候自鸣得意,说在巴黎商界中只损失一二十万法郎:这就表示它没有尽到责任。法兰西银行是应当扶植巴黎的商业的。"

阿道夫做了一个不耐烦的手势,站起身来笑了。

"巴黎是金融界中最滑头最危险的地方,法兰西银行要是给那些困难户垫款,一年下来就得宣告清理。它单单提防市面上流通的票据和靠不住的证券,已经够吃力了,怎么还能研究那些要求放款的人的业务?"

皮罗多一边穿过院子,一边想:"明天就是三十日星期六,我缺少的一万法郎上哪儿去找呢?"

生意场中的规矩,月底逢到假期,款子就得早一天付。

11

一个朋友

花粉商走到大门口，刚好一匹精壮的英国马，浑身大汗，拉着一辆当时巴黎街上最漂亮的双轮车在门口停下。皮罗多泪眼模糊，差点儿没看见。他恨不得让车子撞倒，死掉算了；那也许人家会说他遭了意外，事情才搅得一团糟的。他没有认出，来的是身段苗条的杜·蒂埃，穿着漂亮的晨装，一面把缰绳递给跟班，一面拿毯子盖了牲口，那匹纯血种的马背上湿漉漉的全是汗。

他招呼老东家道："怎么在这儿呀？"

其实他早已知道。格莱弟兄向克拉巴龙打听赛查，克拉巴龙按照杜·蒂埃的吩咐，把花粉商多年的信誉说得一文不值。可怜虫的眼泪虽然马上止住，已经充分泄露了他的心事。

杜·蒂埃说道："你可是来要这些阿拉伯人[1]帮忙的？哼！你不知道这批商界上的刽子手作了多少坏事！他们囤足了靛青，把靛青抬价；为了要改进大米，操纵市场，就压低行情，逼人家低价抛出。他们都是手段毒辣的海盗，没有王法，没有信仰，没有

---

[1] 阿拉伯人是和犹太人一样以重利盘剥出名的。

良心的！他们会做出什么事来，难道你不知道么？看你手头有桩好买卖，就放款给你；等到你被买卖拖住了，就来收回款子，逼你三钱不值两文的把事业让给他们。他们在勒·哈佛，波尔多，马赛，干的好事，人家会告诉你一大堆呢！他们拿政治做幌子，遮盖了多少混账事儿！所以我老实不客气盘剥他们。亲爱的皮罗多，咱们一块儿走走罢。——约瑟，马热得很，你牵着它去遛一下。值到三千法郎的牲口也是一笔资本呢。"

他说着往大街那边走去。

"告诉我，亲爱的东家——因为你是我老东家啊——是不是要用钱？他们问你要抵押品么？那些混账东西！我是知道你的，凭你的票据，我就借钱给你。我的钱是清清白白，千辛万苦挣来的。我是到德国去发的财。现在可以告诉你了：我把王上欠的债六折收进；你作的保对我帮助不小，我很感激。你要是缺少万把法郎，在我这儿拿吧。"

赛查叫道："怎么！杜·蒂埃，这话当真么？不跟我开玩笑吧？不错，我手头紧了一点，不过也是暂时的……"

杜·蒂埃回答："我知道，为了罗甘。唉！我也损失了一万法郎，老混蛋借去做了逃跑的盘缠；可是将来罗甘太太分到了共有财产，会还我的。我劝那可怜的女人别发傻，丈夫为一个婊子欠下的债，千万不能拿她的财产去还。她要能全部归清当然很好，可是对债主怎么能照顾了这个，亏待了那个呢？你不是罗甘那样的人，我知道，你宁可把自己一枪打死，也不肯叫我损失一个钱的。哦！已经到旭赛·唐打街上了，上我家里去坐坐吧。"

这个暴发户有心带了老东家不进办公室，而穿过一间间的上房，还特意放慢脚步让皮罗多看看他豪华的餐室和两间客厅。餐室里挂着从德国买来的名画；至于客厅的精致讲究，皮罗多只有在特·勒农古公爵府上见识过。

屋内到处描金，摆满了艺术品，奢侈的小摆设，名贵的花瓶，以及使公斯当斯的房间相形失色的许多小东西，把皮罗多眼睛都看花了。他自己摆过阔，知道摆阔的代价，心里想：

"他哪儿来的几百万家私呢？"

皮罗多走进杜·蒂埃的寝室。一比之下，他女人的卧房好比跑龙套住的四层楼，这里却是歌剧院红角儿的住宅。天花板上糊着紫色缎子，用白缎子嵌线做衬托。地下铺着东方出品的青莲地毯，床前另有一条银鼠的脚毯。家具和零星用品都式样新颖，说不尽有多么讲究。花粉商停下来看一架美丽的座钟，雕着爱神和泼西希的像，原作是一个有名的银行家定做的，杜·蒂埃同他商量，弄到了这个独一无二的复制品。最后，老东家和老伙计两个走进一间书房，完全是公子哥儿的气派，精致可爱，不像做交易的地方，倒像是谈情说爱的场所。罗甘太太因为杜·蒂埃照顾了她的财产，送他一把镂金的裁纸刀，一个雕刻精工的孔雀石信插，还有一些穷奢极侈，高价买来的小古董。铺的地毯是最讲究的比利时出品，不但眼睛看了舒服，而且软绵绵的厚羊毛踏上去的感觉也与众不同。杜·蒂埃把花粉商让到壁炉旁边坐下，可怜的花粉商却是眼花缭乱，狼狈得很。

"和我一块儿吃饭好不好？"

杜·蒂埃打了铃，进来一个当差比皮罗多还穿得整齐。

"请勒葛拉先生上来。再到格莱银行门口叫约瑟回家。你进去告诉阿道夫·格莱，说我不去看他了，交易所开市以前，我在家里等他——吩咐下面开饭，要快一点！"

这几句话把花粉商听呆了。

"杜·蒂埃居然叫那么威风的阿道夫到这里来,把他当作狗一样的呼来喝去!"

一个小不点儿的当差进来拉开一张桌子。桌子太小巧了,皮罗多早先没看见。接着端来一盘肝酱,一瓶包尔多红酒,还有几样精致的菜,都是皮罗多家逢年过节才吃的。杜·蒂埃非常得意。世界上只有一个皮罗多有权利瞧他不起,所以他恨透了皮罗多;现在看他坐在自己面前,好像看一只绵羊在抵抗一只老虎。他忽然有了一个慷慨的念头,暗里盘算是不是报仇已经报够了。一方面是刚刚在心中冒起来的怜悯,一方面是正在平息的仇恨:他在两者之间决不定怎么办。

他想:"我尽可以在生意上把这个人毁掉,他和他妻子女儿的性命都操在我手里。我为他女人受过罪,有个时期还想娶他女儿,把整个前途放在她身上呢。现在他的钱给我拿来了。还是让这个饭桶在水里漂一下再说吧,反正逃不出我手掌。"

老实人往往不识时务,做起好事来没有分寸,样样都直往直来,心口如一。皮罗多已经倒霉,还要进一步自讨苦吃,把老虎给得罪了,无意中刺伤了他的心。他一句话就把杜·蒂埃变成他的死冤家,而且还是一句赞美的话,表示一个人诚实有德,极坦白极高兴的说出来的。

出纳员来了,杜·蒂埃指着赛查说道:

"勒葛拉先生,给我送一万法郎上来,再替这位先生预备一张三个月的期票,写我的抬头。你知道,这一位就是皮罗多先生。"

杜·蒂埃给花粉商倒了一杯包尔多,拣了些肝酱。花粉商看到自己有了生路，不由得像抽筋一般的笑起来。他摸着表链，只要老伙计说着："怎么不吃呀？"他才送一口东西到嘴里。看他这副神气，可知杜·蒂埃把他推落进去的陷坑有多么深；而且现在拉他上来，将来仍可以推他下去。等出纳员回上楼，赛查签好期票，十张钞票一装进口袋，他再也忍不住了。一会儿以前，他的街坊和法兰西银行都要知道他付不出款子，他也非向老婆承认亏空不可；现在一切都挽回过来了！一个人得救的快乐，强烈的程度和失败的苦恼差不多。可怜虫情不自禁，连眼睛都湿了。

杜·蒂埃道："怎么啦，亲爱的东家？今天我这样对你，明天你不是会同样对我么？那不是平常得很，跟打个招呼一样么？"

老实人站起来抓着老伙计的手，一本正经，加强了语气说道："杜·蒂埃，这一下我又敬重你了。"

"怎么！以前你是瞧不起我么？"杜·蒂埃在一帆风顺的势头上受了这个耻辱，脸孔涨得通红。

花粉商发觉闯了祸，吓了一大跳，说道："那也不见得……有人提到你和罗甘太太的关系。呵！跟别人的老婆……"

杜·蒂埃暗暗想道："好家伙，你明明是放屁！"这一句是他当掮客时代的口头禅。

他这么一想，又回到原来的计划上，决意把这个正人君子打倒，踩在脚下。皮罗多拿着杜·蒂埃的把柄，又是个规矩体面的人，杜·蒂埃非叫他在生意场中身败名裂不可。社会上的深仇宿恨，不管是为了政治还是私事，不管在女人之间还是在男人之间，原因都不外乎被人拿住了赃证。物质的损失，面子的伤害，都还能补救，甚至挨了巴掌也没有什么大不了；唯独犯案的时候被人撞破是无法挽回的！……罪犯和见证的决斗，一定得拼个你死我活才罢休。

杜·蒂埃嘻嘻哈哈的说道："噢！罗甘太太！那不正是年轻人的风头么？我明白了，老东家，大概外边说我借了她的钱吧。事实正相反，她的财产被丈夫的亏空拖累了，是我替她救过来的。我的家业来路很清白，刚才告诉过你了。你知道我本来一无所有。年轻人的处境有时候真窘，弄得不好，会越来越穷。就算我们像共和政府那样用摊派方式借钱，我们总还如数归清，比政府老实得多。"

皮罗多道："不错，我的孩子……伏尔泰不是曾经说，**上帝把悔过看作人的美德么**？"

这句话对杜·蒂埃又是当头一棍，他接口道："就是不能用卑鄙手段拐骗邻人的财产，比如你三个月之内宣告破产，把我的一万法郎变了一把灰……"

"我怎么会破产？"皮罗多一面喝了三杯酒，一面也得意忘形了。"我对破产的意见，大家都知道。做买卖的破了产，等于死了一样，我是活不下去的！"

杜·蒂埃道："来，干一杯，祝你健康！"

花粉商答道："祝你发财！你为什么不在我店里买花粉呢？"

杜·蒂埃道："说老实话，我怕见你太太，她老是引起我的幻想！你要不是我的东家，真的，我……"

"啊！说她漂亮的不止你一个，好多人都为她动心，不过她是爱我的！喂，杜·蒂埃，好朋友，你索性帮忙帮到底吧。"

"怎么呢？"

皮罗多把地皮生意说给杜·蒂埃听，杜·蒂埃瞪着眼睛，认为那笔买卖太好了，把花粉商的聪明和眼光着实恭维了一番。

"听到你赞成，我很高兴。杜·蒂埃，亲爱的孩子，你是金融界的大人物，很可以介绍我向法兰西银行借一笔款子，让我等到**护首油**赚钱的时候。"

"我可以介绍你找纽沁根银行。"杜·蒂埃阴损了皮罗多，还打算叫他把破产人的丑态全部表演出来。

他坐在书桌前面写了一封信：

致 巴黎特·纽沁根男爵

亲爱的男爵：

兹介绍第二区副区长，巴黎花粉界最知名的实业家，赛查·皮罗多先生前来拜访。他希望和你在商业上发生关系。倘或有所请求，务恳予以信任。你帮了他的忙，就等于帮了我一样。

F·杜·蒂埃

杜·蒂埃签的名在"i"上面漏掉一点。对于一般和他在生意上有来往的人，这个缺笔是个暗号；有了这暗号，不管信上介绍的话多么恳切，请托多么热烈，都不发生作用。原来表示杜·蒂埃伏在地下，苦苦央求的许多惊叹号，是别有苦衷或者是没法拒绝而写上去的，应当作为无效。收信的朋友看到"i"上面缺掉一点，就说几句空话把来人敷衍一番了事。好些上流人物，连要人在内，都像小孩子般受过做经纪人的，做银钱生意的，当律师的骗；他们都有两种签字，一种是有效的，一种是无效的；便是最精明的人也免不了上当。你要把真信假信的效果都领教过了，才能识破这个狡计。

赛查念了信，说道："杜·蒂埃，你救了我了！"

杜·蒂埃说："你尽管去借吧；纽沁根看到我的字条，你要借多少就多少。事情不巧，这几天我的资金没法调动；要不然，我也不打发你去找这位金融大王了。跟纽沁根男爵比起来，格莱弟兄不过是虾兵蟹将。纽沁根是劳氏[1]转世。拿了我的信，包你正月半可以过关；以后咱们再瞧着办。纽沁根和我是最要好的朋友，问他要一百万，他也不会拒绝的。"

皮罗多临走对杜·蒂埃感激不尽，心上想："这就跟打了保单一样了。对，一个人做的好事永远不会落空的！"

他想着人生的大道理出神了。可是还有一桩心事扰乱他的快乐。这几天他拦着老婆不让她去查看账目；银钱出入都交给赛莱斯丁照管，自己也帮着做一些。他为妻子女儿装修布置的漂亮房间，他要她们痛痛快快受用一下。但是兴头过去了，要皮罗多太太不当家做主，不像她所谓的**亲自当垆**，那是她死也不肯的。皮罗多的戏法已经变完，为了不让太太看出亏空的痕迹，什么手段都用过了。向老主雇讨账的事，公斯当斯就大为反对，把伙计们埋怨了一顿，还说赛莱斯丁不该拆铺子的台，只道是他一个人出的主意。赛莱斯丁听着皮罗多的嘱咐，一声不出，由她埋怨。伙计们都知道老板是受老板娘控制的；夫妇两个谁真正掌权，只能瞒外人，不能瞒自己人。事到如今，皮罗多非把实情告诉太太不可了，向杜·蒂埃借的钱必须在家里说明理由。他回去，公斯当斯正在柜上查看到期应付的账，现金想必也点过了；皮罗多看着

---

[1] 约翰·劳（1671—1729），爱尔兰银行家，在法国当税务总监，为西印度公司的创办人。

不由得心惊肉跳。

她等丈夫在身边坐下了,咬着他耳朵问:"明天拿什么付账呢?"

"拿现款啊。"他说着掏出钞票,向赛莱斯丁招招手,叫他收下。

"哪儿来的?"公斯当斯问。

"等晚上告诉你——赛莱斯丁,你在借贷项下记一笔:三个月到期,一万法郎,户名杜·蒂埃。"

公斯当斯吓了一跳,跟着说了声:"杜·蒂埃!"

赛查说:"我要去找包比诺。我还没有去看过他,太不应该了。他的油销路好么?"

"送来的三百瓶都卖完了。"

"皮罗多,你别出去,我有话跟你讲。"公斯当斯说着,抓着丈夫的胳膊直奔卧房,那副急迫样儿在别的场合准会叫人发笑。到了房里,她看见只有女儿在场,才说:"杜·蒂埃!偷过咱们三千法郎的杜·蒂埃!你怎么跟这个畜生打交道……"又凑着他耳朵说,"当初他还想勾引我呢。"

"那是年轻人一时糊涂。"皮罗多忽然头脑开通起来。

"皮罗多,你这一晌行动不对,连工场都不去了。我感觉到出了什么事了。你得告诉我,一点不能隐瞒。"

皮罗多道:"好,告诉你吧。咱们差点儿破产,一直到今天早上为止。现在可挽回过来了。"

于是他说出半个月来痛苦的经历。

公斯当斯叫道:"你上次病倒,原来是这个缘故!"

赛查丽纳道:"是的,妈妈。爸爸真勇敢。人家要爱我像爸爸爱你一样就好啦。他只怕你心里难过。"

可怜的女人倒在火炉旁边的沙发上，吓得面无人色，说道："我的梦应验了。我一切都料到的。我做噩梦的那个晚上，在你拆掉的老房间里，我就跟你说过。咱们什么都要弄光，只剩一双眼睛落眼泪。哎唷，可怜的赛查丽纳呀！我……"

皮罗多嚷道："唉，你啊，我正需要勇气，你这不是替我泄气么！"

"对不起，朋友，"公斯当斯握着赛查的手，那种温存体贴的感情直透入可怜的丈夫心里，"我不应该这样。既然倒霉，我决计一声不出，逆来顺受，我有力量撑下去。放心，你不会听到我有什么抱怨的话。"

她扑在赛查怀里哭着说："朋友，拿出勇气来！要是你勇气不够，我给你。"

"我的油，太太，我的油会救我们的。"

公斯当斯说："但愿上帝保佑！"

赛查丽纳说："安赛末不是会帮助爸爸么？"

赛查叫道："我马上去看他。"妻子惨痛的声调把他深深感动了；相处了十九年，赛查还没有完全认识她。他说："公斯当斯，你不用再害怕。这是杜·蒂埃给纽沁根的信，你念吧。借款是拿的稳了。这期间，我的官司也可以打赢了。而且，"他又扯了一个必要的谎，"还有咱们的叔叔比勒罗呢。只要拿出勇气来就行。"

公斯当斯微笑道："只要勇敢就行，那倒好了！"

皮罗多卸掉了重担，走在路上好像才从监牢里释放出来。可是内心经过这些剧烈的斗争，消耗的意志和精力都来不及补充，不能不动用生命的老本；他只觉得说不出的疲倦。皮罗多已经老了。

五钻石街上的包比诺商行，两个月来面目大不相同。店面重新漆过了。五颜六色的柳条篮装满了瓶子，凡是见识过兴隆气象的商人看在眼里十分舒服。地板上堆满着包装用的纸。栈房里放着许多小桶，装着各式各种的油，都是忠心的高狄沙兜来的订货。铺面和后店堂的楼上做了账房间。一个烧饭的老婆子兼管包比诺和三个伙计的家常杂务。铺面的一角有个装着玻璃门的小房间，包比诺平时守在那儿，束着一条粗呢围身，戴着绿布套袖，耳朵上夹着一支笔；有时埋头钻在纸堆里，像皮罗多上门的时候一样忙着拆那些装满汇票和订单的信。包比诺听见老东家说了声："喂，孩子！"便抬起头来，把小房间上了锁，高高兴兴的走出来，鼻子冻得通红；因为大门开着，铺子里也没有生火。

包比诺恭恭敬敬的说道："我怕你永远不来了。"

伙计们都过来瞻仰花粉业中的大人物，得过勋章的副区长，老板的合伙人。这种不声不响的敬意，皮罗多看了心里非常舒服。他在格莱弟兄面前多么渺小，这时却也觉得应该学学他们的功架：便摸着下巴，得意扬扬的提起脚跟，挺着身子，说些无聊的俗套。

"嗯，朋友，早上起得早么？"

包比诺答道："别说起早，还不大有工夫睡觉呢。生意好的当口要抓住机会……"

"我不是早说的么？我的油就是一笔财产。"

"是的，先生；不过推销的方法也有关系。为你的宝石，我很花了些镶工。"

花粉商说："那么情形怎么样？可有赚头啦？"

包比诺叫道:"怎么!一个月工夫就有赚头啦?高狄沙才不过出门了二十五天;他一句话没跟我说,就搭着驿车走了。他真忠心!这也是沾了我叔叔的光!"他又凑着皮罗多耳朵说,"报纸要花到我们一万二千法郎呢。"

皮罗多道:"报纸!……"

"你没看报么?"

"没有。"

包比诺说:"那么你是什么都不知道了。招贴,框子,印刷,花了两万!……还买了十万个瓶子!……现在样样都是下本的时候。我们正在大批生产。我常在工场里过夜;要是你上那儿去,可以看到我发明的一个小型榛子钳,不会蛀的。这五天,光是替客户代办制药用的油,就赚了三千法郎佣金。"

"你真会动脑筋!我早看出来了。"皮罗多摸着包比诺的头发,把他当作小娃娃一样。

这时有几个人走进铺子。

皮罗多跑来只闻到肉香,一时还吃不到肉,便丢下包比诺让他去料理事情。他说:"再见了,星期天咱们一起在你姑母家吃饭。"他心上想:"真怪!眼睛一霎,小伙计就这样会做买卖。"包比诺的得意和自信,跟杜·蒂埃家穷奢极侈的排场,同样使他诧异不止。"我把手放在安赛末头上,他脸色就不大好看,仿佛他已经成了法朗梭阿·格莱那样的人物。"

皮罗多没想到,伙计们拿眼睛望着包比诺,做老板的在店里总得保持老板的身份。老实人在这里像在杜·蒂埃家一样,为了好心肠又做了一桩糊涂事儿。他不能把真情实感藏在心里,只会俗不可耐的表现出来;亏得是包比诺,换了别人,准会生他的气的。

皮罗多夫妇两个过了十九年幸福的生活，星期日拉贡家的饭局是他们最后一次的快乐了，而且是完美的快乐。拉贡住在圣·舒比斯－小波旁街，一幢古老房子的三层楼上。房子外表很像样；里面的护壁板画的是牧羊姑娘穿着大裙子跳舞，羊群在那里吃草，完全是十八世纪的风光。而拉贡夫妇作为十八世纪布尔乔亚的代表也再合适没有：古板，严肃，生活习惯叫人看了好笑，心里始终敬重贵族，对王上跟教会都忠心耿耿。家具，时钟，桌布，碗盏，样样都年代久远，因为古色古香，反倒显得新式了。客厅里糊的是大马色旧花绸，挂着织锦缎窗帘，摆几张大沙发和几口什锦柜子。一幅出色的包比诺肖像还是拉都的手笔。画上的包比诺是拉贡太太的父亲，做过桑赛尔的市政官，从画上看是个挺好的好人，满面笑容，活像走运的暴发户。拉贡太太在家还有一条英国种的查理小狗[1]做她的配角，躺在小小的洛可可式[2]硬沙发上，可爱得很。当然，那张沙发从来没有派过克莱皮翁沙发的用场[3]。老夫妻俩有许多优点，尤其是家里藏着沉淀清楚的陈年葡萄酒和安福太太精制的几种饭后酒。据说有些男人尽管不存希望，仍旧死心塌地爱着美丽的拉贡太太；那批酒就是他们从中美洲捎给她的。所以他们家的小小的饭局很受赞赏。老厨娘耶纳德赤胆忠心的服侍两个老人，恨不得偷了果子来替他们做果酱。她攒的钱不存银行，专买奖券，希望有朝一日能有大笔奖金送给主人。她虽则上了六十岁，逢到有客人来的星期天，还是忙着在厨房里招呼饭菜，在饭厅里侍候，手脚的轻健，便是在费加罗婚

---

[1] 一种特殊的英国狗，以受英王查理二世钟爱得名，至今呼为查理狗。
[2] 洛可可是十八世纪装饰美术上的一种风格，偏于细巧烦琐。
[3] 克莱皮翁是十八世纪的法国作家，写的色情小说内有一篇题目就叫作《沙发》。

礼中扮苏珊娜出名的龚达太太也要输她几分。

请的客人是包比诺法官,比勒罗叔叔,内侄安赛末,皮罗多一家三口,玛蒂法一家三口,还有陆罗神甫。缠着头巾参加跳舞会的玛蒂法太太,这回穿着蓝丝绒衫,厚纱袜,山羊皮鞋,戴着绿色海虎绒镶边的羚羊皮手套,罗士呢[1]夹里的帽子上插着莲馨花。十个客人五点钟都到齐了。拉贡夫妻要求他们都准时。人家请他们,也得提早开饭,七十老人的胃不能依照时髦社会的新规矩把晚饭的时间推迟。

赛查丽纳料到拉贡太太会把她的座位排在安赛末旁边。只要是女人,不管是热心宗教的还是痴呆混沌的,在爱情方面没有一个不精明。所以花粉商的女儿把自己打扮得叫包比诺神魂颠倒。公斯当斯素来把公证人一行看作王太子似的,招克劳太做女婿的事没有成功,觉得很难过;现在帮女儿装扮,也还有些心酸。她想着女儿的前途,有意把赛查丽纳的围巾披得低一些,让一部分肩膀和长得特别好看的脖子露在外面。希腊式的双叠襟的紧身儿半开半合,一共有五道褶裥,把浑圆的胸部勾画得十分迷人。淡灰呢衫束着绿绲边的飘带,身腰越发显得苗条柔软。耳上戴着镂金的环子。往后梳的头发叫人一眼就看到皮肤娇嫩无比,加上隐隐约约的血管,皮色有了变化,没有反光的部分更表示她生活纯洁。一句话,赛查丽纳那天晚上娇艳极了,连玛蒂法太太也不能不承认,但她没想到母女俩的意思是非把小包比诺的心勾住不可。

两个受着爱情煽动的孩子,站在冷风从隙缝里直钻进来的窗

---

[1] 一种用羊毛、棉纱与丝混合织成的料子。

洞底下，放低着声音甜甜蜜蜜的谈心；皮罗多夫妇跟玛蒂法太太都不去打扰他们。并且大人们的谈话也热闹起来了，包比诺法官漏出一句关于罗甘逃走的话，说他是第二个出事的公证人，这一类的罪行从前是没有的。拉贡太太听见罗甘的名字，马上踢了踢她兄弟的脚，比勒罗也提高嗓子盖住法官的声音；两人都对他指着皮罗多太太打暗号。

"我全知道了。"公斯当斯对她的朋友们说，声音又柔和又难过。

皮罗多怯生生的低着头，玛蒂法太太问他："罗甘究竟拿了你多少？外边谣言，说你被他拖倒了。"

"他拿了我二十万。另外四万，他假装是代我向一个主顾借的，其实他早已把那个主顾的钱挪用了；为此我们正在打官司。"

包比诺道："这案子下星期可以宣判。我把你的情形向庭长说了，想你不会怪我吧。庭长吩咐把罗甘事务所的案卷调到评议庭来，查他从什么时候起挪用主顾的存款，但尔维提出的事实也得核对证据。但尔维替你省钱，亲自出庭辩护。"

皮罗多问道："我们会胜诉么？"

包比诺回答："不知道。案子分发在我的一庭，可是即使要我参加评议，我也不预备出席。"

比勒罗说："这样简单的官司难道还有疑问么？款子怎么交割，由哪几个公证人作证，借据上不是都应当写明的么？罗甘要是给抓到了，一定得送去做苦役。"

法官说："在我看来，借主应当在罗甘事务所的出盘费和保证金项下取得赔偿。可是比这个更简单明了的案子，高等法院评议庭有时也有六票对六票的事。"

安赛末·包比诺终于听见了他们的谈话,问赛查丽纳:"怎么,小姐,罗甘逃走了?赛查先生一句也没跟我提,我可是为他拼命都愿意的……"

赛查丽纳懂得"为他"两字实际是指他们一家;天真的姑娘就算误会了他说话的音调,他那种火辣辣的眼神,绝不可能误会。

她说:"我知道,对父亲也说过了。但他把全部事情瞒着妈妈,只告诉我一个人。"

包比诺说:"你在这件事情上和他提起我,足见你看到了我的心,不过是不是全看到了呢?"

"也许是吧。"

包比诺说:"那我真高兴。只要你让我完全安心,不消一年,我挣的钱就能叫你父亲听到我求婚不再那么冷淡。从今以后,我每天只睡五个小时了……"

"别伤了身体。"赛查丽纳的声调叫人学都学不来,投向包比诺的眼风也透露了她的心意。

赛查离开饭桌的时候对老婆说:"我看两个年轻人彼此爱上了呢。"

公斯当斯放低了调门回答:"那不是很好么?女儿找到了一个精明强干的丈夫。最漂亮的聘礼就是才干。"

她急急忙忙离开饭厅,直奔拉贡太太的卧房。赛查在饭桌上说了几句毫无见识的话,叫法官和比勒罗听着好笑;公斯当斯想起可怜的丈夫这样懦弱,没有力量抵抗患难,不由得暗暗伤心。她不知怎么总防着杜·蒂埃;做母亲的不懂拉丁文,也知道那两句古话:**即使希腊人拿了牺牲来祭神,我还是怕他们**[1]。她伏在女儿和拉贡太太怀里哭了,但不愿意透露伤心的原因,只说:"这是一时冲动。"

晚上,老年人打牌消遣。年轻人玩一些又有趣又文雅的集体游戏,正好给布尔乔亚那种无伤大雅的调情打趣做掩护。玛蒂法夫妇也跟青年人一起玩儿。

公斯当斯在回家的路上说:"赛查,你年初三就该去看纽沁根男爵,把月半的款子早点准备好。万一出了岔儿,一天两天怎么想得出办法呢?"

赛查道:"对,太太。"又握着她的手说,"亲爱的,没想到我送了这样一笔礼物给你们过年!"

在黑洞洞的马车里,母女两个看不见皮罗多,只觉得热烘烘的眼泪掉在她们手上。

公斯当斯道:"别失望,朋友。"

赛查丽纳道:"不会有问题的,爸爸。刚才安赛末先生告诉我,他为你拼命都愿意。"

"为我,也是为我们一家,是不是?"赛查说着,神气又快活起来。

赛查丽纳握着父亲的手,意思是说她跟安赛末订婚了。

新年的头上三天,皮罗多收到二百张贺年片。卷进了苦海,再看到这些虚假的友谊和亲热的表示,心里的确很凄惨。皮罗多到有名的银行家,纽沁根男爵府上白跑了三趟。既是新年,应酬特别多,见不到银行家也在情理之中。最后一次,花粉商一直撞

---

[1] 原文是拉丁诗人维吉尔著的《埃涅阿斯纪》中的两句诗。

进银行家的办公室：管事的是个德国人，说纽沁根先生参加了格莱家的舞会，早上五点才回家，九点半以前不会见客。皮罗多跟德国人谈了半小时，德国人对他的事居然关心起来。当天，这位总管送来一个字条，说男爵准定明天十三日中午接见他。虽然每过一个钟点都像喝一杯苦水，一天的时间还是过得很快。花粉商雇了一辆马车，在银行家住宅近边停下来。院子里已经摆满车辆。看到这份赫赫有名的人家的气概，可怜的老实人心直往下沉。

"他可是倒账倒过两次呢。"皮罗多这么想着，走上摆满鲜花的漂亮的楼梯，穿过一连串穷奢极侈的房间。但斐纳·特·纽沁根男爵夫人就是以排场阔绰出名的。

圣·日耳曼区的贵族还没有肯招待男爵夫人，男爵夫人有心要和他们之中最有钱的人家见个高低。男爵正陪着太太吃中饭。办公室里等的人很多，可是男爵说只要是杜·蒂埃的朋友，随时都可以进来。骄横的当差听着主人的话，脸色马上不同；皮罗多看着，不由得战战兢兢的存了希望。

男爵站起来向皮罗多点点头，对太太说："对不起，亲爱的；这位先生是个忠心的保王党，杜·蒂埃极要好的朋友，又是第二区的副区长，开的跳舞会场面伟大，简直是东方气派，你一定很高兴见见他的。"

男爵夫人道："是啊，我要能够向皮罗多太太讨教一下，上几课才高兴呢，斐迪南……（花粉商暗暗想：噢，她对杜·蒂埃是叫名字的！）和我提到那个跳舞会，着实夸赞了一番；他平时什么都不佩服，要他称赞可不容易呢。斐迪南是十分严格的批评家，样样都要求十全十美。你是不是马上再开一个跳舞会呢？"她问话的神气亲热得不得了。

花粉商拿不准她的话是挖苦还是一般的客套,只能说:"太太,我们这种可怜的人是难得玩儿的。"

男爵说:"你府上的装修还是葛兰杜先生主持的呢。"

但斐纳·特·纽沁根说:"啊!葛兰杜!是那个从罗马回来的,年轻漂亮的建筑师么?我真喜欢他,他给我在纪念册上画了些素描,妙极了。"

一个犯叛逆罪的人在威尼斯的异教裁判所穿上受刑的靴子[1],也不见得比衣服穿得好好的皮罗多更痛苦。他觉得每句话都在刻薄他。

男爵用刺探的神气把花粉商瞪了一眼,说道:"我们也举行一些小小的舞会,所以你瞧,大家都喜欢来这一套。"

桌上摆着精致的饭菜,但斐纳指着说:"皮罗多先生愿意和我们吃个便饭么?"

"夫人,我是来谈生意的,我……"

男爵说:"对!太太,你允许我们谈生意么?"

但斐纳略微点点头,问男爵:"你是不是想买香粉呀?"

男爵耸耸肩膀,转过来朝着万分焦急的赛查说:"杜·蒂埃对你非常关心。"

可怜的花粉商想道:"啊!好容易谈到正事了。"

男爵又道:"凭着他的信,你在我行里要借多少就多少,只要不超过我的财产……"

---

[1] 欧洲的宗教迫害至十八世纪尚未停止。意大利与西班牙的异教裁判所都以毒刑著称。此处所谓受刑的靴子是一种特殊的刑具。

天使在沙漠中赐给夏甲的水[1]叫人喜欢和安慰的作用，大概和这几句怪腔怪调的法文[2]输入皮罗多血管里的甘露差不多。狡猾的男爵有心保留难听的口音，跟德国犹太人说的法文一样，以便日后抵赖，说人家把话听错了。

好心的，可敬的，伟大的银行家装出一副亚尔萨斯人的忠厚样儿，说道："我可以给你开个往来户，手续是这样的……"

皮罗多听着完全定心了。他是生意人，知道不预备帮忙绝不会谈到成交的细节。

"你知道，客户不论大小，向法兰西银行借款都要两个保人。你去开一张期票来，写上咱们的朋友杜·蒂埃的抬头，我签了字当天送给法兰西银行；你早上填好数目，下午四点就能拿到现款，利息照银行的规定。我不拿佣金，不拿扣头，什么都不要，我能够为你效劳就很高兴了……不过有一个条件！"他用左手的食指轻轻碰了一下鼻子，做了一个绝顶俏皮的动作。

"男爵，不管什么条件，你不用说出来我就接受了。"皮罗多以为他要在生意上分一部分赚头。

"那个条件我看得很重要，我要内人像她说的向皮罗多太太上几课。"

"男爵，千万别取笑！"

银行家一本正经的说："皮罗多先生，一言为定；你下次开跳舞会一定要请我们。内人眼红得很，她要参观你的屋子，个个人都对她说好得了不得。"

---

1 圣经《创世记》载：亚伯拉罕的埃及妻子夏甲被逐，带着儿子在沙漠中断水将死，遇天使下降，指示井水获救。
2 原文中所有纽沁根的说话，每个字都是念别音的。

"噢！男爵！"

"你不答应，我就不放款！你是个红人呢。我知道你请了塞纳州州长，他本是要来的……"

"噢！男爵！"

"你还请了内廷侍从拉·皮耶第埃，还有冯丹纳，他和你一样受过伤……在圣……"

"共和三年正月十三，男爵。"

"还有特·拉赛班特先生，还有学士院的伏葛冷先生……"

"噢！男爵！"

"哎！哎！副区长先生，别这样谦虚；我知道王上说你的跳舞会……"

"王上？"皮罗多问了这句，没有能知道下文。

一个年轻人挺随便的走进屋子；漂亮的但斐纳远远听出脚声，脸就涨红了。

纽沁根男爵招呼道："你好，亲爱的特·玛赛，来陪陪我太太吧。听说我办公室里挤满了人，我知道为什么。伏钦矿山要发红利了！清单已经送到。太太，你又多了十万法郎利息，可以买些首饰插戴，其实你不打扮也够漂亮了。"

皮罗多嚷道："哎哟，我的天！拉贡夫妇把那份股票卖了呢！"

"说的是谁呀？"那漂亮哥儿笑着问。

纽沁根已经走到门口，掉过头来说："啊，我觉得那些人……特·玛赛，这一位是皮罗多先生，你的化妆品就是在他店里买的；他开的跳舞会场面伟大，简直是东方气派；王上还给了他勋章……"

特·玛赛举起手眼镜照着皮罗多,说道:"嗯,不错,这张脸有点面熟。那么纽沁根,你是打算把你的买卖加些花粉,上点儿油么?……"

男爵装着气恼的样子,说道:"唉,拉贡在我行里有个户头,我有心照顾他们,他们就是不愿意多等一天。"

皮罗多嚷道:"噢!男爵!"

老实人看到事情毫无分晓,便顾不得向男爵夫人和特·玛赛告辞,急忙去追纽沁根。纽沁根已经走在楼梯上,花粉商直赶到楼下,正当银行家快进办公室的时候才追上。可怜的家伙觉得掉进了窟窿,做了一个绝望的手势;纽沁根一边开门,一边看见了,说道:"唔,不是讲妥了么?你去找杜·蒂埃先把手续办好。"

皮罗多只道特·玛赛可能对男爵有些影响,便像燕子一样飞快的奔上楼梯,溜进饭厅。男爵夫人和特·玛赛应该还在那里;他走的时候,但斐纳正等着喝咖啡牛奶呢。他看见咖啡已经端来,可是男爵夫人和漂亮哥儿都不在了。当差看到花粉商表示诧异,对他笑了笑。他只得慢吞吞的下楼。

赛查立刻赶到杜·蒂埃家,门上说杜·蒂埃下乡看罗甘太太去了。花粉商雇了一辆轻便马车直奔诺扬,加了钱要车子跑得跟班车一样快。到了诺扬,看门的说先生和太太已经回巴黎。皮罗多筋疲力尽,回到家里,把经过情形告诉了妻子和女儿。公斯当斯平日生意上有一点儿不如意就牵肠挂肚,摆脱不开;赛查想不到她这时竟会极尽温存的安慰他,说事情一定能顺利解决。

第二天早上七点,天还没有亮,皮罗多就到了杜·蒂埃住的那条街上,守在那儿。他塞了十个法郎给门房,要求和杜·蒂埃的贴身当差说句话。总算赛查有面子，见到了当差，又塞了两块金洋，央他等主人起床就带他进去。他跟一般清客和求情的人一样，靠着这些小小的牺牲，受着很大的委屈，达到了目的。八点半，他的老伙计刚刚披上晨衣，脑子还没完全醒过来，打着呵欠，伸着懒腰，嘴里向老东家道歉的时候，皮罗多终于见到了他心目中独一无二的朋友，没想到他是一只只想报仇的老虎。

皮罗多道："不客气，不客气。"

杜·蒂埃问："找我有什么事啊，赛查？"

赛查心慌意乱，把纽沁根男爵的回话和条件告诉杜·蒂埃。杜·蒂埃似听非听，一边找他壁炉用的吹风，一边埋怨当差炉子没生好。

赛查没看见当差在旁边听着，后来发觉了，很难为情的停了下来。杜·蒂埃却心不在焉的催他："说吧说吧，我听着呢！"他只得继续说下去。

可怜虫浑身大汗，连衬衫都湿了。等到杜·蒂埃朝他瞪着眼睛，夹着一丝丝黄筋的银色眼珠闪着凶光，直瞧到他心里去的时候，赛查的汗又变成冰凉冰凉的了。

"亲爱的东家，你出的票子，克拉巴龙银号没有担保就转给了羊腿子，现在被法兰西银行退回：这能怪我么？你当过商务裁判，怎么做出这种糊涂事儿？我做的是银钱生意，我可以借钱给你，可不能让我签的字碰法兰西银行的钉子。我全靠信用吃饭。在这一点上咱们都一样。你要不要现款呀？"

"我缺的钱，你能全数借给我么？"

"那要看数目了。你要多少呢？"

"三万。"

"哎唷唷！那可了不得！"杜·蒂埃说着哈哈大笑。

花粉商被杜·蒂埃的排场弄迷糊了，听见笑声，只道他瞧不起这个小数目，不禁松了一口气。杜·蒂埃按了铃。

"叫出纳员上来。"

当差说："还没有上班，先生。"

"嘿！这些混蛋不把我放在眼里！已经八点半了，人家上百万生意都成交了。"

过了五分钟，勒葛拉先生来了。

"咱们现金还有多少？"

"只有两万了。先生吩咐买三万法郎公债，月半要用现款交割的。"

"不错。我糊里糊涂还没睡醒呢。"

出纳员阴阳怪气的把皮罗多瞟了一眼，出去了。

杜·蒂埃道："一个人的底细瞒得过别人，瞒不过出纳员。"说到这里停了一会，急得花粉商脑门上冒出一颗颗的汗珠。接着又说："小包比诺新近做了老板，你不是加了股么？"

皮罗多很天真地答道："是啊。凭他的票子，是不是你能借我一笔大数目？"

"拿他五万法郎票据来，我去跟一个叫高勃萨克的商量，要他利息低一些。他要有大宗款子存放是好说话的；我知道他现在就有。"

12

破产前夜

皮罗多好不伤心的回到家里,还没发觉那些银行家把他当作羽毛球似的抛来抛去。倒是公斯当斯心下明白,款子是借不到的了。已经有三个银行家回绝,大家对一个像副区长这样显著的人物,还有不打听清楚的么?所以法兰西银行也不会有什么希望的。

她道:"还是想办法把票子展期吧。去找你的合伙老板克拉巴龙先生;凡是月半到期的债主,你都得去跟他们商量展期。商量不通,再拿包比诺的票据去贴现还来得及。"

皮罗多垂头丧气地说道:"明天已经十三了!"

用他仿单上的话来说,他是多血质的人,情绪和思想的波动对他是很大的消耗,必须靠睡眠来补足。赛查丽纳带父亲到客厅里,把埃罗作的一支很美的乐曲《罗梭之梦》,弹给他听,给他解闷。公斯当斯坐在他身边做针线。可怜的家伙把脑袋倒在沙发背上,每次睁开眼睛望老婆,老婆都挂着温柔的笑容。他就这样睡着了。

公斯当斯道:"可怜!不知有多少苦难等着他啊!……要他顶

得住才好!"

赛查丽纳看见母亲哭了,问:"哎,怎么啦,妈妈?"

"亲爱的孩子,我看破产就在眼前了。要是你爸爸非摊出账簿不可,咱们绝不能求人家哀怜。孩子,你得准备去做个女店员。你要能勇气十足的挑起你的担子,我也就有勇气从头再来。我知道你父亲的性格,他不会私藏一个钱的;我也要放弃我的权利[1],样样东西都交给他们去拍卖。你呀,孩子,明天把你的首饰和衣服送到叔公家里去,你用不着负责。"

这几句话说得十分朴素十分真诚,赛查丽纳听了惊恐万状,打算去找安赛末,但是又顾到体统,不敢去。

第二天早上九点,皮罗多到了普罗望斯街,心中的苦闷跟前几天又是不同。向人借款在生意上是常事,要做买卖,每天都需要资金。但要求把票子展期却是走向破产的第一步,两者之间的关系仿佛轻罪法庭之于重罪法庭,犯过小案子就有犯大案子的可能。提到展期的话,你的窘迫和周转不来的秘密就给别人知道了,你是缚手缚脚听另外一个生意人摆布了;而在交易所里是不作兴发善心的。

从前,花粉商走在巴黎街上眼神饱满,信心十足;现在却心里疑疑惑惑的不大敢踏进克拉巴龙的家。他开始懂得银行家的心不过是身上的一个器官。克拉巴龙嘻嘻哈哈的快活劲儿多么粗野,言语举动又多么下流,要去见他实在有些害怕。

"他平民气息重一些,说不定还有点儿心肝。"

这是赛查被处境逼出来的第一句牢骚。他迸着最后几分勇

---

[1] 法律规定妻子的财产不需要用来偿还丈夫的债务;但妻子可放弃此项权利,帮助丈夫了清。

气，走上又小又破落的中层楼。从底下望去，楼上的绿窗帘已经被太阳晒得发黄。门上钉着一块椭圆形的铜牌，刻着**办公室**三个黑字。他敲了几下，没人答应，便自己推门进去。这地方不仅简陋，而且寒酸，小气，邋遢。隔做办公用的房间，下半截是白木板，上半截钉着铜丝网；里面一个办事员都没有，只有几张木头发黑的台子和斜面的书桌。空荡荡的办公桌上堆着墨水瓶，墨水已经发霉，鹅毛管的笔杆扭成月牙形，乱糟糟的鹅毛像小娃娃的头发；另外还有些文书夹，纸张和没用的印刷品。走道里地板的破旧，龌龊，潮湿，像公寓里的会客室。

门上标着**账房**二字的第二间屋子，跟第一间那个不三不四的怕人样儿正好相配。屋子的一角有一个橡木做的大笼子，围着铜丝网，开了扇活动小窗，笼内放着一口其大无比的大铁箱，大概除了给耗子在里头翻筋斗，不会再有别的用处。笼子的门开着，摆着一张奇形怪状的办公桌，一把颜色发绿，全是破洞的椅子，钻在外面的马鬃和主人的假头发一样乱七八糟，卷成一个个小圈儿。这间房没有改作办公室之前，分明是间客厅，主要的家具是一张铺着绿呢台布的圆桌，四周摆着几把黑皮面子，帽钉的金漆已经剥落的旧靠椅。壁炉架款式还大方，下面的盖板干干净净，炉子肚里也全无烟熏火炙的痕迹。大镜子上撒满了苍蝇屎，一副寒酸相；和镜子派头差不多的是一座胡桃木的座钟，准是在什么老公证人那里拍下来的；一对满是油腻，没有蜡烛的烛台已经叫人看了难过，加上那个座钟，更觉得可厌。粉红镶边的灰色糊壁纸上到处有烟熏的污迹，可见从前住的人烟瘾很大。这间屋跟报上所谓**编辑室**的那种恶俗的房间再像没有。皮罗多不敢冒失，在第三间屋子的门上短促的敲了三下。

克拉巴龙叫道："进来！"听克拉巴龙的声音，他和房门还隔着一段，屋子也是空荡荡的没有东西。花粉商只听见炉子里的火烧得毕毕剥剥的响，却看不见银行家本人。

实际上这一间的确是克拉巴龙的私人办公室。拿格莱的声势煊赫的会客排场，和这个冒充大企业家的特别邋遢的环境比较，那差别就像凡尔赛王宫之于休隆酋长的棚屋。花粉商见识过了金融界的光华灿烂的一面，如今要看到它丑态百出的一面了。

室内的家具全新的时候还算漂亮，但住的人生活散漫，把家具用旧了，弄脏了，毁坏了，撕破了，丢失了，搅乱了。办公室后面拦出一个长方形的小间，作为克拉巴龙睡觉的地方。他一见皮罗多，马上披了一件腻答答的睡衣，放下烟斗，来不及的把帐子拉上，动作之快，叫老实的花粉商对他的生活起了疑心。

空头银行家招呼道："先生，请坐。"

克拉巴龙没有戴假头发，头上横七竖八包着一条围巾，睡衣半开半阖的当口还露出一件手织的白毛线衫，长久不换，变了棕色，叫皮罗多看着觉得格外恶心。

"和我一块吃饭好不好？"克拉巴龙记起花粉商的跳舞会，打算回敬一下，同时也好分散皮罗多的注意。

他急急忙忙把圆桌上的纸张文件搬开，原来摆着一碟肝酱，一盘牡蛎，一瓶白酒，一盘浸着沙司的红烧香槟腰子：明明是屋子里藏着一个美人儿。壁炉里烧着煤球，烤着一盘嫩黄的鲜菇焖蛋。台上放着两份刀叉，两条隔夜用脏了的饭巾，叫最老实的人看了也会心中有数。克拉巴龙自以为手段高明，不管皮罗多推辞，硬要留他吃饭。

"我原来等着一个人，他失约了。"滑头的捐客嚷着，故意要钻在被窝里的人听见。

皮罗多道:"先生,我专诚来商量事情,不会耽误你太久的。"

克拉巴龙指着一张拉盖的书桌和堆满文件的桌子,说道:"我忙死了,人家不让我有一点儿空闲。我只有星期六才见客,不过亲爱的先生,你老人家来了,我随时奉陪!我连谈爱情,逛马路的工夫都没有了;对生意的感觉也麻木了;一个人要有恰当的悠闲,感觉才新鲜。现在你休想再看见我一事不做,在大街上闲逛了。唉!我看到买卖就头痛,连听都不愿意听;我有的是钱,就是不得享福。老实说,我真想旅行,到意大利去!噢!亲爱的意大利!不管它国内怎么乱,到底是个好地方,可爱得很。在那儿准会碰上一个又是懒散又有气派的意大利女人!我一向喜欢意大利女人。你可曾跟意大利女人相好过?没有么?那就跟我一块儿去。咱们去游览威尼斯,总督大人的乡土。唉!威尼斯落在野蛮的奥国人手里,糟糕透了,他们完全不懂艺术。好吧,咱们把生意呀,运河呀,借款呀,政府呀,一股脑儿丢开。只要荷包里有了钱,我脾气才随和呢。管它,咱们去旅行吧。"

皮罗多道:"我只有几句话,说完就走。你把我的票据转给了皮杜先生。"

"你是说羊腿子么?那个好说话的小老头儿,一见生财的羊腿子……"

皮罗多道:"是啊。我希望……在这一点上我相信你是重情义,守机密的……"

克拉巴龙弯了弯腰。

"我希望把票据展期……"

"那不行，"银行家斩钉截铁的回答，"做这桩交易的不止我一个人。我们样样都开会商量，像国会一样，可是意见一致，好比锅子里煎咸肉，一块贴着一块。嗨，嗨，我们商量的事可多呢！玛特兰纳的地产算不得什么，真正的事业还在旁的地方。亲爱的先生，在天野大道上快要完工的交易所四周，在圣·拉撒区和蒂勒黎公园一带，我们都有投资，要不然还说得上做买卖么？玛特兰纳那块地算得什么！不过是顶顶起码的小生意罢了。嘿！我们才不讹诈人呢，告诉你，"他把皮罗多的肚子拍了一下，抱着他的腰，又道："得啦得啦，咱们吃着饭谈吧。"克拉巴龙因为拒绝了皮罗多的要求，借此缓和一下。

"我奉陪就是。"皮罗多说着，心里想："吃就吃吧，活该那个人倒霉！"花粉商开始感觉到那笔地产买卖有点不明不白，打算灌醉了克拉巴龙，逗他说出真正的合伙老板。

银行家叫道："好极了！——喂，维多阿！"

他这么一叫，来了个十足地道的雷欧娜德[1]，打扮得像个卖鱼婆。

克拉巴龙吩咐道："告诉伙计们，我今天不见客，管他什么纽沁根，格莱弟兄，羊腿子，或是别的什么人！"

"除了朗泼滦先生，别的伙计还没有来。"

克拉巴龙道："有什么贵客都叫他招呼，别让无名小卒闯进里面来。告诉他们，说我正在想办法对付……对付香槟酒！"

要灌醉一个掮客出身的家伙是办不到的。赛查只想探听秘密，听他叽叽呱呱的满嘴粗话，只道他醉了。

---

[1] 法国十八世纪勒·萨日的小说《吉尔·布拉斯》中间有一个替强盗烧饭的老婆子，相貌奇丑，叫作雷欧娜德。

皮罗多道:"混账的罗甘始终是跟你们一起的,你应当写信去,说他拖累了朋友,要他帮帮朋友的忙。他和我每个星期日都一同吃饭,认识了有二十年了。"

"罗甘么?……那个糊涂蛋!他的股子是归我们的了。朋友,你别发愁,事情总有办法。你月半先把款子付了,以后咱们再瞧着办……我说瞧着办……(来,干一杯!)因为股本和我没有关系。你不付么?我也不跟你翻脸。这桩生意,我不过在买进的时候拿一笔佣金,将来卖出去再分一些赚头;凭这两个条件,我替他们操纵卖主……明白没有?你的合伙老板都是有实力的,所以我不怕,亲爱的先生。今日之下,生意分得很细。一桩交易要许多有本领的人合起来做才行。你打算跟我们合伙么?可不能拿头油木梳来骗我们:那是不行的!不行的!还是刮大众的钱,做投机的好。"

花粉商道:"投机?投机是什么样的买卖?"

克拉巴龙答道:"投机是抽象的买卖。据金融界的拿破仑,伟大的纽沁根说,这一行十几年之内还不会有人懂。它能叫你垄断一切,油水的影踪还没看见,你就先到嘴了。那是一个惊天动地的规划,样样都用如意算盘打好的,反正是一套簇新的魔术。懂得这个神通的高手一共不过十来个。"

赛查睁着眼睛,竖起耳朵,竭力想把这些杂七杂八的行话弄个明白。

克拉巴龙停了一会,又道:"你听我说,这一类的玩意儿需要人手。有的人只有思想没有钱,会用脑子的人都是这样。他们只会转念头,只会花钱,对什么都不注意。好比一只猪在长满鲜菇的林子里东闯西撞,背后跟着一个有钱的好汉,但等它发现了好东西咕噜咕噜地叫。会思想的人碰到什么好买卖，有钱的人就拍拍他肩膀，说道：'怎么回事呀？朋友，你是没有出路的，腰板儿也不够硬；给你一千法郎，买卖让我来做。'好吧，银行家便召集一般实业家，说道：'朋友们，动手吧！印起章程来！别开玩笑！'大家拿起号角，吹起喇叭，叫着：'来呀，五个铜子变一百万！'或是一百万变五个铜子，什么金矿呀，煤矿呀……乱吹一阵。他们收买了科学家艺术家的意见，大锣大鼓的敲起来；看客来了：他们出钱看戏，我们管收钱。猪给关在屋里啃番薯，别人拿了钞票欢天喜地。事情就是这样，亲爱的先生。你来做生意吧，你愿意当什么？当猪呢，当傻瓜呢，当小丑呢，还是当百万富翁？你去想想吧，我把现代的放款理论告诉你了。有事尽管来找我，我兴致老是好得很。法国式的兴致，又正经又轻松，对买卖没有害处；正是相反，常在一起干杯的人，彼此最容易了解。来！再来一杯香槟。酒好得很。那是一个真正埃班南[1]人送我的，我做过酒生意，替他卖了不少，都是好价钱。我发迹了，他还感激我，想起我，倒也难得。"

大家公认为思想深刻，能干非凡的人，说话竟这样轻薄，没有顾忌，叫皮罗多听了非常奇怪，不敢再问下去了。他喝了香槟，脑子乱哄哄的糊涂得很，可是还想起杜·蒂埃向他提过一个名字，便向克拉巴龙打听，有个叫高勃萨克的银行家是怎样一个人，住什么地方。

克拉巴龙说："亲爱的先生，你竟到了这个田地么？向高勃萨克借钱好比请巴黎的刽子手看病。他一开口就是五分利，他是

---

[1] 埃班南是法国出产香槟酒有名的城市。

阿巴贡的徒弟，会把加拿利岛上的金丝雀，做好标本的蟒蛇，折成现钱借给你；夏天给你皮货，冬天给你花布[1]。你打算拿什么票子给他？不把你老婆，女儿，阳伞，帽笼，木靴，镢头，钳子，跟你地窖里的木柴一齐押给他，休想他收你没人担保的光票子！……啊，高勃萨克，高勃萨克！他是个凶神恶煞，金融界的刽子手，谁给你介绍的？"

"杜·蒂埃。"

"啊！坏蛋！不错，他是这样的人。以前我们做过朋友，现在见面不打招呼了。你该相信我讨厌他是有根据的：我把他的龌龊心思都看透了。在你那个漂亮的跳舞会里，他叫我坐立不安。我受不了他的臭架子，他不过是搭上了一个公证人的老婆，哼，我要弄女人起码是侯爵夫人。杜·蒂埃！我才瞧不起呢。要我敬重他，休想！嗨，你这老头儿倒真有一手，先开了个跳舞会，过了二十天就来要求把票子展期！你本领不小，前程远大得很呢。来，咱们一块儿做生意吧。你的名气可以给我派用场。噢！杜·蒂埃天生能了解高勃萨克。可是他不会有好结局。要是他真像人家说的替高勃萨克做幌子，他的日子也不会长。高勃萨克好比一只老蜘蛛，走遍了世界，张着网蹲在一边。早晚总有那么一天，放印子钱的会把他的代理人咕噜一口吞下，像我干这杯酒一样。那才痛快呢！杜·蒂埃叫我落过圈套！……噢，该死的圈套。"

这掮客出身的家伙胡说八道了一个半钟点，还打算讲一个故事，说马赛城里有个议员爱上一个女戏子，女戏子扮了美人阿赛

---

[1] 莫里哀喜剧《吝啬鬼》（旧译《悭吝人》）中的主角阿巴贡，出借银钱时一部分是现款，一部分以旧货抵充。

纳¹登台,被池子里的保王党大喝倒彩;皮罗多不想再听,预备走了。

克拉巴龙还是往下说:"那议员在包厢里站起来吆喝:喂!喝倒彩的人站出来!……是女的,我收下;是男的,咱们来见个高低!倘不是女的,也不是男的,就叫他天打雷劈!……你知道这笑话后来怎么收场……"

"再会了,先生。"皮罗多说。

"你还得来找我呢,"克拉巴龙回答,"加隆的第一张票子给退回了,是我签的字,所以我付了钱²。我叫书办来找你。不管怎么样,生意要紧。"

这番丑态百出的假殷勤给皮罗多的打击,跟格莱的冷酷和纽沁根的德国式的挖苦,同样的攒心刺骨。克拉巴龙的亲昵,灌饱了香槟说的荒唐无耻的话,把清白的花粉商污辱了;他觉得是看到了金融界最下等的场所。他下了楼,到了街上,茫茫然不知道往哪儿去。沿着大街向前,到了圣·但尼街才想起莫利奈而转往巴太佛大院。他又踏上那座转弯抹角的肮脏的楼梯。上次来他神气活现,正在最得意的势头上——现在他想到莫利奈的尖酸刻薄,自己还得去央求他,不由得直打哆嗦。跟花粉商第一次来的时候一样,房东坐在壁炉旁边,但这一回是吃过饭在那里消化食物。皮罗多向他提出了要求。

"一千二百法郎的票子要展期?"莫利奈冷言冷语的装作不相信,"你不至于吧,先生?月半拿不出一千二付我的票据,难道把我的收条给退回来不成?呃!那我要生气了,在银钱上面就

---

1 《美人阿赛纳》是十八世纪末期的一出神话喜剧。
2 出票人以外的第三者在支票或期票背后签过字,等于做了保人。

是一点不讲礼貌的。房租是我的进款，没有进款，我欠人家的账怎么办？这个规矩对大家都有好处，做买卖的绝不会反对。钱是不认人的；钱没有耳朵，没有心肝。今年冬天好冷，木柴也涨价了。你月半不付钱，限期付款的通知十六中午就送到你府上。你的书办弥德拉老头也是我的书办，他会顾到你的地位名望，把通知书用封套装起来送给你。"

皮罗多说："先生，我从来没接到过限期付款的通知。"

莫利奈说："样样事情总有一个开头的。"

小老头儿这副赤裸裸的凶狠的面目，吓得花粉商失魂落魄，耳朵里只听见破产的钟声，每一下钟声都使他想到自己根据那套铁面无情的法学理论，关于破产说过多少话。他的言论映在脑膜上，每个字都像用火焰写成的。

莫利奈说："喂，你忘记在付我的票子上批明房租两字，让我能保持优先权。"

"我的处境不允许我做一件侵害债权人利益的事。"花粉商看见悬崖峭壁就在眼前，发呆了。

"好，先生，很好。我还以为跟房客把租赁的事学到家了呢，想不到跟你又学了一次乖，票据原来是收不得的。啊！我一定要告你，你这句话分明说你的票子是不兑现的了。这种案子和巴黎所有的业主都有关系。"

皮罗多走出门去，对人生厌恶透了。他本是那种温柔，软弱，一碰钉子就灰心，有点儿成功就高兴的人。那时赛查的指望只剩下一个忠心的小包比诺了，他走到伊诺桑广场，自然而然想起他来。

"好孩子！六个星期以前，我在蒂勒黎公园把他提拔起来的时候,谁想得到有这种事儿!"

那是下午四点光景,正是法官们下班的时间。预审推事包比诺碰巧去看他的侄儿。这位法官看人的精神活动,眼光最厉害,无论怎么隐蔽的心思都瞒不过他;无关大体的行为,他也能看出作用,看出作恶和犯罪的根苗。他对皮罗多留着神,皮罗多可没有发觉。他只因为有这个叔叔在场,心里懊恼,在法官眼中就特别显得态度拘束,心不在焉的在想什么。小包比诺耳朵上夹着笔,照例很忙,对赛查丽纳的父亲也还是那么五体投地。赛查和他的合伙人东拉西扯,法官觉得完全是装幌子,骨子里必有什么大事情来央求。狡猾的推事料定花粉商为了打发他,会先走一步;他便赖在那儿,不管侄儿乐意不乐意。皮罗多一出门,法官也跟着离开,但注意到皮罗多在五钻石街通往屠夫奥勃里街的那一段闲荡。这一点小枝节叫老包比诺对赛查的用意更起了疑心。他朝龙巴街走去,等花粉商一回进安赛末的铺子,又马上赶回来。

赛查对他的合伙人说:"亲爱的包比诺,我要求你帮个忙。"

包比诺一片热心的问:"帮什么忙呢?"

皮罗多叫道:"啊!你这是救了我的命了!"他在冰岛上旅行了二十五天,忽然看见闪出一道温暖的光,快活极了,"我名下的盈余,我要预支五万;咱们以后再算账。"

包比诺定睛望着赛查,赛查把眼睛低了下去。这时法官又出现了。

"孩子……——啊,对不起,皮罗多先生——孩子,我忘记告诉你……"

他拿出法官的威严做了一个手势,把侄儿叫到街上,不管他光着头,只穿一件上衣,径自和他一边讲一边朝龙巴街走去。

"侄儿，你老东家恐怕已经山穷水尽，要摊出账簿来了。没有落到这一步之前，哪怕清白了四十年，哪怕是最规矩的人，为了保住面子，也会跟昏了头的赌棍一样，什么事都做得出来。他们会出卖老婆，女儿，拖累最知己的朋友，把别人的财产拿去抵押，会进赌场，会做戏，会撒谎，会哭……反正什么出奇出怪的事我都见过。你也亲眼看到罗甘那副忠厚样儿，大家样样事情都会闭着眼睛信托他的。我说这些苛刻的话不一定指皮罗多先生，我相信他是老实人。不过倘使他要求你做什么不合生意上规矩的事，比如签周转票据，滥发期票等等——我认为那就是欺诈的第一步，因为都是空头票子；你得答应我，没有和我商量之前，无论什么票据都不签出去。你该记住，倘若你爱他的女儿，为了你的爱情就不能断送你的前途。要是皮罗多先生非倒不可，两个人一同倒下去有什么好处？你的铺子本来还可以做他的退步，把你拖倒了不是大家的生路都断绝了么？"

包比诺道："谢谢叔叔。俗语说得好：人家劝你，听懂就是便宜。"这时他才明白老东家为什么说出那样伤心感慨的话来。

包比诺皱着眉头回到黑洞洞的铺子里。皮罗多也看出他神气变了。

"请你上楼，到我房间去吧。伙计们忙虽忙，我们讲话还是听得见。"

皮罗多跟在包比诺后面，心里的焦急仿佛一个判了罪的人不知道是撤销原判还是驳回上诉。

安赛末道："亲爱的恩人，我对你的忠心，想必你信得过，我对你完全死心塌地。只是请你允许我问一声，这笔数目是不是能把你完全救过来，还是不过拖延日子，将来仍旧要爆发的？要是这样，拖我下水有什么用？你需要三个月的期票，可是我到期一定付不出。"

皮罗多脸色发白，很庄严的站起来望着包比诺。

包比诺着了慌，说道："你一定要，我就签吧。"

"没有良心的东西！"花粉商进着最后一些力量，冲着安赛末说出这句话，好像把安赛末脸上盖了一个耻辱的印。

皮罗多走向大门，出去了。包比诺听了那句可怕的话大为震动，等到定了定神，冲下楼梯，奔到街上，花粉商早已不见了。可是赛查丽纳的情人耳朵里老是听见那个惊心动魄的罪名，眼中也老是看见可怜的赛查那张突然变色的脸。包比诺从此和哈姆雷特一样，身边有了一个可怕的鬼魂[1]。

---

[1] 这是指哈姆雷特的被人谋杀的父王向哈姆雷德显灵的事。

13

交出清账

皮罗多像醉汉似的在那一区的几条街上乱转。后来到了河滨大道，顺着大道一直走到赛佛，在小客店里宿了一夜，痛苦得糊里糊涂了。他太太虽然惊骇，却不敢派人出去寻访。在这种情形之下，冒冒失失的一声张就会闯祸。公斯当斯识得大体，顾着生意上的信誉，宁可暗中着急。她等了一夜，一面担惊受怕，一面做祷告。她心上想，赛查是死了呢，还是到城外去走什么最后的门路了？第二天早上，她装作若无其事，好像是知道丈夫不回家的原因的。但到下午五点赛查还不回来，她就把叔叔请来，要他到验尸所去看看。勇敢的女人自己坐镇在柜台后面，女儿在她身边做绣作。两人面上一本正经的招呼顾客，既不愁眉苦脸，也没有什么笑容。

比勒罗回来的时候把赛查带回家了。比勒罗从交易所出来，在王宫市场碰到他退退缩缩的正想进赌场。那天是十四。开出晚饭来，赛查吃不下去。过分抽搐的胃没法接受食物。饭后的时间更不好过。忽而希望，忽而绝望，一下子体会到各种各样的快乐，一下子又感到最剧烈的痛苦：这种翻来覆去的磨折，对性格懦弱的人最伤身体。皮罗多已经打熬了上百次，这时又尝到这种滋味。他要睡到六层楼去，说："我不要看到我荒唐胡闹的成绩。"赛查太太花尽气力，把他硬留在富丽堂皇的客厅里，正好皮罗多的诉讼代理人但尔维来了，一直闯进客厅，说道：

"官司打赢了。"

赛查听了，抽搐的脸马上松下来，但那种快活的表情叫比勒罗和但尔维都看了害怕，母女俩吓得跑到赛查丽纳房里去哭了。

花粉商叫道："那我可以做押款了？"

但尔维道："你不能这样冒失。他们还要上诉，说不定会重判。大概一个月之内可以定局了。"

"一个月！"

赛查迷迷糊糊的打起瞌睡来，谁也不想把他叫醒。这是精神瘫痪的症象：肉体还活着，还在受罪；脑子可暂时不活动了。公斯当斯，赛查丽纳，比勒罗和但尔维都看得很清楚，觉得他能放松一下的确是上帝的恩惠。这样，皮罗多在夜里才不至于再受攒心刺骨的痛苦。他坐在壁炉旁边的大靠椅里；太太坐在壁炉的另外一边，留神看着他，嘴角上那个温柔的笑容说明女人的本性比男人更近于天使，懂得同情心要极尽温存的表现出来。这是天使独有的本领；我们承蒙上天的好意，一生也有过几回在梦中见到这种天使。赛查丽纳坐在凳上，靠在母亲脚下，不时把头发挨着父亲的手磨来磨去，借此表达她的心意；父亲这样悲痛，跟他说话当然是不合适的。

比勒罗这个看破世情的哲人，心上对什么事都有准备；他坐在椅子里像救济院院长坐在议会的花楼上，和但尔维低声谈着，脸上所表现的智慧不亚于埃及的斯芬克斯。大家都相信但尔维老成持重，公斯当斯也赞成和他商量。好在一本账都在她脑子里，她便凑着但尔维的耳朵把情形告诉他。他们在发呆的花粉商面前谈了个把钟点，但尔维望着比勒罗摇摇头。

但尔维用着吃公事饭的那种镇静得可怕的态度，说道："太太，应当把账簿摊出去。就算你用了什么方法过了明天这一关，至少还要付出三十万法郎才能拿全部地产去押款。负债五十五万；账面的资金为数不小，而且很有出息，问题就是不能变现款。我认为与其从楼梯上滚下去，不如从窗里跳出去。"

比勒罗说："孩子，我的意思也是这样。"

赛查太太和比勒罗把但尔维送走了。

赛查丽纳轻轻站起，吻着父亲的额角，说了声："可怜的爸爸！"叔公和母亲回到楼上的时候，她又问父亲："难道安赛末一点办法都没有么？"

这个名字把赛查记忆中唯一清醒的部分击中了，好比一按琴键，小锤子就跳起来打在弦上。他叫了声："没良心的东西！"

小包比诺被皮罗多咒骂过后，再也睡不着觉，心里也一刻不得安宁。可怜的青年恨他的叔叔，跑去找他，他受着爱情鼓动，把能说会道的本领一齐拿出来，想说服这个老资格的法学家，叫他回心转意；可是把话说给一个法官听，等于把水滴在漆布上。

安赛末说："生意上的习惯，当家的股东可以从将来的盈余里面预支一部分给不出面的股东；而我们的公司的确会有盈余的。我把买卖全盘考虑过了，我觉得有力量在三个月之内付出四万法郎。赛查先生是个规矩人，四万法郎一定会拿去付他的票据。那么，即使将来宣告破产，债权人对我们也无可责备。并且，叔叔，我宁可损失四万法郎，不愿意失掉赛查丽纳。现在她已经知道我拒绝出票，要瞧不起我了。我有话在先，答应替恩人拼命。我的情形，正如一个年轻的水手不能不拉着船长的手一同沉下去，正如一个小兵不能不和将军同归于尽。"

法官握着侄儿的手说道："你心肠是好的，做买卖可不行，我永远看得起你。"接着又说，"为这件事我转了很多念头，我知道你爱赛查丽纳爱得发疯，我认为你的感情和生意上的规矩都可以顾到。"

"啊！叔叔，你要能想出办法来，我的荣誉就保全了。"

"既然头油是一笔产业，就叫皮罗多把他的一份股子活卖给你吧；那你就可以给他五万法郎。活卖契约我来替你起草。"

安赛末拥抱了叔叔，回去签了五万法郎期票，从五钻石街直奔王杜姆广场。花粉商说了句"没良心的东西"回答女儿，像从坟墓里发出来的声音叫赛查丽纳，公斯当斯和皮勒罗非常诧异，一齐朝他望着。正在这时候，客厅的门开了，包比诺出现了。

他抹着额上的汗，说道："亲爱的东家，你要的票子，我拿来了。"

他把票据递过去，又道："我把店里的事仔细算过了，你放心，我到期一定照付；赶快拿去挽回你的荣誉吧！"

"我知道他一定帮忙的。"赛查丽纳嚷着，抓起包比诺的手像抽筋一般使劲握着。

赛查太太拥抱了包比诺。花粉商站起身来，模样像一个好人听见了最后审判的号角，又好像才从坟墓里走出来。他狠命的伸出手去，预备接那五十张贴着印花的票子。

"等一等！等一等！"严厉的比勒罗叔叔说着，把包比诺的票子抢了过去。

赛查和他的老婆，赛查丽纳和包比诺，一家四口被叔叔的举动和声调吓呆了，看着他把票子撕掉，扔在火里烧起来，没有一个人敢上前阻拦。

"叔叔！"

"叔叔！"

"叔公！"

"先生！"

四个人异口同声，表示他们的心情完全一样。比勒罗勾着小包比诺的脖子，把他搂在怀里，亲了亲他的额角。

他说："凡是有良心的人都要佩服你，你也的确值得人家佩服。倘使你爱上了我的女儿，哪怕她有一百万，你只有这些（他指着票据烧成的一堆灰），我也答应你们半个月之内结婚。"他指着赛查道："你的东家简直胡闹。"——比勒罗又沉着脸对花粉商说："侄儿，别做梦了！做买卖是靠钱，不是靠感情的。眼前这一套固然了不起，可是没用。我在交易所里待了两个钟点，你连两个铜子的信用都没有了。大家都在谈论你出了事，说你要求把票子展期，被人拒绝了；向好几个银行家借款都没借到。他们说你挥霍滥用，还爬了六层楼去见一个喜欢嚼舌头的房东，要求把一千二百法郎的票子展期；说你开跳舞会是为了遮盖你的穷……有人还说你根本没有什么钱存在罗甘那儿。照你敌人的说法，你是把罗甘的事做借口。我托一个朋友打听，他证明我没有猜错。个个人都料到包比诺要发票子了，说你帮他开店就是为了要滥发票据。总而言之，现在市面上宣传的无非是一个人想要向上爬而招来的毁谤和难听的话。你拿着包比诺的五十张票子到处去跑吧，跑上八天也没有一个人肯接受，不过是多受一些奚落罢了。票子一共签了多少，谁能证明？大家算准你要把这可怜的孩子为你牺牲。你只能白白的毁了包比诺公司的信用。凭这五万法郎票据，你知道最冒险的贴现商肯给你多少？两万，两万！听见没有？生意场中有时要能站在众人面前三天不吃饭，好像肚子闹积食似的，然后到第四天，人家让你进伙食房，给你放款。这三天，你可撑不住：问题就在这里。可怜的侄儿，勇敢一些，把账簿摊出去吧。趁我和包比诺在这里，等伙计们睡了，我们两个代你动手，免得你伤心难过。"

"叔叔！……"花粉商合着手叫。

"赛查，难道你愿意等资金弄光了，再摊出账簿来丢人么？你在包比诺店里的股份现在还能替你争回点面子。"

这道最后的无情的光把赛查的眼睛照亮了，他终究把可怕的真相整个儿看清了。他倒在靠椅上，从椅上又滑到地下跪着，头脑混混沌沌的变了一个小娃娃。老婆以为他要死过去了，蹲下身子想扶他起来，赛查却合着手，翻起眼睛，当着叔岳，女儿和包比诺的面，诚惶诚恐的做了一段非常动人的祷告，表现他是个真正的旧教徒；公斯当斯看了也跟着他一起跪下。

"天父在上，但愿你的圣名受到崇拜，但愿你早日统治世界，天上地下都遵照你的意旨。求你赏赐我们每天的面包，原谅我们对你的冒犯，像我们原谅冒犯我们的人一样；求你帮助我们抵抗诱惑，脱离罪恶。阿门。"

坚韧淡漠的比勒罗含着眼泪；赛查丽纳失魂落魄，把头靠在包比诺身上哭了；包比诺面色惨白，直僵僵的像一座雕像。

比勒罗抓着包比诺的手臂，说道："咱们下去吧。"

十一点半，他们把赛查交给他老婆和女儿照管，下楼去了。

领班伙计赛莱斯丁却进了上房，走到客厅来。自从暗中有了这次风波，铺子都是他在管理。赛查丽纳听见脚声，急忙去开门，不愿意他看见主人的狼狈样儿。

赛莱斯丁道："今晚上来的邮件，有一封都尔的信，因为写错地址，给耽误了。我想是先生的哥哥寄来的，所以没有拆。"

赛查丽纳道："爸爸，都尔的伯父有信！"

赛查叫道："啊！救星到了。我的哥哥啊！哥哥啊！"他一边说一边吻着信封。

法朗梭阿·皮罗多给赛查·皮罗多的复信

最亲爱的弟弟，收到你的信，我非常难过。我为你做了一台弥撒，求上帝看在他的儿子面上，看在我们的救世主为我们流的血面上，对你大发慈悲。我一边做祷告，一边含着眼泪想着你；正当你需要手足之情鼓励你的时候，我竟不在你身边。但是正直可敬的比勒罗先生一定能代替我的。亲爱的赛查，你悲伤的时候，别忘了尘世的生命是暂时的，是一种考验；我们为了上帝的圣名，为了神圣的教会，为了遵守福音书的教训，为了道德而受的苦难，将来都会得到酬报；否则世界上的一切都没有意思了。我知道你敬上帝，心地好，所以我把这些教训再说一遍。有些人像你一样遭到了人间的风暴，自家财产卷进了险恶的波涛，痛苦不过，可能在患难中亵渎神明。你既不能诅咒伤害你的人，也不能诅咒有心折磨你的上帝。你不要看着尘世，要把眼睛望着天上：

弱者的安慰,穷人的财富,富人的恐怖,都在天上……

公斯当斯说:"皮罗多,先别念这些,看看他有没有寄钱来。"

"咱们以后常常要把这封信拿出来念。"皮罗多抹着眼泪,展开信纸,掉下一张王家金库的汇票;他抓住了票子说道:"我知道他会寄来的,好哥哥!"

他带着哭声,断断续续的往下念道:

……我去见了特·李斯多曼太太,不说原因,只要求她把能够调度的钱一齐借给我,补充我的积蓄。承她慷慨,我居然能凑足一千法郎,托都尔的税务局汇交金库。

"好大的数目!"公斯当斯瞧着赛查丽纳说。

我只要在生活中减省一些不必要的开支,三年之内就能还清特·李斯多曼太太的四百法郎;所以,亲爱的赛查,你不必放在心上。我把我在世界上的全部财产都给你了,但愿这数目能帮你解决生意上的困难,那想必也是暂时的。我知道你一丝不苟的脾气,所以我预先声明:这笔款子,你既不用给我利息,也不用在生意兴隆的时候还我。这种好日子很快会来的,假如上帝肯倾听我每天的祷告。上一封信是你两年前写的,我看了以为你已经富足有余,我可以把自己的积蓄救济穷人了;可是现在,我的一切都是你的了。等到你把暂时的风暴挨过以后，替我把这笔钱留给侄女，让她出嫁的时候买些小玩意儿，纪念我这个老年纪的伯父；我便是到了天上也要永远举着手，求上帝祝福她和所有她心爱的人。最后，亲爱的赛查，别忘了我是一个可怜的教士，像田野里的云雀一样全靠上帝照应，悄悄的走着我的路，竭力服从我们救主的诫命；所以我没有多大需要，你在艰难的处境中不必有所顾虑，只要想到我深深的爱着你就行了。

我并没把你的情形告诉我们那好心的夏波罗神甫，但他知道我在写信，要我代他向你全家多多致意，祝你们永远兴旺。再会了，最亲爱的弟弟。在你眼前的情形之下，我只希望上帝保佑你和你妻子女儿都身体康健，还希望你们大家在患难中保持耐性和勇气。

都尔，圣·迦西安大堂副堂长　法朗梭阿·皮罗多

皮罗多太太气愤愤的，说："一千法郎！"

赛查正色答道："收起来吧，他只有这些；而且是咱们女儿的。这笔钱还能养活我们，不用向债主求告。"

"债主还以为你抽逃了大笔资金呢。"

"我可以拿出信来。"

"他们会说是假装的。"

皮罗多大吃一惊，叫道："天哪！天哪！我过去就是这样疑心别人的，其实那些可怜虫的处境就和我现在一样。"

母女俩都不放心赛查，便一声不响的坐在他身边做针线。清早两点，包比诺轻轻推开客厅的门，向赛查太太招招手，要她下去。比勒罗看见侄女来了，脱下眼镜，说道：

"孩子，还有些希望，不是全部完了。让我和安赛末两人去试一试；谈判要有许多波折，你丈夫是吃不消的。明天你守在店里，有人来讨账，你就把地址记下来；我们到四点钟可以完事。我的计划是这样：我跟拉贡方面，你们不用担心，可以不谈。可是就算罗甘那儿的十万存款已经付给卖主了，你们眼前也不会多出十万来。签给克拉巴龙的十四万法郎，在无论什么情形之下都得照付；因此你们的亏空并非由于罗甘的倒账。要对付你们的债务，早晚得拿厂房去抵借四万，另外叫包比诺签六万法郎票据。所以咱们还能挣扎一下；过后再拿玛特兰纳的地产去做押款。只要你们主要的债权人肯帮忙，我绝不爱惜我的财产，尽可把年金卖掉，没有饭吃也没关系。那时包比诺也要弄得半死不活。至于你们，可再也经不起生意上的小风波了。但是头油的盈利一定很大。我和包比诺商量过，决意帮你们挣扎一下。啊！只要看得见成功的希望，我吃干面包过活也是快活的。关键都在羊腿子和克拉巴龙的合伙老板身上。七点到八点，我和包比诺去找羊腿子，就能把他们的主意弄明白了。"

公斯当斯扑在叔叔怀里，激动得不得了，除了抽抽噎噎的哭声，一句话都没有。包比诺和比勒罗不知道克拉巴龙和诨名羊腿子的皮杜全是杜·蒂埃的替身，而杜·蒂埃只希望在报上小广告一栏里看到像下面那样惊人的启事：

   商务法庭裁定公告：花粉商赛查·皮罗多，住巴黎圣·奥诺雷街三九七号，业已宣告破产。兹决定一八一九年一月十六日为破产开始[1]之期。

商务法庭裁判：高朋汉－格莱监查人：莫利奈

安赛末和比勒罗把赛查的银钱事务研究到天亮。早上八点，两个勇敢的朋友一声不响，向葛勒奈街出发。一个是老战士，一个是新进的班长，他们要不做皮罗多的代表，永远不会知道走上羊腿子家楼梯的人心里是什么一种滋味。两人都很难过。比勒罗好几次把手按着脑门。

住在葛勒奈街上的人不知有多少种行业，街道的样子叫人看了恶心。屋子的建筑都很难看。到处是工场的垃圾，龌龊得无以复加。羊腿子住在一幢屋子的四层楼上。上下翻动的窗子嵌着肮脏的小格子玻璃。楼梯一直通到街上。看门女人住在中层的一间小房子里，只靠楼梯取光。除了羊腿子，所有的房客都是做手艺的。工人们不断的进进出出，踏级上不是泥巴就是泥浆，看天气而定，还老堆着垃圾。在臭气扑鼻的楼梯上，每一层都有红地金字的招牌，刻着老板的姓名和货物的样品。大门多半开着，望进去可以看到住家和作坊乱糟糟的混在一起；叫喊声，咕噜声，歌唱声，嗯哨声，震耳欲聋，活脱是下午四点左右的动物园[2]。二层楼上气味难闻的小房间里，做的是**巴黎什货**中最漂亮的背带。三层楼上，在最肮脏的垃圾堆中，做的是过年时候摆在橱窗里最花哨的纸匣。羊腿子临死留下一百八十万家财，却始终住在这幢屋子的四层楼上，人家怎么劝他都不愿意搬出去；他的侄女萨伊阿太太在王家广场的住宅里替他预备了一套房间，他也没有接受。

---

1 破产开始是一个法律名词。
2 下午四点左右是巴黎动物园喂动物的时间。

羊腿子家那扇干干净净的灰色门上挂着一根门铃的绳子，下面吊着拉手；比勒罗一边拉铃一边说："拿出勇气来！"

羊腿子亲自来开门。花粉商的两个保护人在破产的阵地上打冲锋，先走过一间整齐，冰冷，没有挂窗帘的屋子。主客三人一齐到第二间房内坐下。贴现商面对着壁炉；炉子肚里积着不少灰，木柴正在跟火焰抵抗。房间像地窖一般通风，严肃得像修道院，摆着放高利贷的人通用的绿色文件夹，叫包比诺看着心里发冷。他呆呆的瞧着三色小花儿的浅蓝糊壁纸，还是二十五年前裱糊的。他把凄凉的眼睛转到壁炉架上，看见一只竖琴式的钟，一对赛佛窑的细长蓝花瓶，镀金镂花，十分华丽。这是群众捣毁了凡尔赛宫，从王后寝宫里散出来，落在羊腿子手中的；花瓶旁边配着两个式样顶难看的熟铁烛台，不伦不类，说明那名贵的东西是在什么情形之下得来的。

羊腿子说："我知道你们来不是为自己的事，而是为了大名鼎鼎的皮罗多。那么怎么呢，朋友们？"

比勒罗说："你什么都知道，不用我们多说。开着克拉巴龙抬头的票据在你这儿，是不是？"

"是的。"

"你可愿意把到期的五万法郎票据换包比诺的票据？贴现的利息照扣就是了。"

羊腿子脱下那顶好像和他一块儿出世的绿色鸭舌帽，露出一个光光的脑袋，颜色像新鲜牛油。他涎皮赖脸的说道："你拿头发油付账，我拿了有什么用呢？"

比勒罗道："你一寻开心，我们只好滚蛋了。"

羊腿子装着一副有心讨好的笑容回答："你说这句话，真是个明白人。"

比勒罗还想试一试,说道:"要是我替包比诺作个保,行不行呢?"

"比勒罗先生,你的大名和金条一样靠得住,可是我用不着金子,只要银子。"

比勒罗和包比诺告辞出来。包比诺到了楼下,两条腿还在发抖。

他对比勒罗说:"这能算个人么?"

老人答道:"据说是吧。安赛末,这次短短的访问,你得永远记着。你刚才看到的就是不戴面具,脱下了漂亮衣衫的银钱业。意外的事故好比榨酒机上的螺丝钉,咱们是葡萄,银行家是酒桶。玛特兰纳的地产准是一笔好买卖,我看不是羊腿子便是他背后的什么人,想逼倒了赛查,把他的一份抢过去。事情很明白,没有救了。银行界就是这么回事,永远不要去央求它!"

那个可怕的早晨,皮罗多太太破天荒第一次把上门收账的客户记下来,打发银行里的老司务空手回去。勇敢的女人因为能代替丈夫受罪,心里很安慰。她越来越焦急的等着安赛末和比勒罗。十一点,他们回来了:一看脸色就知道大势已去。破产是没法避免的了。

可怜的女人说:"他要伤心死了。"

比勒罗正色答道:"要是那样倒好了。不过他是虔诚的教徒,眼前只有他的忏悔师陆罗神甫能帮助他。"比勒罗,包比诺和公斯当斯,等伙计把陆罗神甫请来。赛莱斯丁已经造好清册,只等赛查签字。店里的伙计向来对老板有感情,这时都很难过。四点钟,好心的神甫来了,公斯当斯告诉他家里遭了不幸,他就像小兵冲上敌人的缺口一样上了楼。

皮罗多嚷道:"我知道你为什么来的。"

神甫说:"我久已知道你能心悦诚服的听从上帝的意志;问题是要实际做到。你应当把眼睛望着十字架,想到救世主受的苦难多么残酷,那么上帝给你的磨折,你也就能忍受了……"

"家兄劝过我了,我已经有了准备。"赛查拿出信来递给忏悔师,他自己也重新念过了。

陆罗神甫道:"你有一个慈爱的哥哥,一个温柔贤惠的太太,一个孝顺的女儿;你的叔岳比勒罗和叫人心疼的安赛末是两个真正的朋友;拉贡夫妇是两个宽容的债主;所有这些好心肠的人会不断的给你安慰,帮你背起十字架。你得答应我拿出殉道者的决心来应付患难,不能泄气。"

比勒罗等在客厅里,神甫咳了一声通知他进来。

赛查安安静静的说道:"我完全听天由命。遭到了不光彩的事,我只应该想办法洗刷。"

可怜的花粉商的声音,神色,使赛查丽纳和教士都很诧异。其实是挺自然的。倒霉事儿揭穿了,肯定了,倒反好受;不比那翻来覆去的变化叫你忽而狂喜,忽而苦不堪言,把人折磨得厉害。

"我做了二十二年的梦,今天醒过来,手里仍旧拿着一根出门上路的棍子。"他说着,又恢复了都兰乡下人的面目。

比勒罗听了这话,把侄婿拥抱了。赛查看见他女人,安赛末和赛莱斯丁都在场。赛莱斯丁手里的文件,意义清楚得很。赛查态度安详,瞧着这些人,他们的眼神都是凄凉的,可是友好的。

"等一等,"他说着摘下勋章,交给陆罗神甫,"请你保存起来,等我能问心无愧的戴上身的时候再给我。"又对伙计说,

"赛莱斯丁,替我写信辞掉副区长,稿子请神甫念,你照写,日子填十四,写好了叫拉盖送到特·拉·皮耶第埃先生府上。"

赛莱斯丁和陆罗神甫下楼去了。大约有一刻钟工夫,赛查房里寂静无声。家里的人都想不到他会这样刚强。赛莱斯丁和神甫回到楼上,赛查把辞职的信签了字。比勒罗拿清册交给他,可怜的家伙仍不免浑身紧张了一下。

"上帝,可怜我吧!"他一边说一边签了那可怕的文件,递给赛莱斯丁。

愁眉不展的安赛末忽然神色开朗的说道:"先生,太太,请你们答应我跟赛查丽纳小姐的亲事。"

在场的人听了,除开赛查,都冒出眼泪来。赛查站起身子,握着包比诺的手,声音嘶嗄的说道:"孩子,你永远不能娶一个破产人的女儿。"

安赛末眼睛紧盯着皮罗多,说道:"先生,那么倘若小姐也同意,你能不能当着你全家的面答应,在你复权的那一天允许我们结婚?"

屋子里声息全无。花粉商脸上疲倦的表情叫个个人看了感动。

他终于说道:"好吧。"

安赛末用一个没法形容的姿势去握赛查丽纳的手;赛查丽纳也伸出手来让他亲吻。

他问赛查丽纳:"你也同意么?"

她回答说:"同意。"

"这样我才算自己人,有权利来照顾这里的事了。"他说话的神气很古怪。

安赛末急急忙忙走出去,不愿意让自己的快乐和东家的痛苦成为对比。要说安赛末对这次破产觉得高兴倒也未必,但爱情是多么专横多么自私的东西!便是赛查丽纳也有些情绪跟她的悲痛发生矛盾。

比勒罗凑着赛查丽纳的耳朵说:"趁此机会,咱们把所有的痛疮都揭开了吧。"

皮罗多太太的表情只是痛苦而不是同意。

比勒罗问赛查:"侄儿,你以后打算干什么?"

"还不是做我的买卖?"

比勒罗说:"我的意思不是这样。你应该把买卖结束,拿资产都分给债主,从此不在市场上露面。我以前常常想,碰到你这种情形我该怎么办?……做买卖是样样要预料到的。一个生意人不想到破产,好比一个将军永远不预备吃败仗,只算得半个商人。我么,我要是破产了,才不干下去呢。怎么!老是看到那些被我拖累的人而脸红么?让他们用猜疑的眼光来瞧我,不声不响的在肚子里怪怨我么?上断头台的滋味,我还能想象……一眨眼,什么都完了。可是天天长出个脑袋来叫人天天把它砍掉,我不想受这种刑罚。好多人会若无其事,照旧做他们的买卖。好吧,他们比我格劳特-约瑟·比勒罗强。要继续做生意,就得现钱交易;可是你做了现钱交易,人家就说你原来藏着私蓄,不拿出来还债;没有钱吧,又永远爬不起来。算了吧!还不如放弃资产,让债主把铺子出盘,自己干别的事儿。"

"干什么呢?"赛查问。

"谋一个差事呀。"比勒罗说,"你不是还有些后台么?比如特·勒农古公爵夫妇,特·莫苏夫太太,王特奈斯先生。写信给他们,去见他们,他们可能把你安插在宫里当差,给你几千法郎；你女人也能挣到这个数目，你女儿说不定也行。事情不是没有办法。你们三个人一年可以凑到万把法郎。十年就好还掉十万债，因为你们挣来的钱一个都不用花；我拿出一千五百法郎做她们母女俩的开销；至于你，咱们再瞧着办。"

听了这些入情入理的话而细细思索的是公斯当斯，不是赛查。

比勒罗上交易所去了。那时交易所的场子是一个临时用木板搭的圆形大厅，在番杜街上进出。

花粉商一向是被人注意和妒忌的人物，他破产的消息已经传出去，在上层商界中引起许多议论。他们在政治上都是立宪派，认为皮罗多庆祝领土解放简直是胆大妄为，侵犯了他们的感情。反对党的人要把爱国作为他们的独家权利。保王党尽可以爱国王，但爱国是左派的专利：民众是属于他们的。在领土解放这件事情上做文章，应当由左派包办才对，政府不该让官方人士出面庆祝。皮罗多是受宫廷保护的，是拥护政府的，是一个顽固的保王党，共和三年正月十三还为了反对轰轰烈烈的大革命而作过战，那简直是侮辱**自由**[1]。一个这样的人倒下来，在交易所里当然会引起许多谣言和一片叫好声。比勒罗想探听舆论，研究一番。在最热闹的一堆人里，他看见杜·蒂埃，高朋汉-格莱，纽沁根，老琪奥默和他的女婿约瑟·勒巴，克拉巴龙，羊腿子，蒙日诺，加谬索，高勃萨克，阿道夫·格莱，巴尔玛，希佛勒维，玛蒂法，葛兰杜和罗杜阿。

高朋汉-格莱对杜·蒂埃说："你看，做人真要谨慎啊！我两个舅子差点儿放款给皮罗多！"

---

[1] 这里所谓"自由"是指大革命中的"自由，平等，博爱"三大口号里的自由。

杜·蒂埃说:"我送掉了一万法郎,半个月以前他向我开口,我只凭他一个签字就给了。不过他从前帮过我忙,我损失这笔款子也并不懊恼。"

罗杜阿对比勒罗说:"你的侄婿作风跟别人一样!请客!摆阔!骗子流氓把灰沙摔在人家眼睛里,骗人家信任,倒还罢了;一个公认为最老实的人也玩起老把戏来叫我们上当,谁想得到!"

高勃萨克道:"他们就跟蚂蟥一样。"

羊腿子道:"我们只能相信房子住得破破烂烂,像克拉巴龙那样的人。"

胖子纽沁根男爵对杜·蒂埃说:"喂,你介绍皮罗多来想捉弄我!"又转身对开厂的高朋汉说,"不知他什么意思,幸亏他没叫皮罗多向我要五万法郎,我真会给的呢。"

约瑟·勒巴插嘴道:"噢!男爵,你不能这样说。你明明知道法兰西银行不收他的票据是你在放款委员会上叫银行拒绝的。我到现在还很敬重这个可怜的人,他的事真有点儿古怪……"

比勒罗握了握勒巴的手。

蒙日诺说道:"这件事的确弄不明白,除非羊腿子背后躲着什么银行家,想把玛特兰纳那桩买卖拆台。"

克拉巴龙截断了蒙日诺的话,说道:"一个人越出本行,就会碰到这样的事。他要不抢着买地,抬高巴黎的地价,要是他自己去经营护首油,就只损失罗甘那儿的十万法郎,绝不会破产的。现在他只能顶着包比诺的名义做生意了。"

羊腿子道:"当心包比诺!"

在这一大批商人嘴里,罗甘被称为**不幸的罗甘**,花粉商被称为没用的皮罗多。仿佛一个是为了痴情而得到大家的原谅，另外一个是为了想向上爬而过失更大。羊腿子从交易所出来，回葛勒奈街之前，到贝冷-迦斯兰街去找那个卖干果的玛杜太太。

他拿出一副笑里藏刀的面孔说道："胖老太婆，小买卖做得怎么样？"

"马马虎虎。"玛杜太太恭恭敬敬的说着，把独一无二的靠椅让高利贷的债主坐了。原来她只有对她**"亲爱的先夫"**才会这样低声下气的表示亲热。

玛杜太太平时把最好的主顾也要挖苦；拉车的倘若跟她使性子或是耍花腔，准会给她摔在地下；要她十月十日跟着大众冲进蒂勒黎王宫，她绝不害怕，便是叫她代表中央市场的女摊贩去向王上请愿，她说话也不会发抖：这样一个女人独独对羊腿子十二分恭敬。玛杜在他面前马上会软下来，他只要用狠毒的眼睛一扫，她就直打哆嗦。本来么，老百姓见了刽子手发抖的日子还长着呢，而羊腿子便是小商小贩的刽子手。在中央市场，无论什么势力也及不上做银钱生意的。跟这一行比，世界上别的制度都不足挂齿。就算法律吧，在中央市场也是由派出所所长代表的，群众只认得他。但是坐在绿色文件夹后面放印子钱的人，大家担惊受怕去央求的那个人，会叫你笑话也说不出了，声音也变了，眼睛也没有神了，个个老百姓都变得毕恭毕敬。

"有什么事吩咐我么？"玛杜太太问。

"小事情，小事情。你只要准备一下，把皮罗多的票子收回去，给我现款。老头儿破产了，他发的票子都马上要兑现。明儿我把账单送过来。"

玛杜太太先是把眼睛睁得圆圆的像猫一样，接着又爆出火星来。

"啊！那个流氓！坏蛋！他亲自到这儿来，说是什么副区长，吹牛吹了一大堆！该死！生意是这样做的么？那些区长，就是相信不得，政府老是欺骗我们。哼，我要讨账去，不给不行！……"

"唉！碰到这种事儿只有各管各，自寻生路，我的乖乖！"羊腿子说着抬起腿来走了，动作的干净利落活像猫儿跳过一块湿地；他的绰号也许就是这样来的。他又道："有些大人物也在打主意，想找个脱身之计呢。"

"好！好！我要去把我的榛子收回来——玛丽-耶纳！我的木靴跟兔子毛披肩赶快拿来，慢一点就揍你。"

羊腿子搓着手，心上想："这一下街上可热闹啦。皮罗多在街坊上出丑，杜·蒂埃一定高兴。那个糊涂蛋的花粉店老板不知什么地方得罪了杜·蒂埃，可怜他像一条断了腿的狗一样。他算不得一个男子汉，真没出息。"

玛杜太太的神气好像圣·安东纳城关的群众起来暴动，晚上七点光景在可怜的皮罗多门口出现了。她走路用了劲，火气更大了，横冲直撞的推进门去。

"混蛋滚出来，给我钱！给我钱！要不，我拿你的丝袋，缎带，扇子，拿你的货色去抵我的两千法郎！区长骗老百姓钱，听见过没有？你不给我，我叫你去做苦工，我去找检察官，我要去告状！今天拿不到钱，我不走！"

有一个柜子里放着许多贵重东西，玛杜太太装模作样要拉开柜上的玻璃。

赛莱斯丁轻轻的对旁边的伙计说:"火绒[1]烧起来了。"

这句话被卖干果的女人听见了。一个人发起脾气来,感觉不是特别迟钝,就是特别灵敏,看体质而定。她把赛莱斯丁狠狠的打了一个嘴巴,那猛烈的程度在花粉业中还是破天荒第一次。

她说:"教你对太太们放尊重些,我的儿!看你还敢抢了钱再糟蹋人么?"

皮罗多恰好在铺子后间;比勒罗想把他带走,他为了守法,硬要等法院来逮捕。皮罗多太太跑出来对玛杜说:

"太太,看上帝分上,别惊动街上的人。"

"哼!我就要他们进来,我要讲给他们听听,笑话不笑话?我的货色,我满头大汗挣来的钱,给你们拿去开跳舞会!嘿,你穿得像王后娘娘,把我这样的可怜虫当绵羊,剪了羊毛来披在你身上!耶稣基督!要我偷人家的钱,我是心惊肉跳,觉得烫手的!我肩膀上只披着兔子毛,那是我自己挣来的!你们是强盗,是贼,不给我钱,我……"

她向一只细工镶嵌的木匣子扑过去,里头全是贵重的化妆品。

赛查走出来说道:"太太,你放手。这里的东西已经不是我的,是我债主的了。现在只剩下我这个人,你要我去坐牢,我向你担保一定等在这儿(他掉了一滴眼泪),你叫差人,叫商务警察来抓就是了……"

他的声调,姿势,表示他的确能说到做到,把玛杜太太的火气平下去了。

赛查又道:"我的本钱给一个公证人拿走了,连累别人不是我

---

[1] "玛杜"在法文中的意思就是火绒。

的错。欠你的账，过些时候一定归还，哪怕要我卖命，在中央市场当小工，我也要还的。"

玛杜太太道："得啦，你是个好人。太太，刚才的话请你原谅；我也是急得要投河了，羊腿子要告我，我手头只有十个月的期票，拿什么去付你们那些该死的票子呢？"

比勒罗走出来说："明儿早上来看我，我叫一个朋友给你想办法，利息只要五厘。"

"咦！是比勒罗老头。"她又对公斯当斯说，"不错，他是你的叔叔。好吧，你们都是规矩人，不会叫我吃亏的，是不是？——明儿见，老革命。"她招呼告老的五金商。

赛查定要在残破的家里待下去，认为可以跟所有的债主表明心迹。公斯当斯苦苦哀求，要他走开，比勒罗却赞成赛查的办法，把他送上了楼。乖巧的老头儿赶去找奥特莱医生，说明皮罗多的情形，弄到一张催眠药的方子，配了药，晚上回到侄婿家里。他串通了赛查丽纳，硬要赛查和他们一起喝点酒。麻醉药把花粉商催眠了。他过了十五小时醒来，已经被关在蒲陶南街比勒罗家里；老人自己在客厅里搭一张帆布床睡了。叔叔用马车把赛查带走的当儿，公斯当斯听见车子出发的声音，马上觉得支持不住。我们的精神，往往是为了支持一个比我们更软弱的人而勉强提起来的。现在家中只剩下娘儿两个，公斯当斯不禁放声大哭，好像丈夫死了一样。

赛查丽纳坐在母亲膝上把她百般抚慰，那种像猫一样的温存只有女人对女人才会表现出来。她说："妈妈，你说过只要我有勇气挑起我的担子，你就有力量抵挡患难。别哭了，亲爱的妈妈。我预备进一家铺子去做事，绝不想起咱们过去的生活。我可以跟你年轻时候一样,去当个领班小姐,绝对没有半句诉苦或是难堪的话。我心中存着一个希望。你没听见包比诺先生怎么说么?"

"好孩子,他将来不是我的女婿……"

"噢!妈妈……"

"倒是我真正的儿子。"

赛查丽纳拥抱着母亲,说道:"一个人倒霉至少有这么一点好处,可以认清楚谁是真正的朋友。"

赛查丽纳在母亲身边当着母亲的角色,把她的悲伤减淡了些。第二天上午,公斯当斯到王上的侍从,特·勒农古公爵府上留下一封信,要求当天约个时间接见。同时她又去见特·拉·皮耶第埃先生,把公证人拖累赛查的情形告诉他,请他在公爵前面说句好话,她怕自己说不清楚。她想替皮罗多谋个差事,说他可以当一个最诚实的出纳员,假如诚实也有等级可分的话。

特·拉·皮耶第埃说道:"王上才发表冯丹纳伯爵当内廷总管,咱们要赶紧才好。"

下午两点,特·拉·皮耶第埃和赛查太太到了圣·陶米尼葛街勒农古府上,走上宽敞的楼梯,去见王上特别喜欢的那个贵族,假如路易十八真有什么人特别喜欢的话。这位爵爷是上一世纪留下来的少数真正贵族之一,接见赛查太太的态度很客气,使她看着心里有了希望。花粉商的女人虽然痛苦,神气却是又庄严又朴实。因为痛苦也有它的庄严,能够使俗人脱胎换骨。要做到这一步,只要做人真实就行;而公斯当斯就是一个绝不虚伪的女人。

事情需要立刻面奏王上。谈话之时,下人通报特·王特奈斯先生来了,公爵叫道:

"啊,你的救星到了!"

年轻的王特奈斯曾经到皮罗多店里去过一两次，买那些往往和大东西同样重要的小玩意儿，所以也认识皮罗多太太。特·勒农古公爵把拉·皮耶第埃的意思说了。王特奈斯听见于克赛侯爵夫人的干儿子遭了不幸，立刻同皮耶第埃先生去见冯丹纳伯爵，叫皮罗多太太等着。

特·冯丹纳伯爵和皮耶第埃一样是个有血性的内地绅士，虽然参加过王台事变[1]，几乎是个无名英雄。他对皮罗多并不陌生，当年在**玫瑰女王**见过的。凡是替王家流过血的人，那时王上只能在暗中关切，免得进步党人大惊小怪。冯丹纳先生是路易十八宠幸的人。大家说他是王上的心腹。他不但答应给皮罗多安排一个职位，还亲自去看值班的勒农古公爵，要他求王上当晚接见，还要求王弟接见皮耶第埃，因为王弟对这一位王台战役中的外交家特别喜欢。

当天晚上，冯丹纳伯爵从蒂勒黎宫出来，上皮罗多太太家，说等她丈夫签了破产协议书，宫里就可以正式发表他做公债准备金库的职员，年俸二千五百法郎；内廷其他的职位都已经派给候缺的贵族了。

皮罗多太太要做的工作还多，上面的事不过是一部分。可怜的女人到圣·但尼街**猫咪拍球**店里去找勒巴，碰见罗甘太太坐着漂亮的马车上街买东西。她跟俊俏的公证人太太照了一面。得意的女人看到破产的女人，不由得满面羞惭，给公斯当斯添加了几分勇气。

她对自己说："我才不拿别人的钱坐车摆阔呢！"

---

[1] 一七九三年，一部分贵族及教士在法国西部王台地区武装暴动，反抗大革命。

勒巴对她很殷勤。她请他替女儿物色一家上等铺子，谋一个职位。勒巴当场没有说什么肯定的话。但是八天以后，赛查丽纳就进了巴黎一家最殷实的时装店；这家铺子正好在意大利区新开一个分店。赛查丽纳每年支三千法郎薪金，由店里供给膳宿。铺子的银钱出入和大小事情都要她管，位置比领班小姐还高一些，实际是做男女东家的代表。

至于赛查太太，她当天就去找包比诺，要求代他照管银钱，文牍和家务。包比诺懂得，花粉商太太只有在他店里才能得到应有的尊重和绝不低微的地位。厚道的孩子给她三千法郎一年，管吃管住，还腾出他的卧房来，自己搬到阁楼上原来伙计住的地方。

这样，花粉美人在豪华的屋子里享了一个月福，就住进那个怕人的房间，望出去只看见一个又暗又潮湿的天井。当初安赛末，高狄沙，斐诺三个人便是在这间屋里发行护首油的。

商务法庭派莫利奈做监察员来接管皮罗多的资产，公斯当斯叫赛莱斯丁帮着，按清册点交。然后母女俩走出铺子，打扮得很朴素。虽则一生三分之一的时间都是在这儿过的，她们可是头也不回，径自往叔叔比勒罗家走去。两人不声不响的上蒲陶南街，和赛查一起吃晚饭。自从分别以后，这是他们第一次相见。饭桌上很凄凉。每个人心里都已经盘算过一番，把责任的轻重和自己的勇气都衡量过了。三个人好似准备跟风暴搏斗的水手，对于前途的危险都心中有数。皮罗多听说那些大人物多么热心，给他安排了一个前程，精神马上振作起来；但一知道女儿落到那个田地，他哭了。接着，看见妻子勇气勃勃的重新开始工作，他又向她伸出手去。

他们都抱做一堆，心也打成了一片。三个人中最懦弱最消沉的皮罗多,竟然举起手来叫道:"咱们应当存着希望!"比勒罗看着这动人的一幕,生平最后一次掉了眼泪。

他对赛查说:"为了省钱,你和我一起住,就睡在我那间房里,吃也吃我的。我已经孤零零的冷静了好多年,你就代替我那个死了的孩子吧。你到小圣堂街的**金库**去办公也只有几步路。"

皮罗多叫道:"慈悲的上帝!在狂风暴雨的高潮上,就有一颗明星在指引我。"

存着听天由命的心,遭难的人受完了他的苦难。这时皮罗多的下坡路已经走完,他认输了,又变得坚强了。

第三部　赛查的胜利

14

破产概况

　　一个做买卖的交出清账以后，只能在国内国外找个存身之处，百事不问的待在那里，像孩子一样：法律宣告他是个丧失公民权的人，不能再有任何法律行为。但事实并不如此。要重新露面，只消有一张通行证就行；那是没有一个商务裁判，没有一个债权人会拒绝的，因为破产人没有这证件，走出去可以被关进监狱；而有了那保障，就能以和谈使节的身份出入敌人的阵地，当然不是为了看热闹，而是因为有关破产的立法处处和他作对，必须想办法抵抗。一切涉及私有财产的法律都有一个作用，就是鼓励人勾心斗角，尽量出坏主意。破产的人正如利益受到某一条法律妨碍的人，一心一意只想摆脱法律的束缚。在丧失公民权的时期，破产人的处境好比一条蛹。这个时期大概有三个月，因为有许多手续要办；然后召开会议，由债权人跟债务人签订和约，叫作协议书。顾名思义，这时候各方面的利益经过了剧烈的冲突，又协调了。

　　商务法庭收到破产人的清账，立刻指定一位商务裁判来保护一般小额债权人的利益，同时也要保护破产人，防债主们气愤之下和他为难。完成这双重的使命原是很有意义的，假如商务裁判有时间的话。裁判另外指派一个监查人，授权他审核清册上的资产，执管破产人的生财，证券，存货。最后由书记处定一个日期，登报公告，召开全体债权人会议。所有的债主，不管真的假的，都得到场，任命几个临时破产管理人来代替监查人。从此以后，破产管理人就坐上破产人的席位；由于法律的假定，他们竟变了破产人的替身；一切都可以由他们清理，拍卖，谈判；为了债权人的利益，天大的事都能做主，只要破产人不出来反对。

多数巴黎的破产案只到临时破产管理人的阶段为止，原因如下：

债主受了骗，吃了亏，上了当，遭了损失，受了奚落，一心想出气，在任命一个或几个正式破产管理人的时候，情绪最激动。可是尽管债主受了骗，吃了亏，上了当，遭了损失，受了奚落，在巴黎为了买卖而生的气，也气不到九十天。生意场中，只有应付未付的票据到了三个月会突然站出来。至于债权人，经过破产的各种程序，来来回回，筋疲力尽，到九十天早已在他们贤惠的小娘子身边睡着了。这一点可以帮助外国人懂得，法国的所谓**临时**跟**正式**并无分别：在一千个临时破产管理人中，真正转变为正式破产管理人的不到五个。破产引起的仇恨怎么会平息，是不难了解的。但破产这出戏必须解释清楚，才能使一般没有福气做过买卖的读者懂得，破产案在巴黎怎么会变成法律上荒谬绝伦的大笑话，而皮罗多的破产又怎么会变成闻所未闻的例外。

这出精彩的商业戏清清楚楚分成三幕：监查人一幕，破产管理人一幕，签订协议书一幕。和所有的戏文一样，这出戏也有两个场面：一个是演给观众看的，一个是藏在幕后的；一个是坐在池子里看的，一个是要在后台看的。

后台的角色有破产人和他的商事代理人[1]，有破产管理人和监查人，当然还有商务裁判。

商务裁判是世界上性质最古怪的法官；这是在巴黎人人知道，巴黎以外没人知道的。这位法官随时要防作法自毙。巴黎就有过商务法庭的庭长宣告破产的事。当这种差事的，不是什么退休的老商人因为一生清白而得到这个职位作为报酬，而是一个忙于应付许多大企业，主持一家大字号的在业商人。在我们京城里，商务纠纷泛滥成灾，不断出现，裁判的责任就在于审理这些案子；但他当选的主要条件是必须有许多应接不暇的业务在手里。商务法庭照理应当成为一个过渡的机构，使生意人经过这个阶段再慢慢的置身显贵；但事实上不是这样，组成商务法庭的全是一般在业的商人，一遇到冤家对头，像皮罗多遇到杜·蒂埃那样，就会吃自己判决过的案子的亏。

因此，商务裁判势必成为这样一个人：大家在他面前说很多话，他耳朵听着，心里想着自己的业务，把公事都交给破产管理人和商事代理人去办，除非遇到稀奇古怪的案子，盗窃的方法非常特别，使他感觉到债权人或债务人是些精明家伙。这个角色放在这出戏里，好比会议厅上供的王上的半身像。你要找他么？他早上五点至七点之间在堆栈里，假如是个木材商；或是在铺子里，倘若他像过去的皮罗多一样做花粉生意；再不然，是晚上吃过饭，桌上摆着饭后点心的时候；而且不管什么时候他都忙得要命。所以这人物往往是不开口的。不过我们对法律也得说句公道

---

[1] 商事代理人的性质近于诉讼代理人，但限于代理商务案件，出席商务法庭；而且不是像律师，诉讼代理人，公证人等属于司法机关管辖的公务人员。

话：有关商业的法规订得很匆忙，缚住了商务裁判的手脚；在好些场合，他明知是骗局而无法阻止，只能加以批准；这一点我们等会就要谈到。

监查人本是债主方面的人，但他可以倒在债务人方面。每个人都希望破产人多照顾自己，多沾些便宜；因为大家总以为债务人还有些私蓄没拿出来。监查人对双方都能帮忙，或者替破产人的事业留个余地，或者替有势力的债主多捞一把：他是两面不得罪的。能干的监查人往往用赎回债务的办法把破产的裁定撤销，替破产人恢复地位，使他像皮球一般从地上直跳起来。监查人反正向着粮草充足的一面，不是保障债主中的大户而牺牲债务人，便是为了债务人的前途而牺牲债主。可见全剧的关键就在监查人这一幕。监查人和商事代理人一样，在戏里的作用非常重要；一定要酬劳有了把握，他们才肯当这个角色。一千桩破产案，倒有九百五十桩的监查人站在破产人一边。在我们的故事发生的时代，差不多总是由商事代理人跑去见商务裁判，向他提出监查人的名单；那必然是他们夹袋中的人物，熟悉破产人的业务，有办法把大众的利益和走了背运的体面朋友的利益加以调和的人。近年来，精明的法官往往叫人家提名，然后故意撇开这个人而另外派一个比较规矩的人。

在这一幕里，所有真真假假的债主都出场，以便指定几个**临时**破产管理人，其实就是**正式**的破产管理人，理由上面已经说过了。在这个选举大会上，五十铜子的债主和五万法郎的债主同样有投票权；表决只算票数，不问债权大小。到会的还有破产人带来的冒牌选举人，只有他们在选举的时候从来不缺席。大会推出几个债主作候选人，交给有职无权的主席——商务裁判，去从中挑出破产管理人。所以，商务裁判几乎老是在破产人的夹袋中去挑出合乎破产人脾胃的破产管理人：这又是一个弊病，使破产案成为一出有法律保障的大喜剧。走了背运的体面朋友这时大权在握，可以把预谋的偷盗变成合法的了。一般说来，巴黎的零售商是没有什么可责备的。等到一个开小铺子的老板交出清账的时候，老婆的披肩也卖了，饭桌上的银器也抵押了，什么方法都想尽了，才两手空空，家徒四壁的倒下来，连请商事代理人的公费都没有。商事代理人也不把他放在心上。

债主在协议书上照例放弃一部分债款，允许破产人复业；法律规定，表决这份协议书的时候，债权人的数目和债款的数目都要有一定的多数才能通过。要完成这件大事，破产人，破产管理人和商事代理人，必须在错综复杂，互相冲突的利害关系之间，拿出高明的外交手段来周旋。最普通最常用的策略，是为了拉拢一部分债主来凑足法定多数，债务人不得不在协议书规定的清偿成数之外，对那一部分债主另外再给些好处。这种大规模的欺诈简直无法防止：前后三十届的商务法庭都知道，因为商务裁判自己也做过这种事。他们积累了长时期的经验，最近才决定把敲诈性质的期票宣告无效。债务人为了本身利益，照理会出面告发，因此商务裁判希望用这个办法来防止破产案的不道德。但那些人自有本领使破产案变得更不道德，债主会想出更无赖的花样来；那些花样，商务裁判站在法官的立场上固然认为非法，但是站在商人的立场上也有利可图。

还有一个普遍采取的手段是虚造一些债权人，像杜·蒂埃虚立银号一般，引进一批克拉巴龙做破产人的化身：一方面减少真正的债主的清偿成数，作为破产人日后的资本，一方面也操纵了债权人的数目和债款的金额，以便通过他的协议书。**合法而正经的债权人**这个名称就是这样产生的。**捣乱而非法的债权人**好比选举团里的冒牌选民。**合法而正经的债权人**有什么办法对付**捣乱而非法的债权人**呢？打倒他们，把他们赶出去么？要赶出冒牌的债主，**合法而正经的债主**就得放下自己的买卖，委托一个商事代理人；而商事代理人因为无利可图，宁可照管破产案，把这桩小官司敷衍了事。而且要撵走**捣乱的债主**，必须钻到他们千头万绪的买卖中去，追溯到年深月久的时代，翻查老账，请求法院把冒牌债主的簿册调来，寻出作假的痕迹指给法官看，上堂申诉，到处奔走，把大众已经冷却的心重新鼓动起来。对付每一个**捣乱而非法的债主**，你都得使出堂·吉诃德式的气力。就算对方的捣乱被你证明了，他也不过对法官们说一声："对不起，你们误会了，其实我是很正经的。"说完打个招呼，一走了事。官司打来打去也损害不到破产人的权利，他尽可以跟堂·吉诃德一直缠到高等法院。这期间，堂·吉诃德自己的生意也形势不妙，可能破产了。

结论：破产管理人是债务人选择的，债权是债务人审核的，协议书是债务人自己安排的。

在这种情形之下，有多少阴谋，多少斯迦拿兰式的把戏，弗隆打式的花招，玛斯加利式的扯谎，斯卡班式的空袋子[1]，可能从上面两套手段中发展出来，也可想而知了。作家要是愿意动笔，每桩破产案的材料都足够写成《克拉里斯·哈罗》[2]那样十四

---

[1] 斯迦拿兰是莫里哀喜剧《不得不做的医生》中的主角，是个粗俗狡猾的乡下人。弗隆打是古代喜剧中无耻而俏皮的仆人。玛斯加利与斯卡班都是莫里哀笔下的刁钻促狭的仆役。斯卡班捉弄主人的父亲，说有刺客在搜寻他，叫他躲在袋里，把他痛打了几顿，诡说是刺客打的。

[2] 英国十八世纪李查逊有名的长篇小说。

大卷的著作。我们只举一个例。巴尔玛，羊腿子，韦勃勒斯脱，格莱，纽沁根一帮人的师傅，赫赫有名的高勃萨克，曾经想借一桩破产案，对一个以前给他吃过亏的生意人狠狠的还敬一下。他拿到债务人一批期头开在协议书签订以后的票据，上面的数目加上清偿的成数，等于他的全部债款。高勃萨克叫大家通过的协议书，把债权情让了百分之七十五。这样，债权人都吃了大亏，高勃萨克却得了便宜。但破产人还签出的一些违法的票据，也有百分之七十五的折扣。在这笔款子中间，高勃萨克，了不起的高勃萨克差不多拿到一半。所以他遇到那个债务人，打起招呼来总带着恭敬又挖苦的神气。

　　破产人在破产以前十天所做的交易都可能被认为非法，所以一般精细的朋友特意物色一批为了利害关系跟破产人同样希望早日签订协议书的债主，跟他们做交易。一般极精明的债主去找一般极愚蠢或者极忙的债主，把破产案的前途说得万分暗淡，把他们的债权买下来，代价只及将来清偿成数的一半，买进的人日后除了在清偿成数中收回成本以外，还能赚到一半，或是三分之一，或是四分之一。

　　破产的事好比有一所被抢劫过的屋子锁在那里，里头还剩着几袋钱。一个生意人要是从窗子里，从屋顶上，从地窖里，从什么窟窿里钻进屋子，摸到一袋两袋钱，把自己的份头加多一些，就算交了好运。在总崩溃的局面中，像柏累齐那河边[1]那样只听见**各自逃生**的叫喊声中，什么事都又真又假，又合法又非法，又老实又不老实。一个人能不吃亏，别人就佩服他。而所谓不吃亏就

---

[1] 拿破仑侵俄大军撤退时在白俄罗斯柏累齐那河畔受到袭击，伤亡惨重。

是损害了别的债权人，自己捞进一笔。法国有过一桩轰动全国的大破产案：在一个设有高等法院的城市里，法官们和一些破产人都有银钱来往，便通同作弊，把法律的尊严破坏得干干净净；结果不得不把案子移送别的法院审理。地方上一朝发生了倒闭案，什么商务裁判，什么监查人，什么最高法院，都不起作用的了。

生意上这种漆黑一团的情形，巴黎人体会很深；做买卖的都认为破产是没人保险的意外事故，只要自己被拖累的数目不大，即使空闲，也不肯冒冒失失的为之浪费时间，宁可把损失作为烂账，自己还是做自己的生意。至于做小买卖的，老是为要应付月底的账弄得焦头烂额，关心自己的命运都来不及，怎么还敢打一桩又拖日子又费钱的官司！他也不想了解破产的内情，只学着大商人的样；他知道了损失，只有垂头丧气的份儿。

现在的大商人不再宣告破产，而是大家客客气气的办清理了：债务人能还多少，债权人就拿多少，出张收据把债务了结完事。这样既免得丢脸，又免得被法院拖延日子，既不用出商事代理人的酬金，也不必把存货压低价钱。个个人觉得破产的结果不如清理实惠。因此巴黎宣告清理的事比宣告破产的事多。

破产管理人的一幕，主要是证明凡是破产管理人都很清白，和破产人并无勾结。池子里的看客多多少少当过这个差事，知道所谓破产管理人就是有保障的债主。他听着人家的话，爱怎么相信就怎么相信；他在三个月之内把人欠欠人的账务审核完毕，然后在签订协议书的那一天出场。那时，临时破产管理人向大会提出一个简短的报告，通行的格式大概是这样：

"诸位先生，破产人总共欠我们一百万。我们把他当作一条沉没的破船一样全部拆卸了。钉子，木材，破铜烂铁，一共卖到三十万。因此我们放的债可以收回三成。债务人不是剩下十万八万而居然还有这个数目,我们觉得很高兴;我们宣布他是个正人君子,应当对他情让一部分债款,以资鼓励。我们建议发还他资产,让他在十年或十二年之内偿还我们百分之五十,这是他答应我们的数目。协议书预备好了,请大家到办公室去签字!"

听了这篇话,商人们都心满意足,彼此拥抱,庆贺。协议书一经批准,破产人就恢复了商人的身份:资产拿回来了,买卖也重新做起来了;答应的清偿成数将来付不出的话,尽有权利再宣告破产。这种由第一次破产牵出来的第二次破产也是常有的事,好像女儿出嫁了九个月,做母亲的又生了一个孩子。

倘使协议不成,债权人便任命一批正式的破产管理人,拿出穷凶极恶的手段来了,例如联合经营债务人的业务,调度他的财产,没收他将来应得的东西,执管他的父亲,母亲,姑母等等的遗产。但是要实行这一类严厉的办法,债主们先得订一份共管的合同。

由此可见,破产有两种:一种是破产人还想复业的,一种是掉在水里情愿沉到河底去的。这个区别,比勒罗知道很清楚。他和拉贡一样,认为经过第一种破产的人很难保持清白,经过第二种破产的人很难恢复元气。他先劝皮罗多把资产全部放弃,接着在市场上委托了一个最老实的商事代理人去执行,要他把所有的财产都交给债权人支配。按照法律规定,在办理破产手续的时期,破产人一家的口粮应当由债主供给,但比勒罗通知商务裁判,说侄女和侄婿的生活归他维持。

杜·蒂埃早已布置好,要叫他的老东家在这一回破产中一刻不停的受罪。办法如下。因为时间在巴黎非常宝贵,两个破产管理人通常只有一个管事,另外一个不过是装装样子,署个名,像公证文件中的第二个公证人。而那个实际负责的管理人又往往依靠商事代理人。因此在巴黎,上面所说的第一种破产案进行非常迅速,在法定限期以内样样都封好,包扎好,端整好,安排好。不出一百天,商务裁判就能像那位部长一样狠心的说一句:"华沙的秩序恢复了[1]!"杜·蒂埃的意思是要叫花粉商在生意场中永远不得翻身。破产管理人的名单原是杜·蒂埃在幕后操纵的,比勒罗看了觉得大有文章。外号叫羊腿子的皮杜是债主中的大户,偏偏百事不问;吹毛求疵的小老头儿莫利奈并无损失,却样样当家做主。杜·蒂埃有心把商场中一个正人君子的尸首扔给那只小豺狼,让它玩弄够了再吞下去。

　　债主们开过会,任命了破产管理人。小老头儿莫利奈回到家里,说承同胞们瞧得起,不胜荣幸;同时也很高兴有个皮罗多让他监护,好比孩子有一条虫儿可以捉弄了。这位业主一朝有着法律撑腰,就买了一部商法来研究,还要求杜·蒂埃多多指教。幸而勒巴得到比勒罗的通知,早就要求商务法庭庭长挑选一位精明而宽大的裁判。杜·蒂埃希望指派高朋汉-格莱,结果却发表了候补商务裁判加缪索;他是进步党,有钱的丝绸商,比勒罗的房东,据说是个正派人。

　　赛查一生最难堪的一个场面是不得不和小老头儿莫利奈谈判。赛查一向把他看作一文不值,不料由于法律的假定,他竟一

---

[1] 一八三一年俄军占领华沙,残杀起义人民。法国众议院开会时提出质问,当时的法国外交部长赛巴斯蒂阿尼回答说:"华沙的秩序恢复了!"

变而为赛查·皮罗多了¹。皮罗多由叔岳陪着到巴太佛大院，走上六楼，踏进那所恶心的屋子。现在老头儿既是他的监护人，又是债权人的代表，差不多也是他的法官。

赛查叹了一声，比勒罗问："怎么啦？"

"唉！叔叔，你不知道莫利奈是怎样的一个人呢！"

"十五年来，我不时看见他晚上在大街咖啡馆玩骨牌，所以我陪你来。"

莫利奈对比勒罗客气得不得了，对破产人却是一脸瞧不起的样子。小老头儿早已转过念头，把自己的态度举动，连最细微的地方都研究过了。

比勒罗道："你要问些什么？债权是一点没有问题的。"

小老头儿说："噢！债权是合格的，都审查过了。债权人都是正经而合法的！可是法律到底是法律，先生！破产人的开支跟他的财产不相称……事实证明那个跳舞会……"

"你也参加的。"比勒罗插了一句。

"……花到近六万法郎，或者说为了跳舞会用到这个数目，而当时破产人的财产不过十万多一些……这就有资格送轻罪庭，照过失破产起诉……"

比勒罗看见皮罗多听着吓坏了，就对莫利奈说："你是这个意思么？"

"先生，当然事情有所不同。皮罗多先生做过区政府的官员……"

比勒罗说："难道你叫我们来，就是告诉我们要送轻罪法庭

---

1 上文说过，破产管理人等于破产人的化身，可以支配破产人的全部财产。

么？你这种做法，今晚大卫咖啡馆的人都要笑死了。"

小老头儿似乎很怕大卫咖啡馆的舆论，他带着吃惊的神气望着比勒罗。这位破产管理人本以为皮罗多是一个人来的，打算拿出一副审判员面孔，表示他大权在握，是个朱庇特[1]。他想好了一套严厉的话，预备像控诉犯人一般搬出来吓唬皮罗多，把轻罪法庭当作板斧似的在他头上晃来晃去，拿皮罗多的惊慌失措开开心；然后听着他的央告而缓和下来，表示自己宽宏大量，叫皮罗多受了侮辱还一辈子的感激不尽。他没料到，上门的不是一条可以由他摆布的虫儿，却是一个生意场中的老手。

他说："先生，没有什么可笑的。"

比勒罗答道："哦，你对克拉巴龙相当慷慨；你放弃了大众的利益，只想自己多得好处；我要以债权人资格出来干涉。我们还有商务裁判呢。"

莫利奈说："先生，我是清白的。"

比勒罗说："我知道，你不过想不吃亏。你精明得很，对付这件事像对付你房客一样……"

听到这一句，破产管理人马上恢复了业主的身份，好比猫儿变的女人又追起耗子来了[2]。他说："噢！先生，我在蒙多葛伊街上的官司还没审结。事情又出了岔儿。被告是个主要房客，诡计多端，他说既然预付了一年房租，只有一年……"

比勒罗对赛查瞅了一眼，要他特别注意。

"……说既然已经预付房租，他就可以搬走他的家具。因此又是一场官司。在他账目没付清以前，就是要有担保的，因为他

---

[1] 希腊神话中地位最高的神，即希腊文中的宙斯。
[2] 《伊索寓言》中有一猫儿变的女人，在谈情说爱之间忽然停下来去追耗子。

还可能欠我修理费。"

比勒罗说:"不过法律规定,房客的家具只担保房租。"

"还有附带的费用呢!"莫利奈觉得被比勒罗抓住了弱点,"那条法律怎样解释有判例可作根据;不过条文本身也需要修改,我正在起草一份备忘录,向司法部长指出这方面的漏洞。政府应当关心业主的权利,这也是为了国家。税收根本要靠我们业主的。"

比勒罗说:"你的确能向政府说明问题,可是关于眼前这件事,我们能向你说明什么呢?"

莫利奈架子十足的说道:"我要知道皮罗多先生有没有收过包比诺先生的钱。"

"没有,先生。"皮罗多回答。

接下来讨论皮罗多在包比诺号子里搭股的问题,双方同意包比诺的垫本应当如数归还,不把皮罗多欠的一半开办费列入破产账内。破产管理人莫利奈在比勒罗掌握之下,不知不觉变得客气了,可见他很重视大卫咖啡馆的舆论。临了他居然安慰皮罗多,还邀请他和比勒罗在他家里吃便饭。要是前任花粉商一个人来,说不定会惹莫利奈生气,把事情弄僵的。这一回,正如在别的场合一样,比勒罗老头做了皮罗多的护身神。

根据商法规定,破产人一定要受一次痛苦的磨难:决定他命运的债权人大会,他必须随同商务裁判和临时破产管理人到场。对于一个满不在乎的人,或者是只想翻本的生意人,这个不愉快的仪式并不怎么可怕;但要一个像皮罗多那样的人出席大会,他的痛苦就像判了死罪的囚犯到了临刑的前夜。比勒罗想尽办法使侄婿在那天不至于太难堪。

莫利奈得到破产人的同意，把处理的办法决定如下：关于寺院街厂基的官司，高等法院业已判决皮罗多胜诉。破产管理人决定把那块地出卖，赛查也不反对。杜·蒂埃因为知道政府要开一条运河穿过寺院街，把圣·但尼区和塞纳河的上游连接起来，拿出七万法郎买了皮罗多的厂基——赛查放弃在玛特兰纳地产中的权利，归克拉巴龙承受，条件是：一、克拉巴龙不再要皮罗多负担登记税和立文契的一半费用；二、地价由克拉巴龙负责，将来在破产账内分摊给卖主的清偿成数，也归克拉巴龙领取——花粉商在包比诺店里的股份，作价四万八千法郎卖给包比诺——**玫瑰女王**那个铺子盘给赛莱斯丁·克勒凡，作价五万七；存货，生财，屋子的租赁权，连同**女苏丹香皂**和**润肤水**的所有权在内；工场的十二年租约和工场用具也一并转让。这样清算之后，现金共有十九万五千，再加皮罗多在罗甘破产案中所能收回的七万，一共是二十五万五千[1]。负债的总数是四十四万，债主还能收回百分之五十以上。

破产这件事好像是做化学实验，调皮的破产人总想法叫自己在实验过程中发胖。皮罗多经过蒸馏，得到这个成绩，把杜·蒂埃气坏了。他满以为皮罗多的破产是丢人的，没想到竟然很有面子。杜·蒂埃不花一个钱到手了玛特兰纳的地产，但他并不把这笔赚头放在心上，只巴望可怜的花粉商从此完蛋，受尽唾骂，丢尽脸面。照现在的情形看，债主们在大会上倒是会对皮罗多喝彩叫好的。

皮罗多的勇气一点一点的恢复过来，比勒罗这个聪明的医生

---

[1] 十九万五千加七万是二十六万五千，巴尔扎克又算错了。

也跟着一点一点的下药，把料理破产的种种经过告诉他。许多忍痛牺牲的办法对债务人都是沉重的打击。生意人眼看自己花了多少钱和多少心血置办起来的东西，三钱不值两文的卖出去，不能不伤心。皮罗多听了叔岳报告他的消息，呆住了。

"**玫瑰女王**只盘五万七么？存货就值到一万；住房花了我四万；工场，工具，模型，锅炉，一共花到三万；铺子里别的东西就算打个对折，也还值到一万；还有**香皂**和**润肤水**的所有权抵得一个农场呢！"

倾家荡产的赛查这样哼哼唧唧的怨叹，比勒罗并不着慌。这位退休的老商人听着，好像一匹马站在大门口淋着阵雨；但皮罗多为了要出席大会而沉着脸一声不响，比勒罗看着倒急起来了。社会上每个阶层的人都有虚荣，都有弱点，懂得了这一点，就能体会到在商务法庭当过裁判的人，如今以破产人的身份走进去是什么一种滋味。皮罗多从前帮过人家忙，多少人在庭上向他道谢；他对破产的看法那么严厉，在巴黎商界中也大众皆知，他说过："交出清账的时候还是个规矩人，从债权人大会出来就变成骗子了！"而他现在竟要到那儿去当众出丑！那不是受毒刑是什么！叔岳特意拣了个适当的时间，和他提到要跟债权人在大会上见面的事，让他心上有个准备。但法律上这一项规定竟要了皮罗多的命。比勒罗看着他不声不响、灰心绝望的表情，不由得很紧张，夜里还隔着板壁听见他嚷着：

"不行！不行！我活不到那一天的！"

比勒罗由于生活朴素，性格非常坚强，可还是能了解一般人的软弱。他决意不让皮罗多和债权人见面的时候受难；他可能痛苦不过，当场倒下来的，但那个会又无法避免。在这一点上，法律的条文很明确，很严格，非遵守不可。只要破产人拒绝出席，就可以被送往轻罪法庭以倒闭罪起诉。但法律只能强制破产人到场，而并没有权力强制债权人到场。只有在一定的情形之下，债权人大会才是个重要的仪式，例如破产人犯了欺诈罪，需要剥夺他产权，订立破产财团的合同；或者是沾便宜的债权人和吃亏的债权人发生争执；或者是协议书把债主的利益损害太过分了，表决的时候破产人不容易获得法定多数。至于从头至尾都照规矩办事的破产案，正如从头至尾都做好手脚作弊的破产案，大会只不过是个形式。

比勒罗把债权人一个一个的拜访过来，请他们委托各自的商事代理人代表他们出席大会。除了杜·蒂埃，每个债主把赛查打倒以后，都真心的对他表示同情。他们知道花粉商的为人，知道他账目清楚，做的买卖多么规矩。所有的债主看见没有一个**捣乱的**债权人，觉得很高兴。莫利奈是监查人，后来又是破产管理人，在赛查家里看见可怜虫把什么东西都留下了，甚至包比诺送的版画，他随身的穿戴，别针，金搭扣，两只表，也统统摆在那里。本来这些东西拿走了也不能算不诚实。公斯当斯仅有的几样首饰也留下了。这样动人的守法的行为，轰动了商界。皮罗多的敌人说他幼稚可笑；明理的人却也还他一个公道，认为这样过分的老实究竟了不起。两个月以后，交易所里的舆论变了。连不相干的人也承认皮罗多的破产是市场上一桩绝无仅有的希罕事儿。债主们知道能收回百分之六十，都答应了比勒罗的要求。商事代理人本来为数不多，几个债主只能托一个人做代表。结果比勒罗把这个可怕的大会减缩到只有三个商事代理人，两个破产管理人，一个商务裁判，以及他自己和拉贡。

到了那个庄严的日子，早上比勒罗对侄婿说："赛查，今天你到会场去不用怕，差不多没有什么人。"

拉贡有心陪他的债务人一同去。一听见**玫瑰女王**的老主人那个细小生硬的声音，老伙计脸色变了；可是好心的小老头儿对他张开了手臂，皮罗多便像孩子扑向父亲怀里一样扑上去，两个花粉商都掉了眼泪。破产人看见人家这样宽容，也有了勇气，和叔岳一齐跨上马车，十点半，三个人到了圣-曼丽修院，当时商务法庭的所在地。在那个时间，破产庭上一个人都没有。日子和钟点是比勒罗跟破产管理人和商务裁判商量好的。债主都由商事代理人代表出席，因此赛查·皮罗多用不到胆怯。但加缪索的办公室碰巧就是皮罗多从前的办公室，他走进去不能不大大的激动，再想到等会还得上破产庭，更觉得心惊胆战。

加缪索对皮罗多说："天气冷得很；诸位先生大概也愿意待在这里，不到庭上去挨冻了吧？（他故意不说破产庭。）各位请坐。"

大家坐下了，法官把自己的椅子让给局促不安的皮罗多。商事代理人和破产管理人都签了字。

加缪索对皮罗多说道："因为你放弃资产，债权人一致同意把其余的债权情让。协议书的措辞，你看了很可以安慰。你的商事代理人不久就会把协议书办好批准手续。现在你没事啦。"加缪索又握着他的手说，"亲爱的皮罗多先生，本庭全体裁判对你的处境表示同情，对你的勇敢并不觉得奇怪。没有一个人不佩服你规矩老实。你在患难中的表现证明你不愧为当过商务裁判的人。我在生意场中混了二十年，一个商人倒下来还能得到大众敬重，还是第二回看到。"

皮罗多含着泪握着法官的手。加缪索问他以后打算干什么，皮罗多回答说要去工作，挣起钱来把全部债务都还清。

加缪索道："为了做成功这桩了不起的事，倘若短少几千法郎，尽管来找我。这种事情在巴黎太少有了；我要能亲眼看到，很高兴拿出一些钱来。"

比勒罗，拉贡和皮罗多一齐告退。

走到商务法庭门口，比勒罗对皮罗多说："嗯，你看，不是什么无边苦海吧？"

可怜的家伙很感动的回答："叔叔，我知道一切都是你安排的。"

拉贡说："现在你地位恢复了，这儿到五钻石街不过几步路，去瞧瞧我的内侄吧。"

要皮罗多看见公斯当斯坐在中层楼上一个又矮又黑的小房间里办公，当然心里不会好过。房间正好在店面高头，窗子被店门上面包比诺的招牌遮去三分之一，挡住了一部分光线。

皮罗多这时已经死心塌地，倒反兴冲冲的指着包比诺的招牌说道："哼！这是亚历山大手下的一员大将呢。"

皮罗多这点儿高兴明明是勉强的，也很天真的流露出他自命不凡的心理始终没有消灭。拉贡年纪上了七十，听着仍不免打了一个寒噤。赛查看见他女人拿着一叠信，下楼来送给包比诺签字，马上脸色发白，淌下眼泪。

"你好，朋友。"她笑嘻嘻的招呼赛查。

"你在这儿舒服不舒服，我看是用不着问的了。"赛查望着包比诺说。

"就好比在儿子家里一样。"她那副感动的神气把前任花粉商也感动了。

他拥抱着包比诺,说道:"我再也没权利叫他做儿子了。"

包比诺道:"别失望。你的头油销路很好,一方面靠我在报上宣传,一方面也靠高狄沙出力。他跑遍全国,把招贴,仿单到处散发;如今又在斯特拉斯堡印德文仿单,就要攻进德国去了。我们接到了三万六千打订货。"

赛查叫道:"三万六千打!"

"我在圣·玛梭城关买了一块地,价钱不贵,预备盖厂房。寺院街的工场我仍旧保留。"

皮罗多凑着公斯当斯的耳朵说道:"太太,只要人家帮点儿忙,咱们一定爬得起来的。"

15

最精彩的表现

从这一天关系重大的日子起,赛查和他的妻子女儿有了默契。可怜的小职员想做一件即使可能,也是天大的难事——把欠的债全部还清[1]。在狠命要求清白这一点上,三个人是一致的;他们都变得脾气峭刻,一钱如命,什么都舍不得享受。赛查丽纳为自己打算,拿出女孩子家的热情来关切她那一行买卖。她常常熬夜,想办法推广铺子的营业,设计衣料的图案,尽量发挥她做生意的天赋,叫东家看了也不能不劝她少辛苦些,同时送她一些额外的酬劳。但是首饰衣着,她都不收,只说:"给我现钱吧!"

她按月把薪金和外快交给叔公比勒罗。赛查夫妇也是这样。三个人都承认自己没有能力,不敢担负调度资金的责任,把积蓄托比勒罗全权处理。老叔重新拿出做生意的本领,在交易所里买卖期货,赚一点钱。后来才知道,他在这方面得到于勒·台玛雷和约瑟·勒巴的帮助,他们俩都很热心,指点他做一些没有风险的交易。

---

[1] 按照惯例,破产人只要偿还协议书上所规定的清偿成数;所谓全部还清是把债主情让部分也归还。

前任花粉商虽则住在叔岳身边，也不敢打听自己和妻子女儿挣来的钱是怎么存放的。他走在街上低着头，不让人家看见他那张灰心绝望痴呆混沌的脸。赛查还责备自己穿的衣料太讲究。

他用着天使般的眼神望着叔岳，说："至少我不曾叫债主养活我。你哀怜我，给我一口饭吃，我是吃了安心的，因为全靠你大发慈悲，我的薪水才能积起来还债，一个钱都没有饱我的私囊。"

商人们遇到这个小职员，再也看不出当年花粉商的影子。他满面愁容，留着伤心的烙印；而且从来没有心事的人上了心事，更是神色大变，叫不相干的人看了也深深体会到一失足成千古恨的意义。一个人的形销骨立不是勉强做得出的。生性轻薄，没有天良，什么都不在乎的人，面上永远不会显出他受过苦难。只有宗教才会在堕落的人身上盖一个特殊的印记。他们相信未来，相信上帝，眉宇之间自有一道微弱的光说明他们的信仰，还有一种坚忍与希望交融的气息令人感动。他们像放逐的天使站在天国门外痛哭一样，知道自己所受的损失。破产的人不能在交易所中露面。赛查被赶出了诚实的国土，仿佛是一个渴望上帝宽恕的天使。

皮罗多倒下来以后，思想变得非常严肃，一连十四个月不愿意有任何娱乐。他明知拉贡夫妇是最可靠的朋友，但无论如何不肯上他们家去吃饭；也不接受勒巴，玛蒂法，泼洛丹士和希佛勒维的邀请，便是伏葛冷先生请他也不去，虽则他们都很想表扬赛查高超的德行。他宁可一个人待在房间里，不愿意让债主瞧他一眼。朋友们越殷勤，越使他想起眼前的处境而心酸。公斯当斯和赛查丽纳也不在外边走动。她们只有星期日和例假才空闲，在望弥撒的时候来带赛查一块儿去，过后在比勒罗家里陪他。比勒罗把陆罗神甫请来，他的话对受着考验的赛查有鼓励作用。他们就是这么几个自己人守在一起。退休的五金商向来把诚实二字看得极重，绝不嫌赛查过于认真。他只想把赛查见了不会脸红而抬得起头来的人，多找几个来和他做伴。

一八二一年五月，掌握他们命运的叔叔第一次给这个与患难相搏的家庭安排了一个节目，酬劳他们的辛苦。五月的最后一个星期天是公斯当斯接受赛查求婚的纪念日。比勒罗和拉贡夫妇在梭城合租了一所乡下小房子，打算请一席进宅酒快活一下。

星期六晚上，比勒罗对侄婿说："赛查，明天我们下乡，你也去。"

赛查写得一手好字，晚上替但尔维和另外几个诉讼代理人抄写文件。他得到本堂神甫的特许，星期日也在拼命干活。

他回答说："我不去。有一份监护人的委托书，但尔维先生等着用。"

"你老婆和女儿那么辛苦，也该慰劳慰劳她们了。我只请几个熟朋友：陆罗神甫，拉贡夫妇，包比诺和他的叔叔。而且我要你去。"

当年**玫瑰女王**的领班伙计，在梭城的一棵树底下快活得差点儿发晕；后来赛查夫妻俩常常想再去瞧瞧那棵树，因为事情忙，没有去成。那天包比诺来陪赛查和他的妻子女儿同走，公斯当斯在马车上一路向赛查递眼色，赛查却始终沉着脸，没有笑容。她咬着他耳朵说了几句话，他只是摇摇头，一声不出。公斯当斯的深情始终不变，可是表现得多少有些勉强；赛查看了，脸色非但不开朗，倒反越来越阴沉，忍不住要掉眼泪。可怜虫二十年前走这段路的时候，年轻，有钱，希望无穷，发疯般爱着一个和现在的赛查丽纳一样美丽的姑娘，做着幸福的梦；如今却在车厢里看见他心胸高尚的孩子熬夜熬得脸色苍白，他勇敢的女人受着磨折，像被火山喷射过的城市，只剩下一片悲壮的美。只有他们的爱情仍旧和从前一样。赛查的态度吓得女儿和安赛末只能把快乐压在心里；但在赛查眼中，这一对正反映了他二十年前那个可爱的场面。

"孩子们，你们快活吧，你们是有这个权利的。"可怜的父亲声音很沉痛。他又道："你们尽可以相爱，心里不会有一点儿疙瘩。"

皮罗多说着这最后两句，拿起他女人的手亲吻，那种虔诚与钦佩的情绪比兴高采烈的快乐更加使公斯当斯感动。他们到乡村别墅的时候，比勒罗，拉贡夫妇，陆罗神甫和包比诺法官已经等在那里。这五个人全是忠厚长者；他们的态度，眼神，说话，都不让赛查有局促不安的感觉，因为大家看他还是像新近落难的神气，心里都很难过。

比勒罗把赛查和公斯当斯的手拉在一起，说道："上奥南森林去遛遛吧，带安赛末和赛查丽纳一起去；四点钟再回来。"

拉贡太太看见她债务人的痛苦那么真实，也动了感情，说道："唉！当着我们，他们就觉得拘束；等会他可高兴啦。"

陆罗神甫说："这是没有罪孽的忏悔。"

法官说："他只有经过了患难才能变得伟大。"

遗忘是一般刚强的，有创造力的人的法宝，他们会像自然界一样的遗忘；自然界就不知道有什么过去，只管日以继夜，孜孜不倦的生育。像皮罗多那样的弱者不是把痛苦作为惩前毖后的教训，反而在痛苦中讨生活，浸在里头，天天回顾以往的苦难，折磨自己。

奥南森林像花冠一般罩在巴黎郊外一个最秀丽的山头上，群狼盆地在底下展开着迷人的景色。两对男女走上通往森林的小径。天气晴朗，风光明媚，田野里才长出一片嫩绿；赛查看着这些又想起了青春时代最美好的日子，抑郁的心情慢慢的松动了。他抓着老婆的手臂贴在他忐忑乱跳的胸口，眼睛不再苍白无神，居然有了些喜悦的光彩。

公斯当斯说道："啊，可怜的赛查，这才是你本来的样子。我觉得咱们的行事还不错，偶尔出来玩一下也不算过分。"

可怜虫答道："我怎么能够呢？啊！公斯当斯，只有你的感情是我独一无二的财产。是的，我已经不相信自己了；我筋疲力尽，只盼望多活几年，把这一世的债还清了再死。至于你，亲爱的妻子，你是我的智慧，你小心谨慎，早已把事情看得清清楚楚，你是没有什么可责备的，你能够快乐。咱们三个人，只有我一个人做错了事。二十年前你还是一个年轻的姑娘，和我一同在这条小路上蹦蹦跳跳，像今天我们的孩子一样；在十八个月以前那个害人的跳舞会里，我看见我的公斯当斯，我一生唯一的爱人，也许比年轻的时候更美。不料二十个月中间，我竟把你的美貌，把我名正言顺认为可骄傲的东西给毁了……我越认识你，越爱你了……噢！亲爱的！"他说这三个字的语气打动了公斯当斯的心，"我宁可你埋怨我，不要安慰我。"

她说："想不到做了二十年夫妻，女人对丈夫的爱情还会更进一步。"

赛查听了，把所有的苦恼都暂时忘了；他是感情丰富的人，公斯当斯那句话对他简直是无价之宝。他也就高高兴兴的走近他们的那棵树，碰巧还留在那儿，没有砍掉。夫妻俩坐下来，望着安赛末和赛查丽纳莫名其妙的沿着一片草坪绕圈子，也许他们以为在向前走呢。

安赛末说："小姐，你想我会那么卑鄙，那么贪心，把你父亲在护首油中的股份买下来捞一笔么？我是一片至诚把他的一份存在一边，想法子生利。我拿他的资金给人贴现；凡是不十分可靠的票据，我都收在自己名下。只有等你父亲复权以后，咱们俩才能结合；我凭着爱情给我的力量，正在使这一天提早到来。"

这个秘密，包比诺没有向岳母透露过。但便是世界上最天真的男人，也免不了要向情人表现自己的伟大。

赛查丽纳问："这一天很快会来么？"

包比诺说："快了。"

这句话说得那么动人，端庄纯洁的赛查丽纳不禁把额角向心爱的安赛末凑过去，姿态十分庄严，安赛末又热烈又恭敬地吻了一下。

她带着调皮的神气对父亲说："爸爸，情形很好，你开心一点，说说话吧，别那么愁眉苦脸的。"

多么融洽的一家四口回到比勒罗屋子的时候，不大会察言观色的赛查也发觉拉贡夫妇的态度有所不同，好像发生了什么事。拉贡太太对他特别亲热，眼神和语气都表示：**我们的钱拿到了**。

吃到饭后点心，当地的公证人来了，比勒罗一边让座，一边望了望皮罗多，皮罗多疑心有什么出其不意的事，可想象不出事情有多大。

比勒罗说："侄儿，一年半中间，你们三人的积蓄，连本带利一共有两万法郎。协议书上规定我应该收回的三万早已收到，拿出来加在一起，咱们就有五万法郎可以还债。拉贡先生应得的成数三万法郎已经收了。今天梭城的公证人再给你一张收据，证明你欠这两位朋友的债业已本利归清，余下的款子存在克劳太那儿，预备付给罗杜阿，玛杜老婆子，泥水匠，木匠，还有几个最急迫的债主。明年咱们再瞧着办。只要有时间和耐性，前途乐观得很。"

皮罗多的快乐简直无法形容，他扑在叔岳怀里哭了。

拉贡对陆罗神甫说："给他把勋章戴上吧。"

神甫把红丝带扣在皮罗多的纽子洞上；皮罗多当晚对着客厅的镜子照了几十回，那副快活的神气叫自命高雅的人看了会发笑，但那些老实的布尔乔亚觉得很自然。

第二天，皮罗多去找玛杜太太。

她说："啊！是你，好人儿。你头发这样白，我认不得了。可是你们有事情做，不会饿肚子。我做牛做马，忙得昏天黑地，像这样辛苦的牛马也该行个洗礼了。"

"太太……"

"噢！我不是埋怨你，我收条也给了你了。"

"我来通知你，今天我托克劳太公证人把你余下的债全部付清，还有利息……"

"真的么？"

"请你十一点半到他事务所去……"

"噢！这样的信用，一百年也碰不到几回。"她好不天真的望着皮罗多，表示佩服，"亲爱的先生，我跟你那个红毛小子做的交易都挺好，他和气得很，从来不还价，有心让我多赚一些，补偿我的损失。好朋友,我不要你的钱,给你收据好了。玛杜发起火来会大叫大嚷,可是她有这个——"她说着拍拍胸脯。那个肥大的肉靠枕在中央市场上是绝无仅有的。

皮罗多道:"不行!法律规定得清清楚楚,我一定要全部付给你。"

她道:"那我不客气了,明儿我上中央市场去替你扬名吧。啊!这种新戏文也是少有的呢!"

皮罗多又去见克劳太的丈人,承包油漆的罗杜阿,情形和玛杜家大同小异。外边在下雨,赛查把雨伞放在门角里。主人夫妇正在吃中饭,暴发的油漆包工看见伞上的水在漂亮客厅里淌开去,态度很不客气。

"喂,什么事,皮罗多老头?"口气的粗暴跟有些人对付讨厌的乞丐一样。

"先生,你女婿没有和你说过么?……"

"说过什么?"罗杜阿很不耐烦,打断了他的话,以为他有什么要求。

"……他没有请你今天上午十一点半到事务所去,立一张收据,把我欠你的账全部收回么?"

"啊!是这么回事……请坐,皮罗多先生,和我们一块儿吃点东西吧……"

罗杜阿太太也说:"别客气,吃个便饭吧。"

胖子罗杜阿问:"那么你境况很好啰?"

"不,先生。我天天在办公室里啃干面包,才积起几个钱。不过只要日子长一些,人家为我受的损失,我希望都能够赔偿。"

油漆包工咬着一块涂满肝酱的面包,说道:"的确,你是个讲信用的人。"

罗杜阿太太问:"那么皮罗多太太干什么呢?"

"在安赛末·包比诺店里管账。"

罗杜阿太太悄悄对丈夫说了声:"他们多可怜啊!"

罗杜阿道:"亲爱的皮罗多先生,你要是用得着我,尽管来,我可以帮你忙……"

"先生,希望你十一点钟到。"皮罗多说着,告辞了。

这第一批成绩使破产人有了勇气,可是精神并不安定。恢复名誉的念头大大扰乱了他的心绪,脸上的血色完全没有了,两眼无神,腮帮也陷下去了。他早上八点上班,下午四点下班,总得走过讲坛街,大氅还是出事那天穿的一件,而且穿得很小心,像穷排长爱惜他的军装一样。满头白发,脸色发青,神气虚忒忒的,沿着墙根像做贼的一般溜过去,因为他眼尖,远远看到熟人就躲开。但有些人硬把他拦住了说:

"朋友,大家都知道你的行事,觉得你们三个人太刻苦了。"

有的说:"不用急,银钱的伤口还是医得好的。"

有气无力的赛查有一天回答玛蒂法说:"不错,可是精神上的伤口是没法医的。"

一八二三年年初,开圣·马丁运河的事定局了,寺院区的地价马上飞涨。按照开河的计划,从前属于皮罗多而后来给杜·蒂埃买去的那块厂基,正好一割为二。杜·蒂埃要是能在限期以内交出土地,运河公司肯出惊人的高价收买。但赛查和包比诺订的租地合同使这笔买卖无法成交。银行家便到五钻石街来找包比诺。包比诺和杜·蒂埃固然毫无关系，但赛查丽纳的未婚夫对这个人有股说不出所以然的仇恨。一帆风顺的银行家偷过钱，暗里阴损赛查等等，包比诺一概不知，但他心里有个声音对他叫着："这是一个逍遥法外的贼。"他看到杜·蒂埃就厌恶，当然不愿意跟他做交易，尤其那时眼看杜·蒂埃靠着从老东家手里抢来的东西发财，心里更气恼，因为玛特兰纳的地价也开始涨了，这是一八二七年上价钱达到最高峰的先兆。银行家一说明来意，包比诺便捺着火气，瞪着他说道：

"你我要放弃租约也可以，不过要六万法郎，少一个钱都不行。"

"六万法郎！"杜·蒂埃说着，把身子挪动了一下，好像预备走了。

"我的租约还有十五年，另外找一个工场每年得多花三千法郎。所以要就是六万，要就不谈。"包比诺说着，回进铺子，杜·蒂埃跟了进来。

两人越争越激烈，皮罗多的名字也提到了。赛查太太下楼来看见了杜·蒂埃，这还是跳舞会以后第一次。银行家发觉老东家娘完全变了一个人，不由得怔了一怔，他看到自己作孽的成绩也害怕起来，把头低了下去。

包比诺告诉赛查太太："杜·蒂埃先生靠你们的地产赚了三十万，却不肯拿出六万来赔偿咱们租约的损失。"

"那要合到三千法郎一年利息呢。"杜·蒂埃加重着语气说。

"三千法郎！……"赛查太太跟着说了一句，声音很自然，可是意义深长。

杜·蒂埃马上脸色发白，包比诺望着皮罗多太太。大家半晌不作声，弄得安赛末愈加莫名其妙。

杜·蒂埃从袋里掏出一张贴好印花的文契，说道："克劳太已经把放弃租约的文书写好，你签个字，我给你一张六万法郎的支票。"

包比诺望着赛查太太，万分诧异，竟疑心自己做梦了。杜·蒂埃凑在高脚书桌上签支票的当儿，公斯当斯上楼去了。包比诺和杜·蒂埃交换了票据，杜·蒂埃冷冷的打个招呼，走了。

杜·蒂埃的马车停在龙巴街上，包比诺望着他向那方面走去，心上想："做了这笔意想不到的交易，再过几个月，就能把赛查丽纳娶过来了。我亲爱的姑娘不用再拼命干活了。想不到赛查太太眼睛一瞪，事情马上成功！她跟这个强盗有什么关系呢？刚才的情形真怪。"

包比诺派人拿支票到法兰西银行去兑现，自己上楼找皮罗多太太谈话。她不在账房间，想必在卧室了。逢到丈母和女婿脾气相投的时候，关系是不错的，安赛末和公斯当斯的情形就是这样。当下他赶往赛查太太的卧室。情人的理想快实现了，自然心情很急。他像猫儿似的一纵纵到丈母身边，发现她正在念一封杜·蒂埃的信，奇怪极了。杜·蒂埃在皮罗多店里当过领班伙计，包比诺认得他的笔迹。赛查太太房里点着一支蜡烛，地下烧着几封信，黑洞洞的纸灰正在飞扬，叫包比诺看了浑身发冷。他眼睛很尖，无意中把丈母手里的信看了开头几句：**我爱你，我的天使，你明明知道，为什么……**

"你对杜·蒂埃有什么力量，能够使他答应这样一笔交易呢？"包比诺笑着问，但肚里存着恶意的猜疑，笑得非常古怪。

"咱们不谈这个。"赛查太太的神气慌张得可怕。

"好吧,"包比诺迷迷糊糊的回答,"咱们换个题目谈谈:你们的苦日子快要结束啦。"

他打了一个转身,走到窗口把手指在玻璃上敲敲打打,眼睛望着天井,心里想:"就算她爱着杜·蒂埃,我也没有理由不规规矩矩的做人。"

"你怎么啦,孩子?"可怜的赛查太太问。

包比诺突然说道:"护首油的纯利有二十四万两千法郎,一半就是十二万一千。扣掉我付给皮罗多先生的四万八,还剩七万三,加上我放弃租约得来的六万,你们就有十三万三。"

赛查太太听着,激动得那么厉害,包比诺连她心跳的声音都听得见。

他接着又说:"我始终把皮罗多先生看作合伙老板。我们可以把这笔钱给他还债。比勒罗叔公还替你们存着两万八积蓄,所以总共有十六万一。欠叔公的二万五,他准定肯出一张收据作为清讫的。至于我借钱给丈人,作为预支下一年度的盈余来凑起一笔数目把他的债还清,那是谁也不能干涉的。这样……他……他就可以……复权了。"

"复权了!"赛查太太嚷着,在她的椅子上跪下了。

她放下信,合着手做了一个祷告,划了十字,叫道:"亲爱的安赛末!亲爱的孩子!"

她捧着他的头,吻着他的额角,抱着他做出许多疯疯癫癫的样子。

"赛查丽纳真是你的了!这一下她才快活呢,可以离开那个铺子,不用再卖命了。"

"这都是爱情的力量。"包比诺说。

"是的。"做母亲的微笑着回答。

包比诺眼梢里瞅着那封可怕的信,说道:"我告诉你一个小小的秘密。我帮赛莱斯丁盘进你们铺子的时候,有个条件,要他原封不动的保存你们的房间。我早打定主意,可没有想到运道这么好。你们以前的屋子,赛莱斯丁从来没进去过;他答应转租给你们,所有的家具仍旧是你们的。我预备和赛查丽纳住三楼,让她永远跟你们在一起。我结了婚,白天待在铺子里,从早上八点到下午六点为止。我想拿出十万法郎把赛查先生的股份买下来,让你们有笔财产;加上他的薪水,你们一年就有一万法郎进款。这样你不是称心了么?"

"别再说了,安赛末,我快活得要发疯了。"

赛查太太态度像天使一般,眼睛那么纯洁,美丽的额角没有一点儿阴影,显而易见跟那些在包比诺脑子里打转的念头是不相容的;他决意把自己许多可怕的思想彻底廓清。比勒罗的侄女所过的生活,所有的观念,不可能和不贞二字连在一起。

安赛末说道:"亲爱的母亲,我刚才不由自主的起了疑心,可怕极了。倘使你要我快活,请你马上把我的疑心去掉。"

包比诺伸出手去拿了信。

公斯当斯脸上的惊慌把他吓了一跳。他说:"杜·蒂埃写的这封信,我无意之间看到了开头几句。我向他提的条件多么苛刻,你一下子就使他接受了:这件事跟这封信连在一起,太古怪了,恐怕谁都会像我一样往坏处想的。你一瞪眼,一句话,就能……"

"别说了,"赛查太太抢回了信,当着安赛末的面烧了,"孩子,我为了一点小小的过失,受了很重的责罚。统统告诉你吧，安赛末。我不愿意你疑心了母亲，影响到女儿；并且我也用不着脸红：我告诉你的话同样可以告诉我丈夫。杜·蒂埃曾经想勾引我，我马上通知了丈夫，决定把杜·蒂埃辞退。正要歇他生意的那一天，他偷了我们三千法郎！"

包比诺恨恨的说道："我猜着了。"

"安赛末，为了你的前途，你的幸福，我不能不把这桩秘密告诉你；可是你得像我和赛查一样，永远藏在心里，不告诉别人。你该记得，赛查因为现金的数目不符，埋怨过你们。为了免得打官司，不要断送这个人，赛查另外放了三千法郎在柜子里，正是我这条开司棉围巾的价钱，那是我迟了三年才到手的。现在你明白了，我刚才为什么叫起来。我还做了一桩无聊的事，也告诉你吧。杜·蒂埃写给我的三封情书，完全暴露出他的人品，我为了好玩保存着，"她叹着气低下头去，"我没有看第二遍。可是留着总不妥当。今天看到杜·蒂埃，我想起了，上楼来把信烧掉；你进来的当口，我正在看最后一封……事情就是这样。"

安赛末把一条腿跪在地下，亲着赛查太太的手，那种美妙的表情使两人都淌了眼泪。丈母扶起女婿，把他抱在怀里。

那一天注定是赛查的快乐日子。王上的私人秘书特·王特奈斯先生，到办公室去找他。两人一齐走到金库外面的小院子里。

特·王特奈斯子爵说道："皮罗多先生，你想还清债务的努力，碰巧被王上知道了。他对于这样难得的行为非常感动；他也知道你为了责备自己，不戴勋章，要我来吩咐你戴上。陛下还想帮助你履行义务，从他私库中拿出一笔钱叫我转交给你，他很遗憾不能多帮助你一些。这件事你得严守秘密。陛下认为他做的好事张扬出去就失了帝王的气度。"子爵说完，交给皮罗多六千法郎。皮罗多听着这篇话,说不出有多么感动。

他只能支吾其词的说了几个不连贯的字,王特奈斯微微笑着,举了举手,走了。可怜的赛查所坚持的那种道德观念在巴黎实在太少见了,所以他的行事无形中引起大家的钦佩。约瑟·勒巴,包比诺法官,加缪索,陆罗神甫,拉贡,罗杜阿,拉·皮耶第埃,赛查丽纳的东家,那个大公司的老板,都在谈论赛查。外边对他的舆论早已改变,这时更把他捧到了云端里。

"瞧,这才是一个君子!"赛查在街上好几次听到这句话,心中的感觉好似一个作家听见有人指着他提到他的名字。这样的好名声把杜·蒂埃气坏了。赛查拿了王上给的钱,第一个念头就是还老伙计的债。他往旭赛·唐打街走去,银行家在外边办公事回来,恰好在楼梯上碰到他的老东家。

"怎么样,**可怜的**皮罗多?"他装着亲热的样子问。

赛查很高傲的答道:"什么可怜!我有钱啦。今晚上还清了你的债,我可以安心睡觉了。"

这句表示多么诚实的话深深的刺痛了杜·蒂埃。他虽则受人敬重,自己却心虚得很;他听见有个压制不住的声音在心中叫:"这个人可了不得!"

"你还我钱么?你做什么生意啊?"

退休的花粉商肯定杜·蒂埃不会把他的话传出去,便说:"先生,我再也不做生意了。我碰到的那种事,没有一个人料得到的。谁敢说将来不会再有一个罗甘拿我作牺牲品呢?我的行事传到王上耳朵里,承蒙他同情我,鼓励我,刚才给了我一笔相当的款子,使我能够……"

杜·蒂埃打断了他的话,问道:"要不要收据?你打算马上付么？……"

"是的，连本带利，全部付清。劳驾你上克劳太那儿去一趟，好在没有几步路。"

"还要经过公证人么？"

赛查道："先生，我想要复权总可以吧？有了合法的证件才没有人能否定……"

杜·蒂埃和皮罗多一同往外走，说道："好，走吧，路近得很。可是你哪儿弄来这么多钱呢？……"

赛查道："不是弄来的，是流着汗挣来的。"

"你欠克拉巴龙银号的数目大得很呢。"

"唉！是啊，那是最大的一笔，我看我这条老命要为之拼掉的了。"

杜·蒂埃恶狠狠的说道："这数目你永远还不出的。"

赛查暗暗想："他说的不错。"

回家的路上，可怜的人一不小心走了圣·奥诺雷街。他一向避开那条街，免得看到他的店和老家的窗子。三个月的痛苦，已经把他在那儿过的十八年幸福生活抹得干干净净。从他倒霉以后，这是他第一次看见老房子。

他心上想："早先我还打算在这里养老的呢。"

他一看见新招牌上写着：

赛莱斯丁·克勒凡
前赛查·皮罗多老店

就加紧脚步走过去。但他又想起窗口好像有个淡黄头发的女人,不由得叫起来:"那不是赛查丽纳么?……我真是眼花了。"

事实上他的确看见了女儿,老婆和包比诺。两个情人知道皮罗多从来不打老店门前过,又想不到他当天会碰到那样的事;只因为要给他办一次庆祝的喜事,先来布置一下。他们这样突如其来的露面把赛查弄得奇怪之极,待在那里不动了。

莫利奈跟**玫瑰女王**对面一家铺子的老板说:"哦,皮罗多先生在瞧他的老屋子。"

花粉商的老邻居回答说:"可怜的人!他在这儿开过多阔气的跳舞会……来的车子就有二百辆。"

莫利奈说:"那次我也来的;过了三个月他破产了,我还是破产管理人呢。"

皮罗多赶紧溜了,两腿打着哆嗦一直奔到比勒罗家里。

比勒罗已经知道五钻石街的事,深怕像复权那样的喜讯过于刺激,侄婿会受不住。他经常看着可怜的家伙情绪起伏,念念不忘的想着他对破产的看法多么严厉,他的精力一天到晚都在消耗。在赛查心目中,名誉虽然扫地,还有恢复的日子。这个希望使他的痛苦更没有平息的时候,比勒罗便想叫侄婿心上先有个准备,然后再告诉他好消息。皮罗多进门的当儿,他正在盘算用什么办法。皮罗多讲起王上对他的关切,表示非常高兴,比勒罗觉得倒是个好现象。他又说看见赛查丽纳在**玫瑰女王**楼上,诧异得不得了;比勒罗认为这更是个机会,可以把话引入本题。

他说:"赛查,你可知道这件事的来历么?那是因为包比诺性急,要赶紧和赛查丽纳结婚。他的确等不及了;而且也不能为了你过分的要求诚实,叫他年纪轻轻的放着现成酒席不吃,只啃他的干面包。包比诺准备拿出一笔钱来,把你所有的债都归清。"

皮罗多说："这是他出钱买老婆了。"

"帮丈人复权不是挺有面子么？"

"人家可以提出异议的。并且……"

"并且，"叔岳装作生气的样子，"你只能牺牲自己，不能牺牲女儿。"

两人越辩越激烈，其实是比勒罗故意逗他的。

比勒罗嚷道："倘若包比诺不是借钱给你，而是为了不剥削你的利益，当你合伙人看待，把他给你还债的款子作为你在头油的盈利中应得的一份，预支给你……"

"那我好像串通了包比诺欺骗债主。"

比勒罗假装被这个理由驳倒了。他很了解人的心理，知道这好人夜里睡在床上也会在这一点上和自己争执的。那样他就会常常想到复权的念头，以后再听到事实不至于太刺激了。

赛查吃晚饭的时候问："可是为什么我老婆女儿都在老房子里呢？"

"安赛末要把屋子租下来做新房。你女人也赞成。他们已经瞒着你把婚约公布了[1]，叫你不能不同意。包比诺说，等你复权以后再和赛查丽纳结婚，就显不出他的义气了。王上给你六千法郎，你收了；至亲的赠予，你倒不愿意接受！你欠我的钱，倘若我给你一张收据作为清讫，是不是你也拒绝呢？"

赛查道："那我可以接受，但是也不能阻止我拿了收据再积起钱来还你。"

比勒罗道："算你一丝不苟就是了。看一个人诚实不诚实，我

---

[1] 教徒结婚以前必先在教堂公布男女双方的姓名，征询有无异议。

是内行。不过你刚才的话真是岂有此理。债还清了，怎么还说是欺骗债主？"

赛查留神望着比勒罗。比勒罗看他愁眉不展了三年，第一次笑逐颜开，心里也很激动。

赛查道："不错，债可以还清了……但是我把女儿卖了钱啦！"

"那是我自己愿意的。"赛查丽纳嚷着，和包比诺一同出现了。

两个情人踮着脚尖走进比勒罗的屋子，后面跟着皮罗多太太；走到穿堂，刚好听见赛查说出最后那句话。他们三人雇着马车，已经到那些还没清讫的债权人家里去过，约他们当晚在克劳太事务所会齐。克劳太正在预备收据。赛查认为自己仍旧欠着债，现在这个办法是移花接木，钻了法律的空子。但他的顾虑经不起多情的包比诺有力的批驳。赛查听到下面一句话，也觉得良心上有了交代，无话可说了。

包比诺问他："你要你女儿的命么？"

"要我女儿的命！"赛查愣住了。

包比诺道："这笔钱，我良心上认为是你存在我店里的，我有权利在你生前送给你。这样你还不接受么？"

赛查道："好，我接受。"

"那么咱们今晚就到克劳太事务所去，免得再翻案；同时我们的婚书也可以在那里商量好了。"

16

在天上

  但尔维把申请复权的状子和一切证明文件准备停当，送进巴黎高等法院的检察署。

  办理复权手续和赛查丽纳的结婚公告需要个把月，皮罗多在那个时期心情烦躁，骚动得厉害。他一味着急，只怕活不到批准复权的那个光荣的日子。他说他的心莫名其妙的乱跳，隐隐然作痛。它一方面被痛苦折磨得差不多了，一方面也受不住极度的快乐。

  判决复权的事在巴黎高等法院非常少见，十年也难得碰到一次。处世严肃的人总觉得法院的仪式有种说不出的庄严与伟大。制度给人的观念完全根据人的感情而定，我们心目中认为它伟大，它就伟大。倘若一个民族丧失了信仰（不是宗教），孩子们从启蒙教育开始就做惯赤裸裸的分析，把一切保存传统的束缚都放松的话，这个民族就会瓦解；因为那时民族只靠卑鄙龌龊的利害关系结合，只靠计算精明的自私自利的需要来结合。皮罗多受着宗教思想的熏陶，他对法律的看法就是我们应当有的看法，就是说法律是社会的代表，不管采取什么形式，法律总是众人公认的规则的庄严的表现。执行这圣职的人必须洞达人情世故，不动感情，保持冷静，才能监护那些激动人心的利益；所以法官愈是白发苍苍，年老体弱，他的职务愈显得庄严神圣。

踏进古老的巴黎法院，走上高等法庭的石扶梯而心情激动，不能自已的人，现在已经很少了，退休的花粉商却是其中的一个。

石扶梯的地位摆得非常恰当，气象森严，可惜没有几个人注意到。法院正面有一个列柱成行的走廊，扶梯通到走廊上，大门开在正中央。走廊右手通往一个极大的前厅，左手通往**圣教堂**。在这两座大建筑旁边，一切都可能相形见绌，显得渺小的。圣·路易教堂[1]是巴黎最堂皇的建筑之一，从法院走廊那面走过去，有股说不出的阴沉和神秘的感觉。相反，那间其大无比的前厅十分明亮；而且你也不大容易忘记法国历史和这间大厅的关系。外面的石扶梯确是气概不凡，才不至于被两座巍峨雄壮的建筑物压倒。法院前面围着一排镂花的铁栅，透过铁栅望到行刑的广场，也许会令人心悸。从石扶梯上去，正面一间大厅是高等法院民庭外面的穿堂，等于法院的前厅。

我们不妨想象一下当时破产人的心情。许多朋友，现任商务法庭庭长勒巴，经手他破产案的商务裁判加缪索，老东家拉贡，忏悔师陆罗神甫，陪着他爬上石级，周围的环境自然而然使他紧张起来。有了那位圣洁的教士在场，人世的荣誉在赛查眼中也更加显得庄严。老于世故的比勒罗，打算叫侄婿事先就高兴得过分一点，免得临到喜事，发生什么意想不到的危险。老花粉商刚在家里换衣服，几个真正的朋友就来了，认为陪他上法院也是他们的荣幸。他见了来客十分快活，那种兴奋的心情正好使他能应付

---

[1] 圣·路易教堂是圣教堂的别称。

法庭上庄严的场面。大厅上坐着十几位法官,皮罗多还遇到另外一些朋友在场旁听。

一开庭,皮罗多的诉讼代理人简单扼要的提出了申请。庭长摆一摆手,请检察官起来发表意见。他原是公诉机构的代表,这一回却以检察署名义要求庭上恢复当事人的名誉,认为根据他的行事,应该这样宣判。这是绝无仅有的仪式,因为法院只能对当事人加以赦免。皮罗多听了特·葛朗维伯爵的演说多么激动,凡是有感情的人都想象得出。以下就是那位有名的法官的演词的大要。

"诸位先生,一八二〇年一月十六日,塞纳州商务法庭裁定皮罗多破产。他的破产既不是由于轻举妄动,也不是为了投机取巧或是其他不名誉的行为。我们不能不公开宣告:造成这桩祸事的原因是那些一再发生的罪案,使法院和巴黎人士一致痛心的罪案。只有我们这个时代,因为腐败的风气和革命思想正在不断发展,大有方兴未艾之势,巴黎才有些公证人会背弃了几百年的光荣传统,在几年之内发生的破产案跟前朝两百年间发生的一样多。这些司法界的公职人员原是群众财产的监护人,半官性质的人物,不料利欲熏心,也有了立致巨富的妄想。"

原文在这里插进一大段议论,特·葛朗维伯爵为了适应他的地位,乘机把拿破仑党人,进步党人和王上其他的政敌一齐控诉在内。后来局势的发展证明这位法官的担心并非没有根据。

他接着说:"一个巴黎的公证人卷走了皮罗多的存款,促成他的破产。从法院对罗甘的判决书看,可以知道罗甘欺骗他的主顾到什么程度。后来,债权人和皮罗多成立了协议。为了表扬皮罗多,我们不能不特别指出:目前的破产案大多黑幕重重,经常玷辱商界的名誉;可是皮罗多的手续办得那么规矩清白,在一般的破产案中是绝对看不到的。债权人清点他财产的时候,发现他把所有的小东西都留下了:他的衣服,饰物,一切个人用品,不但他的,连他妻子的也留在那里;她为了增加资产,把她的全部权利放弃了。由此可见,过去使皮罗多被任为区政府官员的声望是不虚的,因为当时他是第二区副区长,刚好得到荣誉团勋章。他的受勋不但因为他是忠心耿耿的保王党,参加过共和三年的战斗,在圣·洛克教堂的石级上流过血;而且还由于他在商务裁判任内所表现的识见和息事宁人的精神,受到大众的钦佩与爱戴;最后还因为,他是个谦虚的市政官。原来发表他当区长,他没有接受,却推荐了一位更有资格的人物,高贵的特·拉·皮耶第埃男爵。皮罗多对于这个英勇的王台党人,早在形势险恶的时代就佩服的。"

赛查凑着叔岳的耳朵说:"这番话说得比我好多了。"

"因为这个诚实的商人和他妻子女儿把全部财物放弃了,债权人才能收回百分之六十的债款。他们在协议书上对皮罗多表示敬意,声明放弃余下的债权。这些文件的措辞值得庭上注意。"

检察长随即把协议书的摘要念了一遍。

"协议书上的条件这样宽大,换了别的破产人尽可自认为已经释放,早就得意扬扬在大庭广众之间露面了。皮罗多可不是这样,他鼓着勇气,暗中订着计划,要争取像今天这样一个光荣的日子。他不怕任何艰难。我们敬爱的王上给了他一个职位,让圣·洛克的老战士有个糊口之计。破产人把薪水都留给债主,连生活费用也不在其中开支,因为他亲属中间也有人热心相助……"

皮罗多淌着眼泪,紧紧握着叔岳的手。

"他的妻子和女儿也赞成皮罗多这个高尚的愿望,把劳动所得交入总账。母女两人放弃了原有的身份去过低微的生活。诸位先生,这些牺牲是极不容易的,值得大大的表扬。现在我们来看一看,皮罗多叫自己挑的是怎样的一副担子。"

说到这里,检察官宣读损益计算书的摘要,把剩下的债款和债权人的姓名都念了。

"诸位先生,现在每一笔债款都连本带利付清了,他所拿到的不是需要法院作严格调查的,私人出的收据,而是无法作弊的经过公证的收据。当然,我们也尽了责任,按照法律规定审核过了。我要求庭上不是恢复皮罗多的名誉,而是恢复他的权利,这才合乎公道。这一类的例子,法院是难得看到的,我们不能不嘉奖当事人的行为;而且他叨蒙圣眷,已经受到王上的鼓励。"

然后他按照公事格式作了结论。

推事们当庭讨论了一下,审判长便站起来宣判。

他的最后几句话是这样说的:"本人代表全体法官向皮罗多表示,本院能宣布这样的判决,感到很满意——书记官,传下面的案子。"

有名的检察长的演说已经给皮罗多披上光荣的袍褂;巴黎的高等法院在法国居于第一位,如今庭长再来一个郑重的声明,表示铁面无情的司法界也受了感动,更使皮罗多快乐得无以复加。他坐在听审席上走不动了,仿佛身子钉在那里,呆呆的望着法官,觉得他们都是天使,给他重新打开了社会的大门。叔岳挟着他的手臂把他拉到前厅。赛查过去没有服从路易十八的命令,这时却不由自主的把荣誉团的红丝带扣上了纽孔。朋友们立刻把他围住,抱着他抬上马车。

"你们带我上哪儿去啊？"他问勒巴，比勒罗和拉贡。

"回到你家里啊。"

"不。现在是三点钟，我要到交易所去享受一下我的权利。"

比勒罗吩咐赶车的："上交易所。"他又对勒巴做了个记号，因为发觉赛查有些叫人担心的症象，怕他会神经错乱。

前任花粉商让比勒罗和勒巴，两个德高望重的商人一边一个搀着，走进交易所，后面跟着拉贡。他复权的消息已经传开了。三位商人最先碰到的就是杜·蒂埃。

"啊！亲爱的老东家，你问题解决了，我很高兴。我很爽快的让小包比诺敲了一笔，也许对你的苦尽甘来也帮了一点儿忙。我看到你幸福很快活，好像看到我自己幸福一样。"

比勒罗道："你也不能不如此。以后你也不会再有这种机会了。"

杜·蒂埃道："先生，你这句话怎么说呢？"

勒巴道："嘿！嘿！当然是从好的方面说啰。"他听见比勒罗冷言冷语的借此出气，不由得微微一笑。勒巴对杜·蒂埃的事一无所知，可是也觉得他是个坏蛋。

玛蒂法过来招呼赛查。一般名声最好的生意人都围拢来向花粉商热烈道贺，说了许多恭维的话，争着和他拉手，叫不少人看着忌妒，也叫有些人看着心里惭愧，因为在交易所里走动的人半数以上都办过清理。羊腿子和高勃萨克在大厅的一角谈天，他们望着诚实的花粉商，好比物理学家初次看到电鳗；这种身上的电力相当于一个干电池的鱼，是动物界中最古怪的东西。

赛查尝过了胜利的滋味，踏上马车回老屋子去。他疼爱的赛查丽纳和忠心的包比诺就要在那里签订婚约了。赛查在车上怪里怪气的笑了一阵,叫三个朋友都为之一怔。

  青年人有个缺点,以为别人都和他一样坚强。这缺点也是从他的优点来的。他对人对事都不留神细看,只用他青春的火焰去渲染一切,甚至把自己过剩的生命力强加在老年人身上。跟赛查和公斯当斯一样,包比诺对皮罗多的跳舞会念念不忘,始终留着一个豪华的印象。在三年艰苦的岁月中,公斯当斯和赛查嘴上不说,脑子里都时常听到高里南乐队的音乐,看见漂亮的来宾。那次的快乐虽然事后受了重罚,他们仍觉得回味不尽,心情和亚当与夏娃偶尔想起禁果的滋味差不多。天使们的传种接代原是不可思议的神秘,自从吃了禁果,他们的子孙就有了生与死的苦恼。但包比诺尽可以心里甜蜜蜜的想起那个跳舞会,用不到有什么悔恨:风头十足的赛查丽纳就是在那次舞会上答应他的亲事的;他那时还是个穷小子,可见赛查丽纳的确是爱他的人。所以他把葛兰杜装修的住宅向赛莱斯丁买下,要他原封不动的加以保存的时候,在他一片诚心把赛查夫妇的零星什物一齐保管起来的时候,他已经存着一个梦想要开个跳舞会,庆祝婚礼的跳舞会。

  他很热心的筹备这次喜事;开支方面只有必不可少的项目才按照老东家的办法,可并不学他的铺张浪费;浪费过一次已经够了。筵席仍旧由希凡承包,请的客也差不多相同。陆罗神甫替补了荣誉团总裁,商务法庭庭长勒巴当然在邀请之列。包比诺也请了加缪索,答谢他对皮罗多的照顾。罗甘夫妇的缺,由特·王特奈斯先生和特·冯丹纳先生填补了。跳舞会的请帖,赛查丽纳和包比诺发得很郑重。他们俩都不喜欢把婚礼办得大张晓喻,叫朴实温厚的人看了不舒服,特意把跳舞会定在签婚约的日子。公斯当斯又找到了那件樱桃红衣衫，当时只穿过一天，她的光彩只露了一露就完了。赛查丽纳要叫包比诺出其不意的快活一下，又穿起从前的跳舞服装来；这套打扮，包比诺不知向她提过多少回。所以屋子里那个令人销魂荡魄的场面，皮罗多只见过一个晚上的场面，又要在他眼前出现了。公斯当斯，赛查丽纳和安赛末，一个都没想到这个突如其来的刺激对赛查多么危险；四点左右，他们等着他，快活得像小孩子一样。

诚实不欺的商界英雄在交易所露了露面，情绪的激动已经无法形容，可是圣·奥诺雷街还有一个更强烈的刺激等着他。一进老房子，他看见楼梯依旧簇新，楼梯底下站着他的女人，穿着樱桃红的丝绒衣衫，还有赛查丽纳，特·冯丹纳伯爵，特·王特奈斯子爵，特·拉·皮耶第埃男爵和赫赫有名的伏葛冷先生。皮罗多眼睛前面马上罩了一层薄薄的幕；比勒罗搀着他的手臂，觉得他浑身上下打了一个寒噤。

冷静的比勒罗对多情的包比诺说："你做得过分了，灌他这许多酒，他受不住的。"

在场的人个个欢天喜地，也就把赛查的激动和身子的摇晃看作应有的兴奋，没想到会致命的。

赛查回到家里，重新看见了他的客厅，来宾，穿着跳舞衣衫的妇女，忽然听见贝多芬的大交响乐在脑子里在心里响亮起来，仍旧是那一段雄壮的最后乐章。出神入化的音乐从一个调子转到另一个调子，放出光芒，发出异彩；喇叭声震动了他疲倦的脑子；这是他的脑子的最后乐章了。

他听着想象中的音乐支持不住了，过去抓着老婆的胳膊，凑着耳朵说："我不舒服。"他因为内部充血，已经喊不出声音来。

公斯当斯吓了一跳,立刻扶他进房。他好容易走到里面,扑在一张靠椅上说道:"去请奥特莱医生!请陆罗神甫!"

陆罗神甫来了,客人和穿着跳舞服装的妇女也跟着进来,大家团团围着,呆住了。太太跪在他身边。赛查当着这些漂亮人物的面,握了握忏悔师的手,把脑袋倒在公斯当斯怀里。

他胸部已经爆断一根血管,再加动脉瘤把他的呼吸阻塞了。

陆罗神甫说道:"一个正直的人死了!"他的声调非常庄严,指着赛查的手势就像累姆布兰特画的《基督叫拉查复活》的手势[1]。

耶稣曾经命令土地交出它的俘虏;这位圣洁的神甫却告诉天上,有一个为了诚实而殉道的商人需要赏他永恒的棕榈[2]。

　　　　　　　　　　　一八三七年十二月　巴黎
　　　　　　　　　　　一九五八年四月　译

---

[1] 拉查是耶稣的门徒,死后数日被耶稣从坟墓中唤起,竟告复活。下文"耶稣曾经命令土地交出它的俘虏"就是指拉查复活。十七世纪荷兰名画家伦勃朗用这个题材作过一幅铜版画。
[2] 基督教传说,天国以棕榈赐与殉难的人,作为光荣的标识。

欢迎你从《人间喜剧》进入

读客精神成长文库

不同的精神成长书单,为你提供更多选择

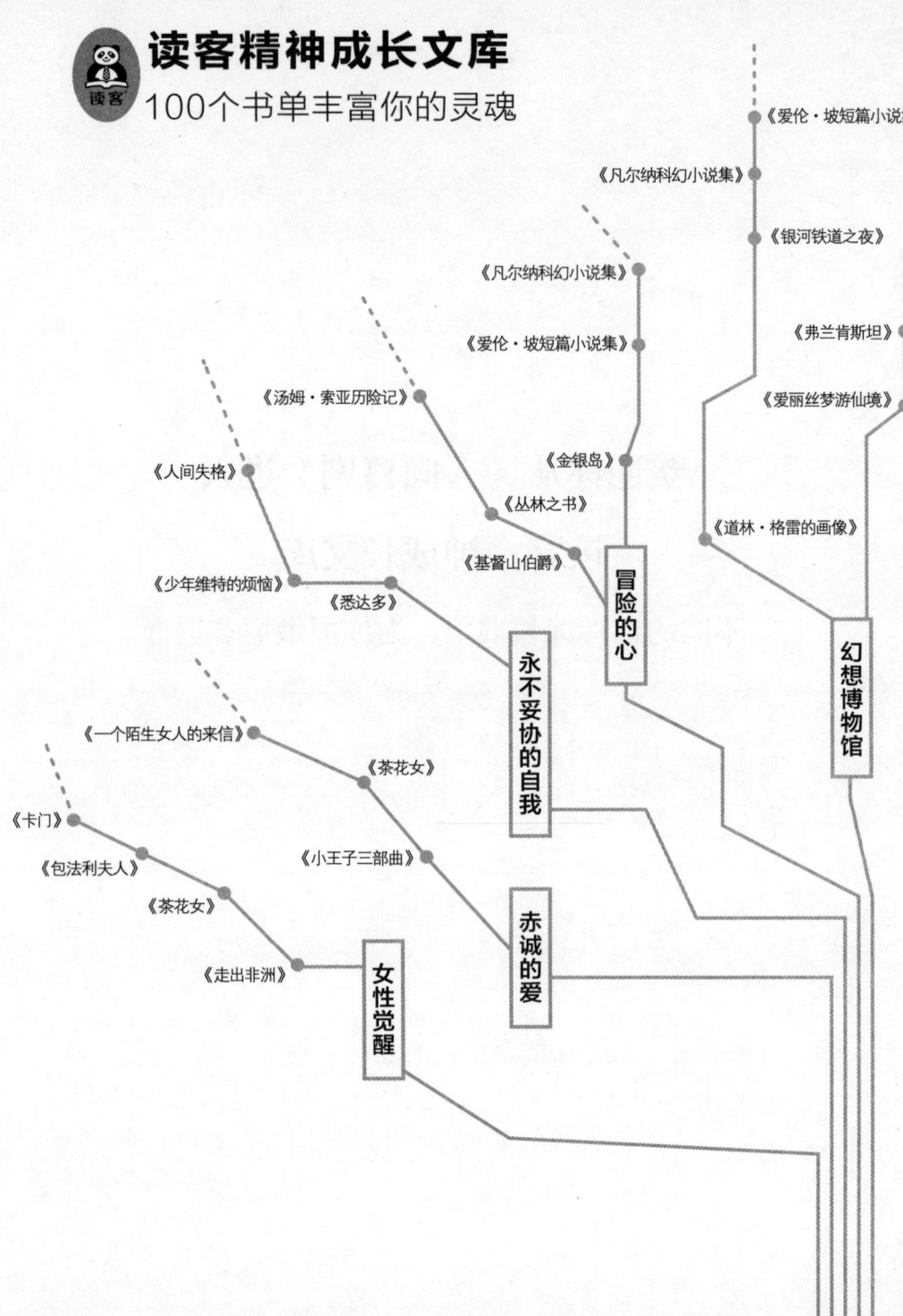

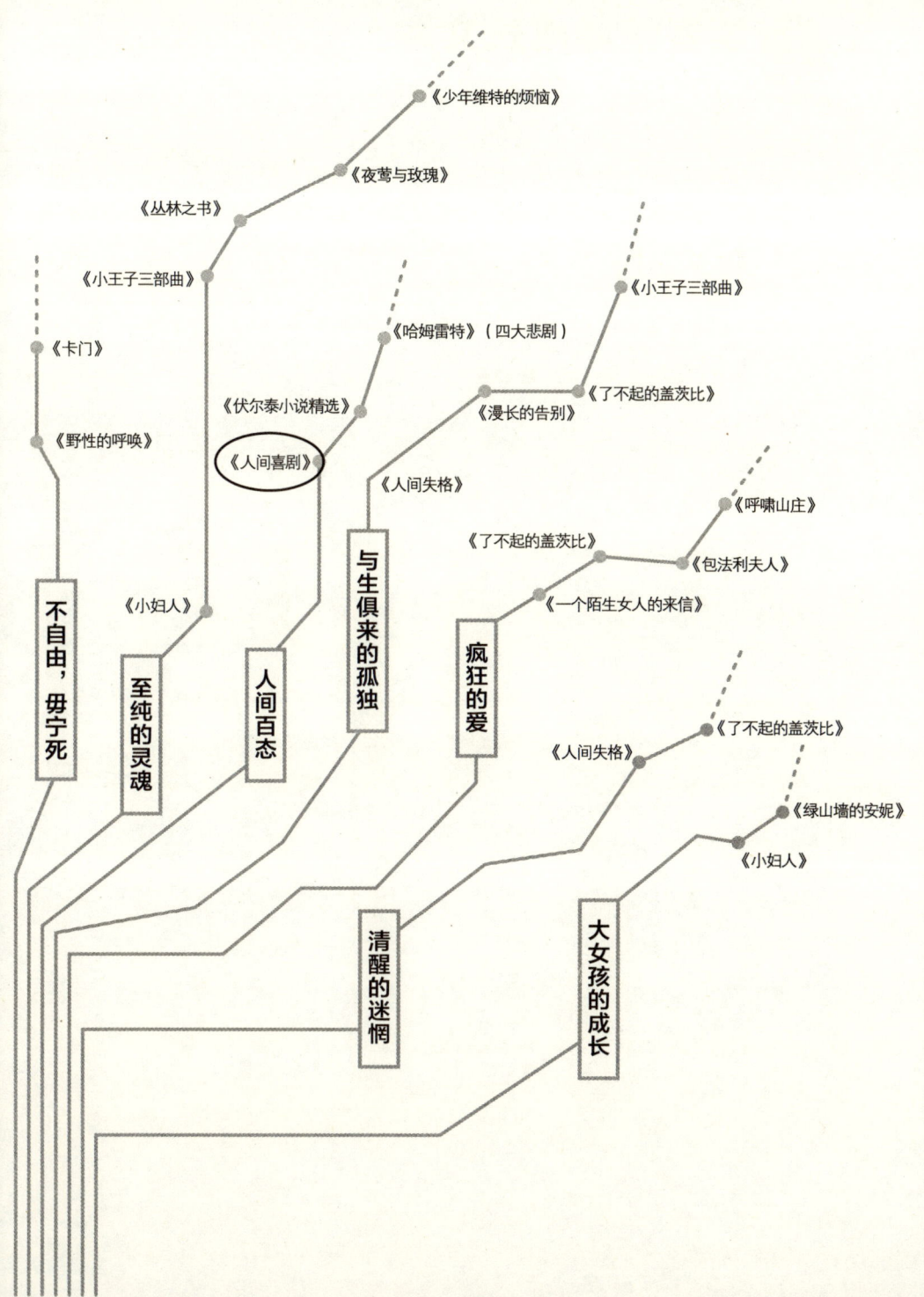

激发个人成长

多年以来,千千万万有经验的读者,都会定期查看熊猫君家的最新书目,挑选满足自己成长需求的新书。

读客图书以"激发个人成长"为使命,在以下三个方面为您精选优质图书:

1、精神成长

熊猫君家精彩绝伦的小说文库和人文类图书,帮助你成为永远充满梦想、勇气和爱的人!

2、知识结构成长

熊猫君家的历史类、社科类图书,帮助你了解从宇宙诞生、文明演变直至今日世界之形成的方方面面。

3、工作技能成长

熊猫君家的经管类、家教类图书,指引你更好地工作、更有效率地生活,减少人生中的烦恼。

每一本读客图书都轻松好读,精彩绝伦,充满无穷阅读乐趣!

认准读客熊猫

读客所有图书,在书脊、腰封、封底和前后勒口都有"**读客熊猫**"标志。

两步帮你快速找到读客图书

1、找读客熊猫 2、找黑白格子

马上扫二维码,关注**"熊猫君"**

和千万读者一起成长吧!

图书在版编目（CIP）数据

赛查·皮罗多盛衰记 /（法）巴尔扎克著；傅雷译
. — 上海：文汇出版社，2018.3
（人间喜剧）
ISBN 978-7-5496-2326-6

Ⅰ. ①赛… Ⅱ. ①巴… ②傅… Ⅲ. ①长篇小说—法国—近代 Ⅳ. ①I565.44

中国版本图书馆CIP数据核字（2018）第061341号

赛查·皮罗多盛衰记

作　　者　/	（法）巴尔扎克
译　　者　/	傅　雷
责任编辑　/	周小诠
特邀编辑　/	周　娇　姚红成
封面装帧　/	李子琪　刘　倩
出版发行　/	文汇出版社
	上海市威海路755号
	（邮政编码200041）
经　　销　/	全国新华书店
印刷装订　/	北京盛通印刷股份有限公司
版　　次　/	2018年5月第1版
印　　次　/	2018年5月第1次印刷
开　　本　/	890mm×1270mm　1/32
字　　数　/	223千字
印　　张　/	11

ISBN 978-7-5496-2326-6
定　　价　/　489.90元（全十册）

侵权必究

装订质量问题，请致电010-87681002（免费更换，邮寄到付）